“十二五”职业教育国家规划教材

经全国职业教育教材审定委员会审定

营销素养训练

——销售语言与服务礼仪

（第三版）

葛 雷 白 宇 主编

中国财经出版传媒集团
中国财政经济出版社

图书在版编目（CIP）数据

营销素养训练．销售语言与服务礼仪／葛雷，白宇主编．-- 3版．--北京：中国财政经济出版社，2023.8
“十二五”职业教育国家规划教材
ISBN 978-7-5223-2393-0

Ⅰ．①营… Ⅱ．①葛… ②白… Ⅲ．①销售-语言艺术-职业教育-教材②商业服务-礼仪-职业教育-教材 Ⅳ．①F713.3②F718

中国国家版本馆CIP数据核字（2023）第142821号

责任编辑：樊　闽　　　　责任校对：张　凡
封面设计：卜建辰　　　　责任印制：张　健

营销素养训练：销售语言与服务礼仪
YINGXIAO SUYANG XUNLIAN：XIAOSHOU YUYAN YU FUWU LIYI

中国财政经济出版社 出版
URL：http：//www.cfeph.cn
E-mail：cfeph@cfeph.cn

社址：北京市海淀区阜成路甲28号　邮政编码：100142
营销中心电话：010-88191522
天猫网店：中国财政经济出版社旗舰店
网址：https：//zgczjjcbs.tmall.com
北京中兴印刷有限公司印刷　各地新华书店经销
成品尺寸：185mm×260mm　16开　12.75印张　302 000字
2023年8月第3版　2023年8月北京第1次印刷
定价：38.00元
ISBN 978-7-5223-2393-0
（图书出现印装问题，本社负责调换，电话：010-88190548）
本社质量投诉电话：010-88190744
打击盗版举报热线：010-88191661　QQ：2242791300

编写 说明

本书是“十二五”职业教育国家规划教材，经全国职业教育教材审定委员会审定，作为全国中等职业学校财经商贸类专业教材使用。

党的二十大报告中强调，增强文化自信，聚民心、育新人、兴文化、展形象建设社会主义文化强国。本教材以社会主义核心价值观为引领，弘扬中华传统美德，提高学生道德水准和文明素养。

本书以“面向行业、立足岗位、培养技能”为指导思想，结合职业教育的办学方针，以销售人员的职业要求为主线，帮助学生全面、深入地理解销售服务工作的内涵；树立良好的职业道德和服务意识；认识语言和礼仪在销售活动中的重要性；掌握销售语言的基本要求、规范的服务用语及销售语言的技巧；了解销售活动中的礼仪要求，包括仪容、仪表、仪态和商务礼仪等内容；本教材主要适用于市场营销专业、商品经营专业，为学生掌握销售工作的技巧和技能，成为高素质的销售人才提供指导和帮助。

本书在内容和形式上，采用项目教学法，便于学生学习和掌握销售服务过程中的语言技巧与服务礼仪的基本知识和基本方法。同时本书制作了电子课件，配合教师教学和学生学习。全书内容的教学安排如下：

项目	内容	学时
项目一	走进销售语言与服务礼仪	4
项目二	掌握销售语言的基本特征	4
项目三	学会销售语言的技巧	6
项目四	感受销售语言的艺术	4
项目五	学会服务用语	4
项目六	掌握销售服务中的礼仪	6
项目七	了解商务活动礼仪	4
复习机动		2
合计		34

本书由哈尔滨市商业学校葛雷、白宇担任主编，大连商业学校于琳琳担任副主编。具体编写分工如下：哈尔滨市商业学校白宇编写项目一、项目二；哈尔滨市商业学校李智编写项目三；哈尔滨市商业学校葛雷编写项目四、项目五；大连商业学校于琳琳编写项目六、项目七。

本书在编写过程中参阅了大量文献资料，并得到了编者所在单位领导、同事的大力支持，在此一并表示感谢。

本书为用书学校任课老师提供了课后习题答案和电子课件，如有需要，请以电子邮件形式联系中国财政经济出版社，Email：caijingjiaocai@163.com，也可访问如下网址下载：http：//jiaocai.cfeph.cn。

限于编者水平，书中难免存在不足之处，敬请广大读者批评指正。

编　者

2023 年 7 月

目　录

项目一 1 走进销售语言与服务礼仪

案例导入

戴尔·卡耐基的成功销售

戴尔·卡耐基被誉为20世纪最伟大的心灵导师和成功学大师，他利用大量普通人不断努力取得成功的故事，唤起无数陷入迷惘者的斗志，激励他们取得成功。一个如此伟大的人，在毕业后选择的第一份工作是在国际函授学校丹佛分校做一名销售员，他的任务是销售学校的各种培训课程。

一天，卡耐基吃完早餐后，在回住处的路上，刚好有一位架线工人在电线杆上作业，忽然他的钢丝钳掉到了地上。卡耐基把它捡起来，抛给这位工人。

"先生，干这个可真不容易。"卡耐基找机会与架线工人搭讪。

"那还用说，既艰苦又危险！"架线工人漫不经心地应道。

"我有个朋友也干这行，但他却觉得很轻松！"

"他觉得轻松？"

"是的，不过他以前也同你看法一样，轻松的转变只是近期的事！"卡耐基自然地和这位架线工人聊着天。

但显然这位工人已经没有耐性了，他从电线杆上爬下来，急于想知道卡耐基说的那个人靠什么本事会觉得这份工作轻松。这时候，卡耐基采用肯定的语气继续说："有一门培训课程，他学了以后，工作起来就容易多了。"然后，他详细地介绍了这套培训课程的大纲和特点。

最后，卡耐基终于说服了那名架线工购买了一门电机工培训课程。

（资料来源：http：//blog. china. alibaba. com/article/i4879350. html。）

案例思考：想一想，为什么戴尔·卡耐基最终能够成功地销售出课程？

（**提示：**试从"销售语言的作用"的角度进行分析。）

项目导学图

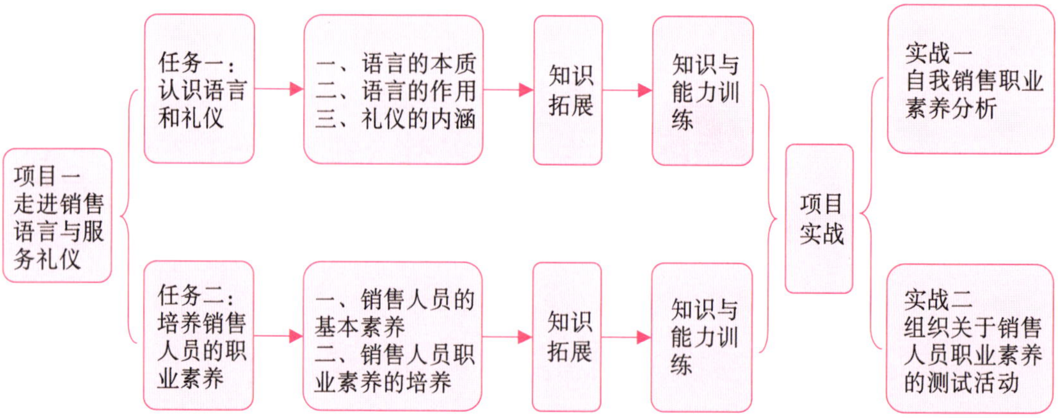

任务一
认识语言和礼仪

任务目标

【知识目标】了解语言的本质和礼仪的内涵；认识语言在销售活动中的重要作用
【能力目标】提高学生的语言表达能力，形成良好的个人礼仪素养
【素质目标】增强学生对中华传统美德的认识，通过实际行动体现文化自信，传承礼仪之邦的美誉

任务描述

王兵是新入职的信用卡办理专员。一天，他来到一家企业，在门卫室跟保安说明了来意，费尽口舌都被保安以“本单位规定不允许推销”为理由拒绝入内。他只能在企业员工下班时，在门口发放传单，用紧张而焦急的语气一直跟大家强调“帮帮忙，我这个月没有签成一单”“再没有人办卡，我就会失去工作”“求求你，看在我这么不容易的份儿上，办一张信用卡吧”，但员工们都谢绝了他的办卡请求，这一天他没有成交一单。

王兵很沮丧，为什么自己的销售总是不成功？通过学习语言的作用及礼仪的内涵、认识语言和礼仪在销售活动中的重要性，帮助王兵分析他销售失败的原因。

任务学习

《吕氏春秋》有云："故闻其声而知其风，察其风而知其志。"意思是说听一个人的说话就能知道这个人的风度，观察这个人的风度就可以知道他的志向。可见，从古至今，语言能力都是评判一个人能力和素养的重要准绳。

一、语言的本质

语言是指以语音为物质载体，由词汇和语法构成并能表达人类思想的符号系统。绝大多数研究人类起源的专家认为：通过语言进行交流，是人类区别于其他动物的最显著的特征。自从有了人类社会，就有了语言，语言是人类最重要的交际工具和信息载体，是一个人素养、能力、智慧的全面而综合的反映。语言与人类的生活息息相关、密不可分，因此，了解语言的本质有助于我们更好地运用语言来传递信息、交流情感。

（一）语言是一种社会现象

语言是一种特殊的社会现象，语言是与人类群体共生的产物，是人类所特有的财富。语言和社会不可分离，没有社会的存在就谈不上语言的发展，社会环境的变化会对语言造成影响。中国历史上很多少数民族由于"汉化"而流失了本民族的语言和文字，如"鲜卑族"在入中原后，用汉字，说汉话，鲜卑语逐渐因不再使用而失传。语言是人类在劳动过程中，为了实现社会的交际需要而创造的，语言的产生和发展是以社会的进步为前提的。语言作为一种社会现象是赖于社会存在的，语言中语音和语义的构成是社会环境决定的，而在社会中，人与人之间不可避免要发生联系，这就需要语言作为共同使用的交流工具。

语言的产生和发展在受到社会制约的同时，也推动了人类社会的进步。语言是将人类和动物区分开来的重要标志，使人类成为具备思想和意识的物种。通过语言的交流，人类从独立存在的个体，聚合成组织和群体，共同参与社会活动，彼此协作，创造更多的社会财富和价值。语言还会促进人类思维能力和思想意识的不断提高和完善，通过语言的交流，互通有无，不同国家、不同地域、不同阶层群体的思想得以融合，促进社会的进步。

由此可见，语言客观地存在于社会之中，并为社会的发展提供必要的推动力。

（二）语言是交际的工具

作为一种社会现象，语言最重要的功能就是在人际交往活动中起到桥梁的作用，它是连结人与社会的纽带，是人与人之间传递信息、沟通情感、交流思想的媒介。一方面，人类通过语言彼此交流，融入社会。另一方面，社会要通过语言约束并规范人的思想和行为。总之，语言是社会全体成员共同使用的交际工具。

在现实生活中，人们运用语言进行交际、交流，以便在认识世界和改变世界的过程中协调相互之间的关系和行为，以取得最佳的效果。现代社会早已不是那种"鸡犬声相闻、老死不相往来"的闭塞时代，高度信息化、知识化是现代社会的一个显著特征，而作为信息传递的主要载体——语言不仅承载着历史、文化的内涵，更要富有时代的气息。语言使信息的传递更加迅速，人际交往更加顺畅，见证着人类文明和进步的足迹。

语言作为日常生活中的交际工具，并不是独立存在的，它往往会与文字、手势、动作相互配合使用，以便更清晰、准确地传递人们的想法和意图。但是，和语言相比，文字、手势、动作只是辅助性的交际工具，它们的重要性是无法和语言相提并论的。从根本上来讲，人类的一切辅助交际工具都是以语言为基础的，没有语言基础，这些辅助工具的存在也就没有意义，不能起到决定性的作用。

人是“社会人”，不能脱离社会存在，人们总是和他人处于合作的状态，语言让人成为交往活动的参与者和执行者，这也正是人与人之间交际的实质。语言除了建立人际交往，还维系着人际关系，使人与人之间产生亲密感和依赖感，为社会的融合创造条件，为人们彼此间的合作提供了保证。

销售人员作为企业和顾客之间沟通的桥梁，在日常工作中，要面对形形色色的顾客，并时刻去应对各种各样的突发事件。无论是与消费者接触，还是处理突发事件，都离不开双方有效的沟通，而这种有效的沟通恰恰是以顺畅的语言交流为基础的。一个优秀的销售人员懂得将语言的交际作用发挥到极致，语言就是财富，懂得运用语言的销售人员能够“化腐朽为神奇、化干戈为玉帛”。

案例阅读

汉语桥——中文走向世界

“因为学习了中文这门语言，我也可以阅读古人读过的书，穿越时空感受古人的精神世界。像我们这种会中文的人才能够感受到这种浪漫和神奇。”16 岁的甜甜来自加拿大，在获得第十三届“汉语桥”世界中学生中文比赛总冠军后，她坦言自己有了一种“使命感”，要同更多人分享中国故事和中国文化。

“汉语桥”项目实施20余年来，已累计吸引来自160多个国家的150多万名青少年参加。他们像甜甜一样，构筑起中国与世界的“文化之桥、友谊之桥、心灵之桥”。随着我国综合国力的不断增强，中文的“朋友圈”持续扩大，中文已经成为中华优秀传统文化走向世界的一张亮丽名片，成为全世界了解中国的一扇文化窗口。

（资料来源：http：//www. xinhuanet. com/2022－04/20/c_ 1128575977. htm。）

案例思考：学习中文的热潮，对于中华文化的传播有什么帮助？

案例解析：语言是了解文化的途径，是增强互信的桥梁。通过学习中文，让世界其他国家对中国的文化和传统有更深入的了解，从而促进不同文明的交流和理解。党的二十大报告指出要增强中华文明传播力、影响力，坚守中华文化立场，加强国际传播能力建设，形成同我国综合国力和国际地位相匹配的国际话语权，在深化文明交流互鉴中推动中华文化更好走向世界。

（三）语言是符号系统

符号就是由社会全体成员共同约定的，用来表示某种意义的记号或标记，包括形式和意义两个方面的要素。形式是符号的载体，是可以被人的感觉器官感知的，意义是符号形式所代表的内容，两者相互依存，互为对方的条件，缺一不可。

语言其实就是一种符号，语言符号是以语音作为物质形式来表示意义的符号。和其他符号一样，语言符号是由语音和意义的结合构成的，没有语音形式，语言无所依附，无法让人感知，更谈不上交际运用了。没有意义，语音形式也就没有任何存在的价值了。语音和语义的联系是社会成员约定俗成的，个人不能任意改变这种联系。所以，从本质上看，语言就是一种符号，只是比其他符号要复杂得多。

语言符号具有任意性的特点，语言符号的音义联系并非本质的、必然的，而是由社会成员共同约定的。一种意义用什么样的声音形式，比如，提醒别人有危险，我们会说“小心”。为什么要用“小心”来代表防范危险呢？这其中并没有什么道理可言，完全是偶然的、任意的。语言符号和客观事物之间没有必然的联系，语言符号相对于语言的意义而言，完全是人为规定的。

（四）语言是人类的思维工具

思维是人脑对客观现实概括的、间接的反映，是人类在认识世界、改造世界过程中体现出的分析、比较的综合能力，是人类大脑的一种机能。它反映的是事物的本质和事物间规律性的联系。

思维是一种人类特有的，在长期的社会实践和精神活动中产生、形成的脑力劳动，是人类认知世界的重要手段。语言是思维工具，人类认识事物是通过视觉、听觉、味觉、触觉、嗅觉等直接感知的，同时，还必须以相应的语言来说明事物的现象和意义，才能真正认识它，形成正确的概念。

语言和思维有着密切的联系。一方面，语言是思维的载体，思维必须在语言材料的基础上进行。没有语言，思维活动无法进行，思维的成果也就无法表达。另一方面，语言作为思维的工具，只有在思维的过程中运用才有存在的意义。如果没有思维活动，也就不会有交际和思想，语言工具就会失去价值，没有存在的必要了。

语言和思维的密切联系还表现在语言和思维是相互适应的，具有一致的发展程度。一种语言，无论它的结构简单还是复杂，都能满足一个社会集团交际的需要，当然也能适应思维的要求。因此，人类语言无所谓先进与落后，无所谓优与劣，都是社会的产物，为社会服务。

案例阅读

爱是桥梁

白岩松、康辉、水均益、贺红梅、海霞、欧阳夏丹等共同表演的情景报告《爱是桥梁》。从接到任务，到当晚除夕夜春晚正式开演，仅有10个小时，甚至走上舞台，都没有经过一次正规的彩排，是迄今央视春晚历史上创作时间最短的节目。《爱是桥梁》由白岩松创作，虽然仓促简朴，但节目感人金句不断，展现了在突如其来的新型冠状病毒感染的肺炎疫情下，武汉人民坚强面对，医护人员忘我救治的感人场景。节目播出后引起观众的强烈关注和好评，坚定了全国人民在党中央领导下共同抗击疫情的决心和信心。

（资料来源：https：//baike. baidu. com/item/% E7% 88% B1% E6% 98% AF% E6% A1% A5% E6% A2% 81/24285998？fr = aladdin。）

案例思考：为什么《爱是桥梁》会受到观众的好评？

案例解析：短短10个小时时间筹划的节目，需要创作者敏捷的思维配合扎实的语言功底。通过感人而质朴的语言，让观众感受到了几位央视主持人的智慧、风范和人格魅力。将党中央、国务院和全国人民的牵挂和关怀带给了在抗疫前线奋战的医务人员和武汉人民，也感动了全国的观众。

二、语言的作用

在这个万象杂陈的社会中，一个人要想在与别人的交往中取得有利地位，获得成功，就离不开好的语言，而销售工作尤其如此。对于经常要和顾客接触的销售人员来说，要想成功地实现销售，需要语言作为铺垫，语言在销售服务中的作用就得以体现。

（一）激发顾客的购买欲望

购买欲望是指消费者购买商品或服务的动机、愿望和要求，是使顾客的潜在购买力转化为现实购买行为的必要条件，也是构成市场的基本因素。顾客只有从心里喜欢某种商品，才会心甘情愿地购买。而喜欢的基础就是好奇心、是兴趣，心理学家认为，兴趣是人类行为动机中最有力的一种。顾客对商品产生兴趣，才会有购买商品的欲望。那些取得成功的销售人员，往往能够抓住这一突破口，用自己的语言技巧激发顾客的购买欲望。“好的开始，是成功的一半”，销售语言的这一作用，也就成了销售活动良好的开始。

案例阅读

“花招先生”

20 世纪 60 年代有一位非常成功的销售员 A。他有个非常有趣的绰号叫作“花招先生”。他拜访客户时会把一个三分钟的蛋形计时器放在桌上然后说“请您给我三分钟时间，三分钟一过，当最后一粒沙穿过玻璃瓶之后，如果您不要我再继续讲下去我就离开。”他会利用蛋形计时器、闹钟、20 元面额的钞票及各式各样的花招，让他有足够的时间让客户静静地坐着听他讲话并对他所卖的产品产生兴趣。

（资料来源：http://tesemina.blog.163.com。）

案例思考：为什么这位销售员总是能引起顾客的兴趣？

案例解析：在销售实战时，销售人员要面对的是对自己所推销的商品不甚了解的顾客，如果缺乏相应的销售语言，那就很难吸引顾客的注意力、打开销售局面，也就更谈不上成功销售了。销售员 A 用语言的技巧制造了悬念，引起对方的好奇，顾客会受到他一番有特色的语言的吸引，进而再顺水推舟地介绍商品。

好的销售语言可以引起顾客的兴趣，激发顾客的购买欲望。

（二）准确地传递商品信息

随着科学技术的进步和生产的发展，市场上的商品种类繁多，新产品更是层出不穷，顾客面对市场，往往会不知如何选择。顾客需要更多地了解商品信息，以便比较、评价和选择适合自己的商品。销售人员作为企业和顾客之间沟通的桥梁，除了要满足顾客对商品的需要，还要将商品和企业的信息传递给顾客。在销售人员向顾客传递信息的过程中，语言的准确性、专业性，对销售活动有着深刻的影响。销售人员具有说服力的语言，能够准确地将商品信息和企业信息传递给顾客，这是销售语言的另一重要作用。

（三）拉近与顾客间的距离

世界上最伟大的推销员，美国著名推销大师乔·吉拉德在演讲时曾经说过：“推销员和顾客之间是种博弈。”事实上，在日常的销售活动中，顾客都希望花最少的钱购买最好的商品，而销售人员则希望为企业争取最大的利益。所以，买卖双方就在进行一场博弈，“双赢”的局面固然是我们想要看到的，但是，大多数的情况下，利益的天平会倾向于其中的一方。所以，顾客总是担心销售人员会给自己设下陷阱，所以取得顾客的信任，拉近与顾客的距离就显得尤为重要。

不要认为销售人员口若悬河，就能打动顾客，优秀的销售人员能运用具有艺术性的语言准确地抓住顾客的心理需求。与花哨的词令相比，销售人员朴实无华的语言更能顺利地接近顾客。

（四）促进销售活动的成功

销售是一项极具挑战性的工作，对于经常需要与顾客接触的销售人员来说，语言的重要性就更为突出。销售人员要想成功实现销售，需要语言作为铺垫。如果销售人员没有好的语言技巧，就很难吸引顾客的注意力，打开销售局面，也就更谈不上成功的销售了。销售活动的本质在于说服，而说服顾客产生购买欲望，并转化成购买行为，销售人员的语言就起到了决定性的作用。

案例阅读

打动人心的销售语言

一对老夫妇准备卖掉他们的房子，他们委托一家房地产经纪公司承销。这家经纪公司为这栋房子在报纸上刊登了一个广告，广告的内容很简短：“出售住宅一套，有6个房间，壁炉、车库、浴室一应俱全，交通十分方便。”

但是，广告刊出一个多月后仍然无人问津。无奈之下，那对老夫妇只好又登了一次广告，这次他们亲自撰写了广告词：“住在这所房里，我们感到非常幸福。只是由于两个卧室不够用，我们才决定搬家。如果您喜欢在春天呼吸湿润清新的空气，如果您喜欢夏天庭院里绿树成荫，如果您喜欢在秋天一边欣赏音乐一边透过宽敞的落地窗极目远眺，如果您喜欢在冬天的傍晚全家人守着温暖的壁炉喝咖啡，那么请您购买我们的这所房子，我们也只想把房子卖给这样的人。”结果，这则广告刊出还不到一个星期，房子就卖出去了。

（资料来源：何倩：《每天学点销售沟通学全集》，石油工业出版社2011年版。）

案例思考：同一套房子，为什么专业的房产经纪公司卖不出去，而老夫妇却能卖出去？发生这种逆转的关键是什么？

案例解析：这对老夫妇最终成功地销售他们的房子，关键就在于他们那更富有煽动性、更具吸引力的销售语言。因为，他们的销售语言中不仅含有商品的信息，同时也运用了更具艺术性的语言将相关信息表述得更加新颖，更有针对性，从而增强信息刺激的力度，加速了客户将购买欲望转化为购买行为的进程，促进销售活动的成功。

三、礼仪的内涵

我国是历史悠久的文明古国，几千年来创造了灿烂的文化，形成了高尚的道德准则、完整的礼仪规范，被世人称为“礼仪之邦”。礼仪作为中国传统文化的一个重要组成部分，对中国社会发展有着广泛而深远的影响。礼仪的内容十分丰富，所涉及的范围广泛，几乎渗透于社会的各个方面。而销售人员作为企业和顾客之间沟通的桥梁，一言一行都代表着企业的形象，折射出企业的文化，更应该注意自身的礼仪修养。

（一）礼仪的含义

礼仪是人类为维系社会正常生活而要求人们共同遵守的最起码的道德规范，它是人们在长期共同生活和相互交往中逐渐形成，并且以风俗、习惯和传统等方式固定下来。礼仪是一个人的思想道德水平、文化修养、交际能力的外在表现；是一个国家社会文明程度、道德风尚和生活习惯的反映。

从广义上讲，礼仪指的是一个时代礼法的典章制度；从狭义上讲，礼仪是人们在人际交往和社会交往中用以表示尊重、友好，并为社会全体成员认可、遵守的行为准则或规范的总和。

从礼仪的含义中，我们可以概括出三层内容：

第一，礼仪是一种行为准则或规范。一个人要想融入社会，就必须了解社会的习俗和行为规范，并按照这些习俗和行为规范要求自己。

第二，礼仪是社会全体成员约定俗成的、共同认可的。在社会实践中，礼仪往往先表现为一些不成文的习惯，然后才逐渐演变成可以用语言、文字、动作进行准确描述和规定的行为准则，并为人们自觉学习和遵守。

第三，礼仪是社会成员之间通过语言、动作、举止等表示尊重和友好的行为，体现了一个人的文化层次和文明程度。

（二）礼仪的作用

“做人先学礼”，礼仪教育是人生的第一课。礼仪必须通过学习、培养和训练，才能成为人们的行为习惯。每一位社会成员都有义务和责任，通过学习礼仪、传承礼仪，自然而然地融入社会。礼仪在社会生活中的重要作用体现在以下几个方面：

1. 规范、约束行为。在社会生活中，礼仪约束着人们的态度和动机，规范着人们的行为方式，协调着人与人之间的关系，维护着社会的正常秩序，在社会交往中发挥着巨大的作用。在销售服务中，如果不遵循一定的规范，双方就缺乏协作的基础。在众多的服务规范中，礼仪规范可以使人明白应该怎样做，不应该怎样做，哪些可以做，哪些不可以做，这也是礼仪最重要的作用。

2. 传递、沟通信息。在人际交往中，自觉地执行礼仪规范，可以使交往双方的感情得到沟通，在向对方表示尊重、敬意的过程中，获得对方的理解和支持。人们在交往时以礼相待，有助于加强人与人之间互相尊重，建立友好合作的关系，缓和或者避免不必要的矛盾和冲突。而且礼仪也是一种信息，通过这种信息可以表达出尊敬、友善、真诚等情感，使别人感到温暖。在销售服务活动中，恰当的礼仪可以获得顾客的好感、信任，有助于销售工作的开展。

3. 树立、塑造形象。良好的礼仪修养可以帮助每个人修身养性、完善自我，促进人际关系的和谐，营造和睦、友好的人际关系环境。销售人员作为企业的先锋队，更要注重礼仪素养的培养，这是自我发展和企业发展的需要。规范言行，讲究礼仪能使销售人员在顾客面前树立良好的个人形象，也会为自己所代表的企业赢得公众的信任。

案例阅读

最好的介绍信

某公司招聘了一名销售人员，一个很不起眼的男孩成功入选。一个员工很诧异地问经理："为什么选中这个男孩？他既没有介绍信也没有人引荐。"经理说："他带来了许多介绍信，他在门口蹭掉脚上的灰，进门后随手关上门，说明他做事小心仔细；当他看到那位残疾人时立即起身让座，说明他心地善良，体贴别人；进了办公室他先脱去帽子，回答我提出的问题干脆果断，证明他既懂礼貌又有教养；其他所有人都从我故意掉在地板上的那本书上迈过去，只有他俯身拣起那本书，并放回桌子上；当我和他交谈时我发现他衣着整洁，头发整齐，指甲干净。难道这不是最好的介绍信吗？"

案例思考： 这个男孩究竟带了什么"介绍信"？

案例解析： 男孩通过自身良好的礼仪修养，给面试的经理留下了良好的第一印象。从他的一言一行可以折射出他可贵的品质，胜过很多华丽的自我介绍，这就是他最闪亮的"名片"。

综上所述，销售工作的各个环节，都离不开语言和礼仪的作用。在现代社会，良好的语言技巧和礼仪素养是每个销售人员必须具备的基本技能。如果说语言是销售人员走向成功的关键，那么礼仪就为销售活动提供了最有力的保证。对销售人员来说，要想赢得顾客的信赖，被顾客接纳，需要一定的语言艺术和交际礼仪，只有这样才能在买卖双方之间架起成功销售的桥梁。

任务分析

任务描述中为什么王兵的销售总是不成功呢？

通过任务一的学习我们知道，销售人员的语言具有激发顾客的购买欲望、准确地传递销售信息、拉近与顾客间的距离、促进销售活动成功的作用。而销售人员的礼仪起到规范、约束自身行为，树立、塑造自身及企业形象并向顾客传递、沟通信息的作用。

王兵销售不成功的原因，到底是什么呢？

1. 王兵在对陌生顾客的拜访过程中，未经预约直接上门不符合销售人员的礼仪要求，提前电话预约或通过他人转介绍能够提高销售成功率。

2. 销售人员的语言能否激发顾客的兴趣是销售成功的关键，在销售过程中应通过语言不断提示顾客购买商品能够给他带来的利益，而不是让顾客感觉销售人员只是为了满足自身的需要来进行推销。

3. 王兵在实际销售过程中，没有任何铺垫，直接向顾客表达销售目的，使用的语言又没有任何技巧，而且他以踌躇、怯懦的态度跟顾客讲话，这种行为给人以不自信的感觉，无法在顾客心目中树立自身及企业的形象。

由此可以看出，如果王兵在实际销售过程中，事先能够对不同的顾客进行研究，并且举止大方，使用能够抓住顾客对产品需求心理特点的、具有亲和力的语言，他的销售会是另外一种结果。

知识拓展

魅力来自语言

语言，通俗地说就是我们说的话。从古至今，从文言到白话，语言也在随着时代发展。作为一门艺术，在各个时代，各个领域，它所展现出来的魅力是无限的。语言是人与人，人与社会之间沟通的桥梁，我们无法想象这个世界没有语言会是什么样子。而销售人员的工作性质决定了他们必须更注重塑造自己的语言魅力。

1. 保持合适的音量。俗话说："有理不在声高"，不要认为音量越高就越能压制和说服他人，事实上，语言的影响力和威慑力跟声音的大小是两回事。销售人员要懂得控制自己的音量，找到适合自己，又能让顾客觉得舒服的音量大小。

2. 熟练地调整语调。无论讨论什么样的话题，都应该保持说话的语调与所谈及的内容相互配合。语调能反映出一个人的思想状态和情感态度，让他人感觉到说话者的感情流露。欢快的语调能让人心情愉悦，低沉的语调会让人心情沉重，销售人员用语调来感染顾客，引起顾客的共鸣，促进销售活动的成功。

3. 掌握灵活的节奏。节奏，是说话时由于不断发音与停顿而形成的强、弱有序的声音变化。有节奏感的声音，能够打动对方。销售人员语言节奏应该适度，才能显得自然、自信。易于从心理上影响顾客，让其产生良好的心理反应。

知识与能力训练

知识训练

一、填空

1. 语言是指以（　　）为物质载体，由（　　）和（　　）构成并能表达（　　）的符号系统。

2. 语言是社会全体成员共同使用的（　　）工具。

3. 语言符号的音译联系并非本质的、必然的，而是由（　　）共同约定的。

4. 狭义的礼仪是指（　　）。

二、选择题

1. 语言符号具有（　　）的特点。

A. 主观性　　B. 任意性

C. 特殊性　　D. 单一性

2. 礼仪最重要的作用是（　　）。

A. 规范行为　　B. 沟通信息

C. 塑造形象　　D. 提高修养

3. （　　）是将人和动物区分开的最重要标志。

A. 语言　　B. 行为

C. 思维　　D. 情感

三、简答题

1. 简述礼仪的作用。
2. 思维为什么不能脱离语言存在?
3. 语言在销售活动中的作用如何体现?

能力训练

以退为进的销售战术

1920年，上海滩有一位家喻户晓的滑稽演员杜宝林，他曾用自己的伶牙俐齿做了一次成功的香烟销售广告。

在一次演出时，他巧妙地将话题扯到吸烟："抽烟其实是世界上顶坏顶坏的事。怎么讲呢？花了大钱去买尼古丁来吸嘛。我老婆就因为我喜欢抽烟，天天跟我吵着要离婚。所以，我奉劝各位千万不要吸烟。"

然后，他话锋一转："不过，话还是要说回来，戒烟是最难最难的事。我16岁起就天天想戒烟，到现在十几年了，烟不但没戒掉，瘾头却越来越大。我横想竖想，最好的办法就是吸尼古丁少的香烟。我向各位透露一个秘密：目前市上的烟，要数白金龙的尼古丁最少。"

（资料来源：http：//wenku. baidu. com/view/825c7aa7284ac850ad0242a4. html。）

讨论：杜宝林的销售语言有哪些巧妙之处?

（**提示：**优秀的销售语言能够激发顾客的购买欲望，促进销售活动的成功。）

任务二
培养销售人员的职业素养

任务目标

【知识目标】了解销售人员应具备的基本素养；培养销售人员的良好的职业素养

【能力目标】帮助学生养成良好的心理素质；提高学生的沟通、表达能力

【素质目标】增强学生将来从事销售工作的信心；努力成为有理想、敢担当、能吃苦、肯奋斗的新时代中职学生

任务描述

某电脑公司销售员小李约好某企业采购部王经理在一家餐厅洽谈购进100台电脑的业务。小李遇到堵车，险些迟到，匆忙间没有整理自己的仪容仪表。而在与王经理用餐、洽谈的过程中由于紧张，在回答王经理的对产品的提问时，语无伦次。在王经理提出异议时，他不知所措。王经理非常不愉快地结束了此次洽谈，购进电脑的业务也就此搁置。

小李很迷惑，“王经理怎么突然就不高兴了呢？”通过本次任务的达成，解答小李的疑问，一个优秀的销售人员应具备的职业素养有哪些？

任务学习

随着社会生产力的发展和生产技术的进步，社会上同类产品越来越多，市场竞争也日趋激烈。企业的经营者开始意识到企业销售优势比企业生产优势更为重要。美国推销大师乔·吉拉德用肺腑之言深刻地表达了销售对于世界的重要意义，他对销售职业的看法是：销售是这个世界发展的动力。为此，企业必须建立一支精干的销售队伍，销售人员的素质和能力是决定销售人员事业成败的关键，也关系到企业发展的命脉。

一、销售人员应具备的基本素养

由于销售活动的复杂性、广泛性、创造性和灵活性，需要销售人员具有良好的职业素养。所谓销售人员的职业素养，是指从事销售工作的职业人员的心理、品德、思想、知识、能力等方面的综合品质。销售人员的素养，是其本人个性特征的综合，也是一种综合性能力的概括。销售人员应具备的基本素质包括良好的心理素质、高尚的职业道德、敏锐的营销意识、扎实的学科知识、合理的能力结构。

（一）良好的心理素质

随着社会竞争的日益激烈，我们每天都在面对机遇与挑战，成功与失败，这对人的心理

素质提出了越来越高的要求。而销售人员作为企业的先锋队，要与各种类型的顾客进行沟通和协调，常常要面对各种难题、矛盾和困境，需要自身具备良好的心理素质去处理问题，迎接挑战。

良好的心理素质包括以下几个方面：

1. 乐观的心态：乐观的人对事物发展的反应和理解会表现出积极的、向上的思想状态和观点。成功的销售人员一定要具有乐观向上的心态，适当地调控自己的情绪，才能坦然地去面对顾客的异议和拒绝。

2. 开朗的性格：从销售的工作性质和要求来看，开朗外向的人充满热情、富于朝气，可以使人感到亲切，易于创造交流思想、交流感情的环境，更善于向顾客表达自己的意向和愿望，形成良好的沟通交往气氛。

3. 自信的心理：销售人员经常会面临顾客的拒绝和责难，而自信心能够激发人的勇气、毅力及对挫折的承受能力，即使面对困境，也能控制自己的情绪和行为，凭借智慧，对待问题，解决问题，使销售活动顺利进行。

4. 冷静的判断：顾客的需求复杂多变、性格各异，这就要求销售人员遇事冷静思考，以变应变，不断调整自己的销售策略，使自己在激烈的竞争中立于不败之地。

5. 宽容的态度：销售人员在销售活动中经常会面对各种突发事件，甚至受到人身攻击。这就要求销售人员在与顾客交往中要做到坦诚相待、宽以待人，逐步达到“无故加之而不愠”的境界，展现宽容豁达的人格魅力。

案例阅读

温总理的人格魅力

2009 年 2 月 2 日，温家宝总理在剑桥大学发表了题为《用发展的眼光看中国》的演讲。他用凝练、有力的语言阐释了中华民族追求进步、崇尚和谐的精神世界，用信心、合作和责任鼓舞人们勇敢地携手应对国际金融危机，共渡难关。然而，正当全场听众凝神聆听温总理精彩演讲时，会场后排角落里一个西方男子突然开始吹哨喊叫，并向讲台投掷鞋子。全场听众对这一捣乱行为表现出义愤和蔑视，在一片斥责声中，该男子被工作人员带离了现场。温总理在台上始终镇定自若。他停顿了片刻，用平静而坚定的声音说：“老师们、同学们，这种卑鄙的伎俩阻挡不了中英两国人民的友谊！”全场顿时爆发出雷鸣般的掌声。温总理举起右手，有力地一挥，又说：“人类的进步、世界的和谐是任何力量也阻挡不了的！”场上再次爆发出经久不息的掌声。

（资料来源：http：//news. qq. com/a/20090204/000270. htm。）

案例思考：温家宝总理的外交风范对销售人员有哪些启示？

案例解析：作为一个国家的领导人，温家宝总理的宽容、冷静和沉稳赢得了剑桥学子乃至整个世界的尊重。销售人员作为企业和顾客之间沟通的桥梁，他们个人的素质和魅力对销售活动的成功和企业形象的建立同样有着重要的影响，所以销售人员要不断提高自身的能力和素质，塑造自身独特的个人魅力。

（二）高尚的职业道德

销售人员的职业道德是在实践中逐渐形成的对销售职业行为的道德要求。企业销售人员的职业道德水平影响整个企业的形象和信誉，道德高尚的销售行为，能够提高企业的知名度和美誉度。

高尚的职业道德包括以下几个方面：

1. 实事求是：销售人员要平等对待顾客。保证自己所传播的信息必须是真实准确的，不能为了个人利益弄虚作假，欺瞒顾客。

2. 勤奋努力：销售人员应吃苦耐劳、踏踏实实地努力工作，勤于思考、勇于开拓、不断进取，提高销售的能力。

3. 遵纪守法：销售人员作为社会的一分子，应该具有强烈的法治观念，一切的销售活动都应该依法办事，这是销售活动最重要的前提。

4. 热爱事业：销售人员对于自己从事的事业的热爱是一切行动的原动力。凭借热忱的工作态度来协调与顾客的关系，拓展销售的思路，是优秀销售人员必备的条件。

案例阅读

时代楷模——黄文秀

黄文秀同志生前是广西壮族自治区百色市委宣传部干部。2016 年硕士研究生毕业后，她自愿回到百色革命老区工作，主动请缨到贫困村担任驻村第一书记。她自觉践行党的宗旨，始终把群众的安危冷暖装在心间，带领群众发展多种产业，为村民脱贫致富倾注了全部心血和汗水。2019 年 6 月 17 日凌晨，黄文秀同志在突发山洪中不幸遇难，献出了年仅 30 岁的宝贵生命。在她的驻村日记中记录了这一年多来，她对百姓脱贫致富的期盼，对自己事业的热爱，也记录着她的每一步成长。“从 3 月 26 日到现在，一共 67 天，我是我们村脱贫攻坚工作的第一责任人，我还不够勇敢。”“2018 年 7 月 26 日，我们村产业园的牌子一直在努力中，5 个致富带头人也在培养中。每天都很辛苦，但心里很快乐。”“2018 年 8 月 15 日，我发现我的方言进步了，可以和贫困户完整用桂柳话交流了。”

（资料来源：http：//images1. wenming. cn/web _ wenming/sdkm/hwxiu/pldz/201907/t20190702 _ 5170633. shtml。）

案例思考：黄文秀是时代楷模、道德模范，作为销售人员我们应学习她哪些优秀品质？

案例解析：黄文秀生前放弃优渥的生活和工作环境，到艰苦的地区，为贫困的村民带去脱贫的希望，在工作中，她勤奋努力，热爱自己的事业。作为一名普通的销售人员，我们也应像黄文秀一样，做一个有高尚职业道德的人。

（三）扎实的学科知识

销售人员工作难度大，现代销售是一种复杂的活动，必须以科学的理论和方法为指导。因此是否具备销售理论和实务知识成为销售人员的必要条件。要成为一名合格的销售人员，必须掌握以下几方面知识：

1. 理论知识：销售人员应掌握销售的基本理论知识，如接近顾客、销售洽谈、解决顾客异议的方法等，以便指导实践活动。

2. 业务知识：销售人员要了解自己的企业、熟悉自己所销售的产品，才能在与顾客沟通的过程中，解答顾客的疑问。

3. 社会知识：销售是一项接触面很广的活动，要跟不同类型的顾客打交道，掌握社会知识有助于在复杂多变的社会关系中处理好销售活动的各项事务。

案例阅读

麦当劳败走印度市场

世界快餐业巨头麦当劳的餐厅遍布在全世界六大洲百余个国家。在很多国家麦当劳代表着一种美国式的生活方式。而麦当劳在进入印度市场时却“受挫”，原因就是麦当劳售卖牛肉汉堡。在印度，牛被奉为神圣的动物，印度教徒认为，牛既是繁殖后代的象征，又是人类维持生存的基本保证。麦当劳的招牌——牛肉汉堡无疑挑战了印度人民的底线。所以，尽管麦当劳的公关、广告、促销做的轰轰烈烈，仍然没有得到印度公众的青睐。

（资料来源：http：//wenku. baidu. com/view/b369ffc2d5bbfd0a795673b5. html。）

案例思考：销售人员应具备哪些知识？

案例解析：销售人员不仅要掌握销售的理论知识，还要将与其相关的社会风俗、市场分析等知识融入销售活动中，才能更好地销售商品、塑造企业的形象，在市场上占据一席之地。

（四）合理的能力素养

知识是能力的基础，能力是知识和经验的结合，销售人员只有具备超群出众的工作能力，才能应对层出不穷的各种问题和矛盾。

销售人员应具备的能力素养包括以下几个方面：

1. 宣传表达能力：销售工作是通过传播沟通与顾客建立良好的关系，能很好地运用语言传达企业的有关信息，与顾客有效沟通，宣传企业的商品和形象，是销售人员的一项基本素质要求。它主要包括口头语言表达能力、文字语言表达能力、体态语言表达能力。

2. 沟通礼仪能力：销售人员工作的重要内容是面对各种类型的顾客，去迅速地建立双向的有效沟通，用较恰当的礼仪礼节形式赢得好感和认同。这就要求销售人员必须具备较强的沟通礼仪能力。只有这样，销售人员才能在企业与顾客之间架起沟通的“桥梁”，为企业创造更大的利益，赢得更多的发展机会。

3. 开拓创新能力：销售工作是一项极富挑战性和创造性的工作，新颖、有创意的销售策略才能吸引顾客的兴趣和注意力。这就要求销售人员善于观察，勇于创新，形成自己独特的销售风格。

4. 灵活应变能力：销售活动中经常会出现一些突发事件和事先难以预料到的问题，

如何和在不利的形势下扭转局势，在遇到突发事件时处变不惊，用自己的行动去挽救失误，这就需要销售人员根据实际情况，灵活从容地应对，果断地采取措施，以有效地解决问题。

案例阅读

中国机长创造奇迹

2018年5月14日，四川航空3U8633次航班，由重庆飞往拉萨途中，飞机驾驶舱右侧挡风玻璃突然脱落，飞机出现减压状态，从“轰”的一声巨响，到挡风玻璃的开裂，再到彻底爆裂，用时仅仅30秒，然后副驾驶被吸出机外，驾驶舱内遭遇失压、低温、仪表损坏多重故障险情，这在以往的单一训练中是很难遇到的，在这千钧一发之际，机长刘传健带领机组人员凭借着过硬的飞行技术和临危不惧的坚强毅力，秉承着敬畏生命、敬畏规章、敬畏责任的职业精神，顶着巨大的狂风撕裂，低温考验，历时34分钟，36个精准无误的动作，让飞机成功备降，119名乘客无一受伤，创造了世界民航史上史诗级的壮举。

（资料来源：https：//www.360kuai.com/pc/9a338e73c47d5c5cb? cota = 3&kuai_so = 1&sign = 360_57c3bbd1&refer_scene = so_1。）

案例思考：刘传健机长和机组成员在面临重大危机时体现了哪些职业能力？

案例解析：刘传健曾历经三道关卡、全优毕业成为空军第二飞行学院的飞行教员。在空军第二飞行学院的飞行学习训练中，每一个学员都要进行特情处置训练，其中玻璃爆裂后如何处置是必训科目。作为教员，刘传健在执教多年的过程中，带很多学员进行过这样的训练，为他今日处置民航飞机突发事件打下了基础。在面对危机时，刘传健临危不乱，展现了其高超的专业技术能力和灵活应变能力。这一奇迹的创造，不单单归功于机长，还要归功于机组成员的镇定、配合、协作，共同挽救了飞机上的119个生命。

二、销售人员职业素养的培养

销售工作对于销售人员素养的要求很严格，而且随着环境的变化和时代的发展，这种要求在不断地提高。因此，对于销售人员来说，找到培养和提高自身职业素养的正确途径和方法就变得非常重要了。销售人员可以通过这样几种方式来提升自身的职业素养：

（一）接受系统的职业教育

系统的职业教育是指各类职业院校所提供的专业教育。在职业院校学习，一方面培养了销售人员的素质基础；另一方面也给销售人员提供了工作所需要的基本知识和基本理念，可以说，接受系统的职业教育是成为一个职业销售人员的有效途径。

（二）在工作中积累和磨练

在工作中学习是职业销售人员提高自身素质的最主要方式。在工作中销售人员通过亲身体验、确立和提高职业认知、巩固和充实知识体系、磨练和强化业务能力、塑造良好的个性品质。

（三）借鉴他人的经验教训

“三人行，必有我师焉，择其善者而从之，其不善者而改之。”销售人员多去看别人成功的经验或失败的教训，给自己的销售活动做为借鉴和参考，可以少走很多的弯路，站在巨人的肩膀上，就会更接近成功。

（四）自学或参与培训

销售人员在企业会得到很多岗前、在职、晋升的培训机会，这些都是学习的好契机。同时，销售人员还可以通过有计划、有意识的自我进修和学习来提升自己的销售能力。

案例阅读

乔·吉拉德的销售演讲

作为一名世界著名的推销大师和演讲家，乔·吉拉德经常出现在各个社会团体、组织、机构的销售会议上。如今已84岁的乔·吉拉德仍然活跃在全世界各个国家的演讲会现场，每到一处都掀起一轮向世界销售冠军学习的高潮。截至2009年底，乔·吉拉德已在中国举办各类形式的大型演讲会近百场，给中国的企业家和销售界精英带来世界顶级的洗礼。

（资料来源：http：//baike. baidu. com/view/663302. htm。）

案例思考：专业的培训对销售人员能力的提高有哪些帮助？

案例解析：销售人员多参考他人成功的销售经验，能够取其精华，并灵活运用到自己的销售工作中，是快速提高销售能力的捷径之一。

任务分析

任务描述中小李很困惑，“王经理怎么突然就不高兴了呢？”

通过任务学习我们知道作为一名销售人员，要胜任本职工作需要具备一定的职业素养。销售人员既要具备乐观的心态、开朗的性格、自信的心理、冷静的判断、宽容的态度等良好的心理素质，也要具备实事求是、勤奋努力、遵纪守法、热爱事业的高尚职业道德，还要具备专业理论知识、业务知识、社会知识、扎实的学科知识，更要具备一定的宣传表达、沟通礼仪、开拓创新、灵活应变的能力素养。

那么某企业采购部王经理，在与小李沟通的过程中之所以突然就不高兴了，原因在于小李没有按约定的时间到达约谈现场后，与王经理缺乏语言上的沟通，没有坦诚地向其表示歉意，求得谅解。并且由于紧张仪容仪表有些不整，回答王经理问题时的语言也不知所措。由此可见小李在基本的沟通礼仪、灵活应变能力及心理素质等方面的素养还有所欠缺，需要进一步在销售实践中加以提高。

知识拓展

成功的销售人员和不成功的销售人员之间的对比，如表 1－1 所示。

表 1－1　　成功的销售人员和不成功的销售人员的对比

成功的销售人员的表现	不成功的销售人员的表现
1. 积极的态度	1. 消极的态度
2. 善于学习，并付诸实践	2. 不善学习，不会灵活运用
3. 熟悉自己的企业和商品	3. 不了解自己的产品
4. 热爱销售事业	4. 将销售事业当作经济的来源
5. 善于与顾客沟通交流	5. 不愿与顾客交流
6. 凡事以顾客利益为先	6. 为个人利益损害顾客利益
7. 自信、乐观	7. 缺乏信心、抗挫折能力差
8. 应对突发问题，灵活机智	8. 应对突发事件，不知所措

同学们，你们想做个优秀的销售人员吗？那从现在起就以合格销售人员的标准要求自己吧！

知识与能力训练

知识训练

一、填空题

1. 销售人员的心理素质包括（　　　　）、（　　　　）、（　　　　）、（　　　　）、（　　　　）。

2. 销售人员应具备的能力有（　　　　）、（　　　　）、（　　　　）、（　　　　）。

3. 高尚的职业道德要求销售人员做到（　　　　）、（　　　　）、（　　　　）、（　　　　）。

4. 销售人员从事销售活动时，最重要的前提是（　　　　）。

二、选择题

1. 销售人员在工作中要做到“无故加之而不愠”，体现了（　　）。

A. 乐观的心态　　B. 开朗的性格

C. 宽容的态度　　D. 冷静的判断

2. 销售人员在处理公关危机时必须以事实为依据，不能弄虚作假，欺骗顾客，这体现了销售人员职业道德的（　　）原则。

A. 热爱事业　　B. 实事求是

C. 遵纪守法　　D. 勤奋努力

3. 销售人员在遇到突发事件时处变不惊，用自己的行动去挽救失误，体现了销售人员能力中的（　　）。

A. 宣传表达能力　　B. 沟通交往能力

C. 开拓创新能力　　D. 灵活应变能力

三、简答题

1. 简述销售人员职业素养培养的有效途径。
2. 简述销售人员应具备的基本素养。
3. 为什么销售人员在销售活动中必须遵守职业道德的要求？

能力训练

梦想演说家

2022年3月以著名的会销演说家彭博为原型并由他本人主演的电影《梦想演说家》在国内上映，该片被观众称为是一部真诚走心的正能量励志片。通过这部电影，让观众了解到了彭博的故事，出生不久，家人就发现他反应能力弱，经诊断听力一级残疾，说话功能也明显弱于同龄孩子。由于严重口吃，让他面临就业的困境，但身体上的缺陷让他拥有更加坚强的内心，他做出了一个让所有人吃惊的决定：转行做销售。为了不再口吃，彭博开始疯狂地进行矫正训练。他每天含着鹅卵石说绕口令，常常练到鹅卵石浸满血迹，仍不肯停下来。功夫不负有心人，彭博的口吃症状逐渐减轻。与此同时，通过不断钻研，彭博找到了销售的诀窍，在第三个月时完成销售额4万元，成为当月销售冠军，并很快被提拔为主管。从口吃到销售冠军的过程中，彭博感受到了演讲的魅力，于是他将自己的经历和经验写成书，成为了知名的会销演讲专家。

（资料来源：https：//baijiahao. baidu. com/s?id = 1728884513173798954&wfr = spider&for = pc。）

讨论：彭博有哪些值得我们学习的优秀品质，对销售人员职业素养的培养有哪些启示？

（**提示：**试从“自信心”“抗挫折能力”“自强自立”等角度进行分析。）

项目实战

本项目主要学习以下内容：

语言是指以语音为物质载体，由词汇和语法构成并能表达人类思想的符号系统。语言的本质包括语言是一种社会现象；语言是交际的工具；语言是符号系统；语言是人类的思维工具。

语言的作用在于激发顾客的购买欲望；准确地传递销售信息；拉近与顾客间的距离；促进销售活动的成功。

从狭义上讲，礼仪是人们在人际交往和社会交往中用以表示尊重、友好；并为社会全体成员认可、遵守的行为准则或规范的总和。

礼仪的作用包括规范、约束行为；传递、沟通信息；树立、塑造形象。

销售人员的职业素养，是指从事销售工作的职业人员的心理、品德、思想、知识、能力等方面的综合品质。销售人员的素养，是其本人个性特征的综合，也是一种综合性能力的概括。

销售人员应具备的基本素养包括良好的心理素质、高尚的职业道德、扎实的学科知识和合理的沟通礼仪能力素养。

项目实战就是针对本项目中所涉及的理论知识，结合任务所要达到的知识、能力、情感与价值观的目标，设计出的综合性的课堂活动。

实战一　自我销售职业素养分析

【实战内容】通过自我剖析和相互评价，以销售人员的基本素养为依据，分析自身的优势与劣势。

【实战目标】找出自己与真正的销售人员存在的差距，在未来的日子，以销售人员的标准要求自己，提高自身的素质和修养。

【实战要求与步骤】

1. 将学生分成4~6人一组，选出组长；
2. 结合学生实际情况完成表1-2的填写；
3. 小组内部讨论：“我能成为一名合格的销售人员吗?”
4. 教师对部分同学的分析进行点评。

表1-2

销售人员的基本素养	个人基本素养分析	改善方向

实战二　组织关于销售人员职业素养的测试活动

【实战内容】组织一些关于个性品质的测试活动，如性格测试、意志、抗挫折能力或毅力测试等。

【实战目标】参照销售人员的职业要求，明确自己的优缺点，培养学生的销售意识和观念。

【实战要求与步骤】

1. 收集有关测试资料；
2. 学生在课堂上集体进行测试；
3. 联系职业要求在班级讨论：“一个优秀的销售人员应该具备哪些品质?”

测试一　《性格测试》

测试题目：以下是60个测试题目，每题都有“是”“不能确定”“不是”三种答案。请您在每题后面写上答案。

A卷

1. 当你站在大庭广众面前，你会感到不好意思。
2. 你愿意一个人独处。
3. 与陌生人打交道，你感到不容易。
4. 当你遇到不快乐的事情时，你能抑制感情，不露声色。
5. 你不喜欢社交活动。
6. 你不会把自己的想法轻易告诉别人。
7. 对问题，你喜欢刨根问底。
8. 你凡事很有主见。
9. 会议休息时，你宁肯一个人独坐也不愿意和人聊天。
10. 当你遇到难题时，你非弄懂不可。
11. 你不善于和别人辩论。
12. 你时常因为自己的无能而沮丧。
13. 你常常对自己面临的抉择犹豫不决。
14. 你喜欢把自己拿去和别人比较。
15. 你容易羡慕别人的成绩。
16. 你很在意别人对你的看法。
17. 在发现异常现象时，你容易产生丰富的联想。
18. 你总是把家里收拾得干干净净。
19. 你做事很细心。
20. 你十分注意维护自己的信用形象。
21. 你信奉“不干则已，一干必成”这一格言。
22. 拿到一本书，你可以反反复复看几遍。
23. 你做事大都有计划。
24. 你在学习时，不容易受外界干扰。
25. 读书时，你的作业大多整洁、干净。

26. 一旦对人形成一种看法，你不会轻易改变这一看法。
27. 你不喜欢体育活动。
28. 在买东西前，你总要比较估量一番。
29. 遇到不愉快的事情，你会生气很长时间。
30. 你常常担心自己会遭遇失败。

B 卷

1. 你总是对人一见如故。
2. 你喜欢表现自己。
3. 开会时，你喜欢坐在显眼的位置，以便更容易被人注意到。
4. 你在众人面前总是能爽快地回答问题。
5. 你愿意经常和朋友在一起。
6. 逛商店时，你只要认为是好的东西，立即就会买下来。
7. 对别人的意见，你很容易接受。
8. 你喜欢高谈阔论。
9. 决定问题时，你是一个爽快的人。
10. 常常不等别人把话讲完，你就觉得自己已经懂得了。
11. 当你遇到挫折时，你不轻易丧气。
12. 碰到高兴事时，你极易喜形于色。
13. 对别人的事情，你不太注意。
14. 你喜欢憧憬未来。
15. 你相信自己不比别人差。
16. 你不太注意外表。
17. 即使做了亏心事，你也会很快忘记。
18. 你自己放的东西，却常常不知在哪里。
19. 对于别人的请求，你总是乐于帮助。
20. 你的热情总是来得快，消失得也快。
21. 你做事更注意速度而不是质量。
22. 你不习惯长时间看书。
23. 你的兴趣广泛，但经常变换。
24. 开会时，你喜欢同人交头接耳。
25. 答应别人的事情经常会忘记。
26. 你容易和别人交朋友。
27. 对电视中的球赛节目，你非常感兴趣。
28. 你不看重经验，不惧怕从来没做过的事情。
29. 当你做错了事，你很容易承认和改变。
30. 你容易原谅他人。

说明：在公司里，不同岗位的人，需要不同性格的人，比如，营销、公关岗位的人，应该选择外向型人才，而科研开发则应该选择偏内向型的人才。本测试正是为这种人才选择提供依据的。

A 卷题，答“是”记为 0 分，“不能确定”计 1 分，“不是”计 2 分；

B 卷题，答“是”记为 2 分，“不能确定”计 1 分，“不是”计 0 分；

评价：A、B 卷合计得 90 分以上，是典型的外向性格，适合做销售；

A. B 卷合计得 71 ~90 分，是稍外向性格，较适合做销售；

A. B 卷合计得 51 ~70 分，是内、外混合型性格，较适合做销售；

A. B 卷合计得 30 分以下，是典型的内向性格，不适合做销售。

测试二　《意志力测试》

测试题目：下面有 30 个题目，每题均有“是”“是否之间”“否”三种可选答案，按符合自己的情况作答。

1. 我很喜欢长跑、远足、爬山等体育活动，并非我的身体特别适合这些运动，而是它们能有效地培养我的毅力。
2. 我做事经常虎头蛇尾。
3. 我信奉万事“不干则已，干则必成”的格言。
4. 做事不必太认真，我的计划是经常改变的。
5. 不该做的事情即使对我很有诱惑力，我也能克制自己不去做。
6. 一件事该不该做的标准，主要取决于我是否有兴趣。
7. 我常常强迫自己去做自己不感兴趣的事情。
8. 我的生活不太有规律，睡懒觉是常有的。
9. 我不喜欢一遇到困难就求助于人。
10. 遇到复杂的事情我常常犹豫不决。
11. 我决定做某件事时，往往说干就干，很少拖延。
12. 心情不好的时候，我很容易发脾气，有时明知不对，也不能克制。
13. 我相信事情的成功主要取决于自己的努力。
14. 我认为机遇比奋斗更重要。
15. 越是困难的事情，我做起来越是有劲。
16. 和别人争吵时，我常要说些事后感到后悔的过头话。
17. 我对自己的计划很认真，没有意外情况，总要设法使它如期完成。
18. 我常因读一本引人入胜的小说而不能按时入睡。
19. 我不怕落后，相信后者可以居上。
20. 我很难长时间做一件重要却枯燥的事情。
21. 一旦决定晚上不看电视，即使电视节目再精彩，我也不会去看。
22. 因为优柔寡断，我已多次错失良机。
23. 有风险的事情，我不像有的人那样总是借故推辞。
24. 我感到自己很任性，常常是想怎样就怎样。

25. 做错了，我敢于承担责任，即使为此可能受处分。

26. 在意外情况面前，我常常惊慌失措。

27. “胜利常在坚持之中”，我喜欢照此去实践。

28. 我感到清苦的生活比什么都难受。

29. 别人做不成的事情，我常能做成，因为我比别人更有恒心。

30. 我明知自己缺乏意志，但总感到难以改善。

说明：销售人员需要不断地发掘新的顾客，开拓自己的事业，这就要求其拥有比其他行业更坚强的意志品质，以上测试就是针对意志品质的检测。

评价：凡奇数题答“是”得2分，答“否”得0分，答“是否之间”得1分；
凡偶数题答“是”得0分，答“否”得2分，答“是否之间”得1分。
总分在45分以上，你的意志力坚强；
总分在20分以下，你的意志力薄弱；
总分在20~45之间，要成为意志坚强者还需磨练，而蜕变为意志薄弱者似乎也只是一步之遥。

测试三　《抗挫折能力测试》

测试题目：请选择你认为符合自己情况的选项。

1. 在过去的一年中，你自认为遭受挫折的次数：

A. 0~2次　　B. 3~4次　　C. 5次以上

2. 你每次遇到挫折：

A. 大部分都能自己解决　　B. 有一部分能解决　　C. 大部分解决不了

3. 你对自己才华和能力的自信程度是：

A. 十分自信　　B. 比较自信　　C. 不太自信

4. 面对问题，你经常采用的处理方法是：

A. 知难而进　　B. 找人帮助　　C. 放弃目标

5. 有非常令人担心的事时，你：

A. 无法工作　　B. 工作照样不误　　C. 介于A、B之间

6. 碰到讨厌的对手时，你：

A. 无法应付　　B. 应付自如　　C. 介于A、B之间

7. 面临失败时，你：

A. 破罐破摔　　B. 使失败转化为成功　　C. 介于A、B之间

8. 工作进展不快时，你：

A. 焦躁万分　　B. 冷静地想办法　　C. 介于A、B之间

9. 碰到难题时，你：

A. 失去自信　　B. 为解决问题而动脑筋　　C. 介于A、B之间

10. 工作中感到疲劳时，你：

A. 总是想着疲劳，脑子不好使了

B. 休息一段时间，就忘了疲劳

C. 介于 A、B 之间

11. 工作条件恶劣时，你：

A. 无法工作　　B. 能克服困难干好工作　　C. 介于 A、B 之间

12. 产生自卑感时，你：

A. 不想再干工作　　B. 立即振奋精神去干工作　　C. 介于 A、B 之间

13. 上级给了你很难完成的任务时，你：

A. 顶回去了事　　B. 千方百计干好　　C. 介于 A、B 之间

14. 困难落到自己头上时，你：

A. 厌恶至极　　B. 认为是一次锻炼的好机会　　C. 介于 A、B 之间

说明：心理学上所说的挫折，是指人们为实现预定目标采取的行动受到阻碍而不能克服时，所产生的一种紧张心理和情绪反应。销售人员是世界上最具勇气的人，因为他们面临形形色色的拒绝和误解仍能不弃不馁、再接再厉，以上测试是对抗挫折能力的检测。

评价：1 ~ 4 题，选择 A、B、C 分别得 2、1、0 分；

5 ~ 14 题，选择 A、B、C 分别得 0、2、1 分。

19 分以上：说明你的抗挫折能力很强。

9 ~ 18 分：说明你虽有一定的抗挫折能力，但对某些挫折的抵抗力薄弱。

8 分以下：说明你的抗挫折能力很弱。

项目一　拓展阅读

2 项目二 掌握销售语言的基本特征

案例导入

自说自话的销售员

书店里，一对年轻的夫妇想给孩子买一些百科读物，销售员过来与他们交谈。

顾客：这套百科全书有些什么特点？

销售员：您看这套书的装帧是一流的，整套都是这种真皮套封烫金字的装帧，摆在您的书架上，非常好看。

顾客：里面内容怎么样？

销售员：本书内容是按字母顺序编排的，这样便于资料查找。每幅图片都很漂亮、逼真，比如这幅，多美。

顾客：我看得出，不过我想知道的是……

销售员：我知道您想说什么！本书内容包罗万象，有了这套书您就如同有了一套地图集，而且还是附有详尽地形图的地图集，这对您一定会有用处。

顾客：我们是为了孩子买的，让他从现在就开始学习一些东西。

销售员：哦，原来是这样。这套书很适合小孩子。它有带锁的玻璃门书箱，这样您的孩子就不会将它弄脏，小书箱是随书送的。我可以给您开单了吗？

顾客：哦，我考虑考虑，你能不能介绍一下其中的文字部分内容，我们想了解一下？

销售员：本周内有一次特别的优惠抽奖活动，现在买说不定能中奖。

顾客：我恐怕不需要了。

（资料来源：崔利群：《推销与沟通技巧》，高等教育出版社 2021 年版。）

案例思考：这位销售人员的销售为什么没有成功？如果你是这位销售人员，你会怎样回答顾客的提问？

（**提示：**试从“销售语言的运用原则”角度进行思考和分析。）

项目导学图

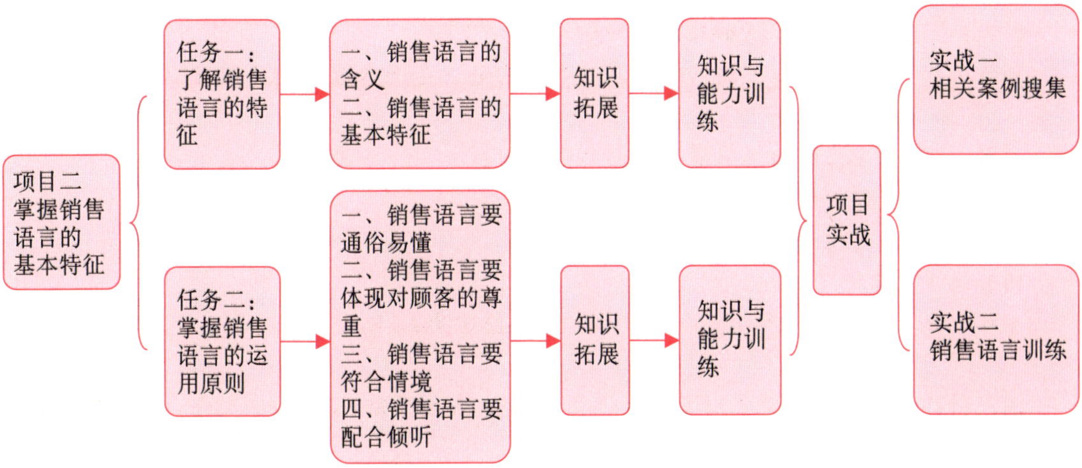

任务一
了解销售语言的特征

任务目标

【知识目标】掌握销售语言的含义；了解销售语言的基本特征

【能力目标】提高学生的语言表达能力；自觉、有目的地塑造自身的语言魅力

【素质目标】通过对销售语言内涵的了解，体会销售工作的乐趣，增强学生对销售职业的认知和热爱

任务描述

一位顾客想购买一台冰箱，来到商场，看到众多品牌的冰箱眼花缭乱。这时一个销售员主动迎了上来。

销售员："我们的冰箱获得了国际大奖，同时也是环保冰箱，不仅节能，而且没有污染，省电，保鲜……"

顾客听得一头雾水，只好仔细询问。

顾客："你们的冰箱跟其他品牌的冰箱比，有什么优势?"

销售员："我们的冰箱是市场上最好的了，现在赶上十一不仅有打折还有优惠，另外现在购买会送礼品，价格也是最低的了，十一长假结束后，肯定不是这个价了……"

顾客："你们的售后服务怎么样?"

销售员："您放心吧，我们的服务绝对一流。我们公司多次被评为"消费者信得过"企业，我们的售后服务体系通过了国际质量认证。"

顾客："是吗？我想知道如果出了问题怎么办？"

销售员："您尽管放心，我们的产品质量非常好，是国内最大的品牌了，大品牌的产品有保证。"

顾客："那如果真的出了问题，你们怎么处理？"

销售员："我们的服务宗旨是'顾客至上'……"

顾客："我再考虑考虑，谢谢。"

顾客转身就离开了专柜。

（资料来源：http：//blog. sina. com. cn/s/blog_ 62bfb42e0100f2sj. html。）

销售员在与顾客的沟通中犯了什么错误，为什么会失败？根据所学的"销售语言的基本特征"的相关知识，帮助他分析问题之所在。

任务学习

销售活动的实质是销售人员运用语言技巧说服或诱导现实或潜在顾客接受其观点，购买其商品和服务的过程。所以销售的艺术也就是说服的艺术，说服顾客必须依靠生动的语言表达，所以说语言是销售人员与顾客沟通的重要手段，是销售活动成功的根本保证。

销售语言是语言基本原理在销售活动中的具体运用。无论是简单的交易，还是复杂的营销，都离不开语言。可以说，语言与企业的经营活动有着密切的关系。随着商业的发展，销售语言也从以前的叫卖融汇成为具有独特风格、自成体系的语言艺术。现在市场经济高速发展，市场上可供顾客选择的商品日益增多，竞争愈演愈烈，学习和掌握销售语言的特征，对销售人员培养语言能力、提高职业技能有很大的帮助。

一、销售语言的含义

所谓销售语言，是在商业销售活动中，生产商、经销商与顾客之间传递沟通信息，销售商品，提供服务的一种应用性语言。

语言是商业企业在交换商品、实现其目标过程中，必须要借助的交际工具，销售活动对语言的依赖关系，是由销售活动的本质和目的决定的，这其中包含了复杂的社会关系和人际交往的内容。

在商品销售活动中，经销商、生产商与顾客之间形成了一种特殊关系，而形成和维系这种关系，靠的就是语言。在商务谈判、商品推销、销售服务中，语言均发挥着其重要作用。在整个销售活动中，从接近顾客到向顾客介绍商品、排除异议，直到最后成交，都离不开销售语言。销售语言的核心，是说服对方接受自己的产品和服务。良好的销售语言技巧，有助于销售人员在销售活动中更好的沟通关系，交流信息，推销商品，为顾客提供售前、售中、售后服务。出色的销售人员，是懂得如何将语言艺术融入到商品销售中的人，可以这样说，成功的销售，源自语言的艺术。

案例阅读

有技巧的销售语言

有两家早餐的小店，门店相邻，每天顾客的数量和服务质量都差不多，但闭店结算的时候，总是一家粥店的销售额高于另一家。探其究竟，原来效益好的那家粥店的服务员为客人盛好粥后，总问："加一个鸡蛋还是两个？"而另一家粥店的服务员总问："加不加鸡蛋？"

（资料来源：https：//www. sohu. com/a/212003327_654524。）

案例思考：为什么两种销售语言会带来不同的销售效果？

案例解析：第一种销售语言，顾客考虑的是加几个鸡蛋，而第二种销售语言，顾客考虑的是要不要加鸡蛋。其实销量好的店员利用了心理学上"沉锚效应"，抓住了顾客的心理定势，利用有诱导性的提问方式，不知不觉地多卖了鸡蛋，增加了销售量。

二、销售语言的基本特征

销售语言作为一种应用性很强的语言，其特定的使用情境、使用对象，决定了它除了具有一般语言的特点之外，还具有以下特征：

（一）目的性

所谓语言的目的性，就是说话者的主观意图及通过语言的阐述所要达成的目标。销售语言有明显的目的性，从与顾客正式接触开始，其目的性就是要建立良好的关系、沟通并传递商品信息，并最终成功地销售商品。所以，每一个销售人员在开口说话前，其思维就有活动，要经过深思熟虑，去思考如：说什么、怎样说、会产生什么效果，自己应如何应对等等。决不能毫无目的地乱开口，更不能信口雌黄。因为销售人员不开口则已，只要一开口，就会影响到顾客的思维和行为，甚至关系到销售工作的进展。不论顾客是否听懂和理解，这种影响都是一种客观存在。在一般情况下，销售语言的目的是多种多样的，但最终目的都指向于达成交易。与顾客交谈的一切语言、话题都应围绕着销售商品和实现顾客需要进行，再花哨的语言如果脱离了商品和顾客的需要就不能体现价值。因此，在不同时间，不同场合，对不同的顾客说适当的话，都应目的明确，这样才能获得期望的效果，成功地销售商品。

案例阅读

销售员的"困扰"

一家面包机厂商的销售员B，负责在社区向主妇们销售面包机。一天，他去一个社区销售前，先向经验丰富的老销售员请教了该社区顾客的特点，老销售员告诉他说，这个社区的主妇们很不好接近，一定要跟她们谈论其喜欢的话题才不会被赶出来。销售员B牢牢记住这一点，到社区之后，跟主妇们热烈地讨论她们感兴趣的子女教育、美容美体、烹饪技巧等，离开前询问是否要购买面包机，主妇们虽然觉得销售员B人很不错，但并不了解他所销售的面包机，都婉言拒绝了。销售员B很困扰，跟主妇们的交谈很顺畅，为什么她们还不愿意购买自己的产品呢？

（资料来源：袁华冰：《不会说话就做不好销售》，中国纺织出版社2008年版。）

案例思考：销售员B的问题出在哪里？他的销售为什么没有成功？

案例解析：虽然销售员B跟顾客建立了良好的关系，顺畅地跟顾客进行了沟通，但是他却忽略了此行的目的——销售面包机。销售语言具有很强的目的性，销售人员并不是去跟顾客闲话家常的，每一句话都应该围绕着商品的销售来进行，要将顾客感兴趣的话题跟自己的商品联系起来，积极地介绍商品，达成销售商品的目的。

（二）真实性

销售语言的真实性，一方面指的是语言内容的真实、确切，介绍商品实事求是，不能含混不清、模棱两可，更不能为了实现个人利益而欺骗顾客；另一方面指的是感情真挚，满腔热情地接待每一位顾客，不能虚情假意、油嘴滑舌。

语言的真实性是销售语言的基本特征，也是对销售人员的基本要求。销售是要通过销售人员和顾客的双向沟通，使顾客建立起对销售人员和商品的信任感。信任感是确信某种商品具有真实性后的一种感觉，人的信任感的形成有一个过程。在一定条件下，销售人员可以运用语言夸张地表达其对某商品的感受，但决不能胡编乱造。无论销售人员的语言多么动听，但如果这些话欠真实，那又怎么能赢得顾客的信任呢？一旦顾客认为销售人员的语言中含有欺骗的成分，那他们肯定会马上转身离开。俗话说："王婆卖瓜，自卖自夸"。没有人会说自己的商品不好，但是过度夸耀自己的商品会让顾客反感，一方面，对商品市场比你还了解的顾客会因此不信任你；另一方面，不知情的顾客购买后发现商品达不到你所夸耀的程度会出现抗拒、厌恶的情绪。有的销售人员认为只有夸大其词的宣传才能真正打动顾客，其实顾客更在意销售人员能否将商品的情况真实地传递给他们，关心销售人员的介绍是否是真实可靠的。

在销售时，说话的态度一定要认真诚恳，才能使顾客相信。作为销售人员，你的真诚将赢得顾客的信任，而顾客的信任则是促成交易的重要因素。有些时候，即使是最专业的销售人员也不敢保证能回答出顾客提出的所有问题，所以销售人员在与顾客沟通时，绝对不能说谎，因为那会使你信誉扫地。真诚的话语在很多情况下意味着一种承诺，是一种责任，如果销售人员无法兑现这种诺言，并去承担责任的话，那么在与顾客沟通的过程中，对于自己做不到的事情就不要轻易承诺，否则就会失去顾客的信任。

党的二十大报告中要求"必须坚持在发展中保障和改善民生，鼓励共同奋斗创造美好生活，不断实现人民对美好生活的向往。"作为一名销售人员，要想实现好、维护好、发展好最广大人民根本利益，必须诚信经营，不能夸大产品功效、虚假宣传，损害消费者合法权益，这就要求销售语言真实、准确。

（三）变化性

成功学大师卡耐基曾经说："事情时时刻刻都处于变化之中，有时还会产生一些不利的情况。我们既然不能操纵变化，就应随之而变。"销售语言的变化性则体现在这样两个方面，一方面，企业所处的市场环境是不断变化的，每个因素的变化都会对销售产生重要的影响。社会环境的复杂性及多变性，都要求销售人员具有适应变化的能力和技巧。销售人员作为企业与顾客之间沟通的桥梁和纽带，在日常工作中，会面对各种各样的情况，这就要求销售人员的语言技巧不断地变化，以便随时应对可能的突发情况。另一方面，集结了人类社会一切文明成果、作为思维和交流工具的语言，在商品销售中的运用是最富有变化性的。社会的政治、经济、文化的发展变化，都可以通过销售语言集中地反映出来。陈旧过时的语言被淘汰，新的语言逐渐产生并传播出来，很多新型词汇的广泛运用对销售活动起到了辅助的作用，销售人员的语言也应适应这种变化，与时俱进，将语言的新变化转变成销售的有效工具和手段。

（四）艺术性

销售语言不仅是为商业活动服务的工具，也是一种艺术。销售语言的艺术性是销售艺术的具体体现。销售语言的艺术性表现在接近顾客、介绍商品、沟通洽谈、促成交易等具体的销售活动中，尤其集中地体现在销售人员与顾客的交往中。说话是销售人员的基本功，有人说：“语言就是财富！”会说话的人，可以化腐朽为神奇，化干戈为玉帛。不会说话的人，只能是忙中添乱，越搞越糟。人类天生就会说话，但是销售语言的艺术性却不是销售人员先天就具备的，而是需要后天不断地训练才能得到的。具有艺术性的销售语言能更好地展现销售人员语言的魅力，销售人员的工作全靠一张嘴，公司的实力和形象都是通过他们跟顾客的交流体现出来。如果销售语言缺乏艺术性，无所忌讳，就会自讨没趣。顾客不知道销售人员究竟想表达什么意思，谈话的兴趣都没有了，哪里还有合作的可能性。所以说销售语言的艺术性就在于，通过语言所传达的信息，引起顾客的注意，使其思维跟随销售人员的引导，进而产生强烈的共鸣，对销售人员提出的观点产生认同感，这就达到了我们想要的目的和效果。

案例阅读

农夫的语言艺术

一个农夫在集市上卖玉米。因为他的玉米棒子特别大，所以吸引了一大堆顾客。其中一个顾客在挑选的过程中发现很多玉米棒子上都有虫子，于是他故意大惊小怪地说：“伙计，你的玉米棒子倒是不小，只是虫子太多了，你想卖玉米虫呀？可谁爱吃虫肉呢？你还是把玉米挑回家吧，我们到别的地方去买好了。”

顾客一边说着，一边做着夸张而滑稽的动作，把众人都逗乐了。农夫见状，一把从他手中夺过玉米，面带微笑却又一本正经地说：“朋友，玉米上有虫，这说明我在种植中，没有施用农药，是天然植物，连虫子都爱吃我的玉米棒子。”接着，他又转过脸对其他的人说：“各位都是有见识的人，你们说连虫子都不愿意吃的玉米棒子就好吗？比这小的棒子就好吗？价钱比这高的玉米棒子就好吗？你们再仔细瞧瞧，我这些虫子都很懂道理，只是在棒子上打了一个洞而已，棒子可还是好棒子呀！我可从来没有见过像它这么说话的虫子呢！”众人听了他的话，都笑了起来。

他说完了这一番话，又把嘴凑在那位故意刁难的顾客耳边，故作神秘状，说道：“这么大，这么好吃的棒子，我还真舍不得这么便宜就卖了呢！”众人被他的话语说得心服口服，纷纷掏出钱来，不一会儿工夫，农夫的玉米销售一空。

（资料来源：http：//www.prywt.com/401.html。）

案例思考：为什么农夫能够说服顾客忽略了虫子的问题，成功销售了玉米？

案例解析：语言是人与人之间交流的一种最基本的手段，销售语言更要讲究艺术，同样一句话，不同的人说，效果会不同。在本案例中农夫就充分运用了销售语言的艺术，利用与众不同的表达方式，反映了问题的另一方面，从而使局面由不利转向有利。

（五）直接性

语言分为口头语言和书面语言两种。书面语言很突出的特点是可以长久保存，反复研磨，出现错误可以及时修改。而口头语言则不同，口语表达是一个将自己的思维语言迅速转化为口头语言的过程，完整的口语表达要求语言与思维同步，因此口语艺术要求人们的思维更敏锐，表达更迅速，反应也更灵活。

口语形式更直接，能更方便地发挥语言的交际作用，销售语言就是口语的运用形式之一，而由于口语的上述特点，决定了销售语言的直接性，面对特定的情景，销售对象形形色色，口语表达的内容也更有针对性。销售语言可以用语气、语调的变化及特有的修辞手法表达微妙复杂的思想感情。

大量的销售语言是存在于销售人员与顾客的交流之中的，所以销售语言在很大程度上是表达与感受同步，这就是销售语言的直接性。销售人员在向顾客传递商品和服务的信息时，应抓住重点，不要拐弯抹角，准确、直接地介绍商品。过多的语言铺垫，容易使顾客的注意力分散，不利于销售活动的开展。但是，在日常的销售活动中，很多销售人员受到销售语言直接性的影响，说出的话欠缺考虑，毫无顾忌，没有思虑周全就脱口而出，很容易引起顾客的反感。因此，销售人员必须对自身的语言能力和技巧勤加练习，才能应对口语表达快速、灵活的节奏。

案例阅读

“口不择言”的销售员

有一位日用化工厂的销售员，他看了影片《人到中年》后，考虑到中年知识分子应当受到爱护与照顾，于是主动请缨，到一个研究所里去推销“染发”“防皱”的产品。经过全面的介绍，很多顾客都认可了他的产品。本来销售就快成功了，可是，他又不假思索地说出了下面的话：“在座的有不少中年知识分子，人到中年嘛，如俗话说，‘人过四十天过午’，头上的白发一天比一天增多，脸上的皱纹一天比一天加重了，正一步步向老年迈进。今天我给大家带来的这几种产品，虽无返老还童之力，但总可以帮助大家遮遮丑……”顾客们听着，心里很不是滋味，一名顾客站起来说：“算了吧，人越老学问就越多，也许越懂礼貌，还是听任白发与皱纹自然地增加吧！”说完话，大家都生气地走了。

（资料来源：http：//www. 17k. com/chapter/271288/6365933. html。）

案例思考：为什么销售员的一番话使原本想购买商品的顾客都愤然离开了呢？

案例解析：销售员失败的原因在于他不加思考就说出了中年人最忌讳的日益衰老的问题，他的语言引起了顾客的反感。口语表达的直接性决定了销售人员没有充足的时间去思考自己要说的话。但是，销售人员必须努力提升自身的语言能力，在与顾客交流时，快速地思考，有效地组织语言，避免销售语言的直接性给销售工作带来阻碍。

（六）灵活性

日常销售总是在一定的环境中进行，环境中的所有事物都可能成为话题和谈话的内容。周围的陈列、布置、物品、在场的人、天气等，都可以成为销售人员和顾客沟通的切入点。因此销售语言中除了话题和内容的灵活性之外，形式和表达风格也是灵活多样的。口语化的语言表达形式，表达风格或婉转、或犀利、或热情，总之要根据不同顾客类型，灵活地选择恰当的表达风格。

顾客是各种各样的，不同的销售情景，不同的心理需求，对销售人员语言的要求也不尽相同。这就需要销售人员的语言要适应不同的场合、不同的顾客。如对待强势、有主见的顾客，表达风格就要很婉转，以建议的形式介绍商品，而对于优柔寡断、犹豫不决的顾客，就要采取犀利的、坚决的方式，帮他们做决定。所以销售人员要在销售过程中善于观察和倾听，在顾客的话语中寻找可以接近顾客的契机。

销售语言的灵活性还体现在面对突发事件，销售人员能处变不惊，灵活应变，运用语言挽回失误，找到解释的理由，并利用语言的表达摆脱困境，机智地化不利因素为有利因素。

案例阅读

随机应变的销售员

有位销售员当着很多顾客销售一种钢化玻璃杯，他在进行完商品说明之后，便向顾客做商品示范。这一示范就是，把一只钢化玻璃杯扔在地上而不会破碎，以证明杯子经久耐用。可是他碰巧拿的是一只质量没过关的杯子，猛地一扔，酒杯应声碎了。这样的异常情况在他整个销售酒杯的经历中是前所未有的，大大出乎他的意料。他心里很吃惊，但没流露出来，而顾客则是目瞪口呆，因为顾客本已相信了销售员的说明，只不过想亲眼看看得到一个验证而已，结果，却出现了这样的一个尴尬的场面。然而，仅过3秒钟，就听销售员不紧不慢地说："你们看，像这样的杯子，我就不会卖给你们。"顾客笑了，沉默的气氛变得活跃了。接着，这位销售员又扔了5只杯子，个个掉在地上完整无损。销售员的随机应变能力博得了顾客的好感，5个完整无损的酒杯赢得了顾客的信任。销售员很快推销出几十打酒杯。

（资料来源：http：//wenku. baidu. com/view/1159eeede009581b6bd9eb23. html。）

案例思考：为什么这名销售员能够扭转不利的局面，成功地销售出多套杯子？

案例解析：销售员在面临"玻璃杯破碎"的突发事件时，没有惊慌失措，而是运用机智灵活的语言将"玻璃杯破碎"的问题转化成了验证自己的信用，将不利的因素变成了对自己销售有利的证据。销售语言的灵活性可以使销售人员更好地完成销售任务，达成销售目标。

任务分析

任务描述中提出问题："销售员在与顾客的沟通中犯了什么错误，为什么会失败?"

通过任务一的学习，我们了解到销售语言的基本特征包括目的性、真实性、变化性、艺术性、直接性和灵活性。这名销售员没有认真分析顾客的真正需求是什么，并采取目的性明确的销售语言解答顾客疑问，而是不断地夸奖自己的商品，回避顾客的问题，没能做到销售语言目的性特征要求的根据顾客的需要准确地传递商品信息。同时，销售语言的另一特征是真实性，真实性要求销售人员在向顾客介绍商品时应该实事求是，不能含混不清、模棱两可。这名销售员在顾客问及售后服务问题时，不正面回答顾客问题，而是答非所问，顾左右而言他，难以令顾客满意。

销售人员在销售过程中，运用语言技巧固然重要，但是一定要认真思考销售语言的特征，目的明确、真实可靠、融会变通、艺术灵活地与顾客进行语言沟通，赢得顾客的信任，成功地销售商品。

知识拓展

卡耐基的销售语录

1. 有一句格言说：卖牛排，卖的是声音，而不是牛排本身，因为是声音让人流口水。而好的销售人员应懂得利用垂涎欲滴的词汇。

2. 语言的影响力的确不容低估，一句话可以使对方感动，豁然开朗。销售人员最主要的就是用这种具有不可思议魔力的语言来做买卖，即所谓靠嘴巴吃饭。

3. 常言道“美言一句三冬暖”。与顾客交流时，几句简单赞美的话语，往往可以收到意想不到的效果，马克·吐温曾说过：“一句赞美的话，可以使我受用两个月。”

4. 人们之所以会购买某种产品，是因为购买这种产品所带来的快乐比购买所造成的损失或痛苦大得多；人们之所以不购买某种商品，主要原因也是认为购买这种产品所承担的风险、损失或痛苦比它们带来的快乐多。

5. 与顾客进行沟通时，双方的地位是平等的，沟通本身也应当是双向的，基于这种原因，当你因为需要了解更多、更确切的信息而向顾客提出问题时，请注意不要像检察官一样审问顾客。

知识与能力训练

知识训练

一、填空题

1. （　　　　）是指说话者的主观意图及通过语言的阐述所要达成的目标。
2. （　　　　）是销售语言的基本特征，也是对销售人员的基本要求。
3. （　　　　）形式更直接，能更方便地发挥语言的交际作用。
4. 销售语言的灵活性包括（　　　　）、（　　　　）、（　　　　）、（　　　　）。

二、选择题

1. 销售人员利用周围环境的事物作为销售的切入点，体现了销售语言的（　　）。

A. 变化性　　B. 灵活性

C. 目的性　　D. 直接性

2.（　　）要求销售人员与时俱进，将语言的新变化转变成销售的有效工具和手段。

A. 变化性　　B. 艺术性

C. 目的性　　D. 直接性

3. 销售语言的（　　）是销售艺术的具体体现。

A. 变化性　　B. 艺术性

C. 目的性　　D. 灵活性

三、简答题

1. 简述销售语言的含义。
2. 简述销售语言的基本特征。
3. 销售语言的灵活性特征体现在哪些方面？

能力训练

如此推销

某网站推广专员小王负责一款针对企业的会员制产品的销售。一天，他来到一个茶叶批发商城推销产品，进到一家茶叶批发店，见到了老板。

小王：老板，您好，我是××网站的业务员小王，在外面就看到您在泡茶，没有忍住闻香而来，向您请教，您刚才冲泡的是什么茶呢？

老板：是云南岩茶，坐下来尝尝吧。

小王：那我今天真是来对了，太有口福了。

（两人品茶中……）

小王：老板，您这个茶的香气和口感都很醇厚啊，一定卖得特别好吧？

老板：哎，现在的人都喜欢网购，来店里的人少了，主要在网上卖了。

小王：您的茶品质这么好，真应该好好推广一下。现在您在网上的销售是针对个人消费者的，我们公司现在有一个新产品，是针对企业客户的，在这个平台上都是进行大宗交易，可以让您的茶叶在其他企业用户中得到很好的推广。

老板：那真是太好了，快给我好好介绍一下。

讨论：小王是如何利用销售语言顺利接近老板，让其接受他的产品？

（**提示：**销售语言的“目的性”“艺术性”和“灵活性”会极大地推动销售活动的进展。）

任务二
掌握销售语言的运用原则

任务目标

【知识目标】理解并掌握销售语言的运用原则
【能力目标】将销售语言的运用原则灵活运用到实际销售活动中去
【素质目标】通过合作学习，培养学生团结协作、敢于竞争的心理品质

任务描述

有一次，汽车销售员小王向一位顾客销售汽车，交易过程十分顺利。当顾客正要付款时，另一位销售员跟小王谈起了昨天的篮球赛，小王一边跟同伴津津有味地说笑，一边伸手去接车款，不料顾客却突然生气地离开，连车都不买了。

晚上，小王怎么也睡不着，想想白天的事就是百思不得其解，终于忍不住，给那个顾客打电话。在他的一再请求下，顾客终于说出了他最后一分钟放弃买车的原因："今天下午付款时，我同您谈到了我的女儿，她刚刚得了奖学金，她是我们全家的骄傲，可是您一点也没听见，只顾跟您的同伴谈篮球赛。"

（资料来源：http：//wenku. baidu. com/view/ecb0b56fb84ae45c3b358ca2. html。）

请同学们帮助小王分析为什么他的销售失败了，给他一些建议，下次销售他应该怎么做才能赢得顾客的青睐？

（**提示：**试从销售语言的运用原则角度进行分析，如"尊重顾客"和"认真倾听"。）

任务学习

销售人员要想让商品介绍具有吸引力，激发顾客的兴趣，刺激其购买欲望，就要掌握销售语言的运用原则。正确使用语言的艺术，向顾客展示自己的语言魅力，才能使销售人员在销售活动中占据有利的地位。

一、销售语言要通俗易懂

口语的以声传意，是转瞬即逝的。为此，话一出口，就要使人听懂。语言传递到人的头脑中会有一个反应的速度，需要在头脑中反复斟酌每句话的含义。所以销售语言一定要浅显易懂、句式简短、容易上口，也就是要口语化。让顾客能听懂，使顾客一听就能明白销售人员在讲什么。语言上要通俗，不要咬文嚼字，少用深奥生僻的专业化术语，简单明了地介绍

商品，表达方式直截了当。句子尽量简短，不要使用很长的句子，一句话根据词语的长度和意思的完整，多间断几次，销售人员说起来不费力，顾客也更容易理解。同时，语速不能过快，缓慢的语言能够让顾客跟随销售人员的思维前进，并让销售人员有多余的时间提前思考，减少语言上的错误，避免产生沟通上的障碍，影响成交。

案例阅读

让顾客迷惑的专业术语

李先生从事人寿保险业务时间不足两个月。一上阵，就一股脑地向顾客炫耀自己是保险业的专家，电话中一大堆专业术语塞向顾客，顾客个个听了都感到压力很大。当与顾客见面后，李先生更是接二连三地大力发挥自己的专业，使用“豁免保费”“费率”“债权”“债权受益人”等一大堆专业术语，让顾客如坠入云里雾中，似乎在黑暗里摸索，对方反感心态由此产生，拒绝是顺理成章的了，李先生便在不知不觉中，误了促成销售的商机。

（资料来源：http：//www. thpxb. com/content－58－724－1. html。）

案例思考：为什么李先生刻意表现自己的专业却没有得到顾客的认可?

案例解析：李先生为了塑造自己的“专家形象”，满口都是专业术语，让顾客难以接受。既然顾客听不懂，还谈何购买产品呢？如果李先生能把这些术语，用通俗易懂的语言进行转换，让顾客听后明明白白，这样才能达到有效沟通的目的。

二、销售语言要体现对顾客的尊重

著名心理学家马斯洛在他的“需要层次理论”中指出，人的需要分成五个层次，分别是生理需要、安全需要、社交需要、尊重需要和自我实现需要，而其中尊重需要是人类一种高层次的心理需求。每个人的内心里都渴望得到他人的尊重，所以无论是在销售活动中，还是日常生活中，销售人员都要反映出对顾客的尊重。要想让顾客选择你的商品或接受你提供的服务，就必须让顾客感觉到他在你心目中的地位。要想表达出对顾客的尊重，销售人员要注意这样几个问题，首先，对顾客要有礼貌，注意自己的措辞，不要吝啬“请”和“谢谢”这样简单的词语；其次，多用请求式的语句，以征询的口吻与顾客交流，会让顾客体会到“上帝”的感觉；最后，要尊重顾客的选择和意见，顾客的选择和意见无论对或错、深刻还是幼稚，销售人员都不能表现出轻视的样子，不要直接否定顾客的选择，忽视顾客的意见，将双方的观点对立起来。销售人员应该让顾客感觉到你有宽容而博大的胸怀，更要清楚地告诉顾客你对他的重视。

案例阅读

尊重的力量

有一天，一位中年女士从对面的福特汽车销售商行，走进了吉拉德的汽车展销室。她说自己很想买一辆白色的福特车，就像她表姐开的那辆，但是福特车行的经销商让她过一个小时之后再去，所以先过这儿来瞧一瞧。“夫人，欢迎您来看我的车。”吉拉德微笑着说。女士兴奋地告诉他：“今天是我55岁的生日，想买一辆白色的福特车送给自己作为生日礼物。”“夫人，祝您生日快乐！”吉拉德热情地祝贺道。随后，他轻声地向身边的助手交代了几句。

吉拉德领着夫人从一辆辆新车面前慢慢走过，边看边介绍。在来到一辆雪佛莱车前时，他说：“夫人，您对白色情有独钟，瞧这辆双门式轿车，也是白色的。”就在这时，助手走了进来，把一束玫瑰花交给了吉拉德。他把这束漂亮的花送给夫人，再次对她的生日表示祝贺。那位夫人感动得热泪盈眶，非常激动地说：“先生，太感谢您了，已经很久没有人给我送过礼物。刚才那位福特车的经销商看到我开着一辆旧车，一定以为我买不起新车，所以在我提出要看一看车时，他就推辞说需要出去收一笔钱，我只好上您这儿来等他。现在想一想，也不一定非要买福特车不可。”后来，这位妇女就在吉拉德那儿买了一辆白色的雪佛莱轿车。

（资料来源：http：//baike. baidu. com/view/536212. htm。）

案例思考： 吉拉德给了这位女士什么样的心理感受，使她欣然决定购买汽车？

案例解析： 自始至终，吉拉德都没有说过一句劝顾客放弃原来计划而改买自己推销的汽车的话，可是他却成功拿到了订单。正是因为吉拉德拥有一颗尊重顾客的心，使他的销售取得了成功。在销售中，销售人员应该尊重每一位顾客，即使这位顾客到目前为止还没有一点要购买的打算，也应当像吉拉德那样去尊重他们，这样你就不会失去任何一位潜在顾客。

三、销售语言要符合情境

销售人员与顾客的交谈总是在特定的情境氛围中进行的，这种交流是双向的，而情境能直接影响交谈双方的情绪乃至沟通效果。所以，销售人员还要注意创造、追求良好的情境氛围。销售语言具有灵活性的特点，周围的一切环境事物都能成为销售人员与顾客谈论的话题。这一特点决定了销售人员选择的话题必须配合情境的需要，随着情境的变化选择语言方式，或轻松、或热烈、或详尽、或简略……如果说话内容或方式不合时宜，会引起顾客的反感，也将妨碍销售目的的实现。良好的情境氛围能使顾客心情愉悦，有助于顾客接受商品信息，激发购买欲望。

案例阅读

一枚金币的推销术

在某个城市的偏僻小巷里，人们拥挤得水泄不通。只见一位50多岁的男人，拿出一瓶强力胶水，然后拿出一枚金币，他在金币的背后轻轻地涂上一层薄薄的胶水，再贴到墙上。“各位朋友，大家看到了，这是一枚1000元的金币，我是用一种新型的强力胶水粘住的，看谁能揭下来这枚金币，谁揭下来，金币就归谁。”不久，一个接一个的人都来碰运气，想要揭下墙上那枚价值1000元的金币。

小巷里的人来来往往，最终没有人能拿下那枚金币，金币牢牢地粘在墙上。原来，那男人是个老板，由于他的商店位置偏僻，生意不景气，他便想出了一个奇妙的办法：用出售的胶水把一枚价值1000元的金币粘在墙上，谁揭下，那枚金币就归谁。那天，没有谁拿下那枚金币，但是，大家认识了一种强力胶水。从此，那家商店的胶水供不应求。

（资料来源：http：//mypage. zhyww. cn/post/201007/282861. html。）

案例思考：这位老板是如何借助周围环境营造销售情境的？

案例解析：这位老板用一种“悬赏”的方式吸引了顾客，设置了疑问，让顾客不知不觉中进入了“怎样将金币揭下来”的情境中，配合内含商品信息且具有吸引力的语言，顺理成章地销售出了商品。

四、销售语言要配合倾听

“自然赋予人类一张嘴、两个耳朵，也就是让我们多听少说。”很多销售人员认为“说”比“听”更加重要，所以，他们在销售过程中都是自己在滔滔不绝地讲，不给顾客表达意见的机会。而作为顾客，大多数都不愿意在这种完全被动的交流方式下购买商品。所以，销售语言的运用需要倾听的配合，销售人员应引导顾客说出他们的想法，自己则做个倾听者，从顾客的言谈中去了解顾客的需求、喜好和看法。倾听是一门艺术，倾听是提高语言沟通有效性的重要手段，一个优秀的销售人员不仅要会说，还要会听。倾听是给销售人员时间来思考顾客谈话的内容，以抓住顾客的需求点的机会。但是，在这里必须要指出的是，销售人员在倾听时要有积极的反应，并适时地穿插销售的信息，使双方的交谈始终围绕着销售活动展开。

案例阅读

不愿倾听的代价

一位销售员在与顾客交谈的过程中，顾客说：“我还有一个问题，我听人说……”

这时销售员心里很紧张，因为最近他们的产品确实出了一些问题，已经有不少顾客来电话投诉了，他想他的这个顾客一定是想问这个问题，所以他就打断顾客："我知道了，您指的是我们产品最近的质量问题吧，我告诉你……"

这个顾客很奇怪："不是啊，我是想问什么时候付款好。怎么了？你们的产品最近有问题吗？你说说看……"

结果可想而知，因为销售员的莽撞，顾客取消了订单。

案例思考：销售员此次销售活动的失误在哪里？

案例解析：销售员销售活动的失败都是缺乏耐心倾听顾客的看法造成的，没有认清顾客想要传递的信息，就抢着回答，反而弄巧成拙。倾听是迈向成功的关键一步，善于倾听对销售人员来讲是最基本的素养，也是一种有效的销售技巧。

任务分析

任务描述中，希望同学们帮助小王分析为什么他的销售失败了，并给他一些建议，使他在下次销售时赢得顾客的青睐。通过任务二的学习，我们了解到销售语言的运用应遵循以下原则：销售语言要通俗易懂，销售语言要体现对顾客的尊重，销售语言要符合情境，销售语言要配合倾听。

小王在销售过程中，只顾着跟同伴聊天，当顾客谈论他引以为傲的女儿时，小王心不在焉，让顾客感觉受到了冷落。通过这个例子，我们可以体会到尊重顾客、认真倾听顾客的心声的重要性。销售人员一定要对顾客说的每一句话都专心倾听，并给予回应，让顾客感觉到你对他的重视。

知识拓展

如何有效倾听

想要成为一名优秀的销售人员，在和顾客交流的过程中应该如何做到有效地倾听呢？

1. 不轻易打断顾客谈话，更不能加入话题或纠正他。倾听是给顾客谈话时间，这能使顾客感受到尊重，反过来就会更加信任并尊重销售人员。认真倾听的态度会给顾客留下好印象，所以在谈话未完成之前，不要打断顾客的谈话或随意插嘴、接话。除此之外，更不要不顾顾客的反应另起话题。

2. 专心、真诚地倾听顾客的谈话，并及时回应顾客。倾听必须是全神贯注地去听，并辅助以适当的表情、动作或简短的回应语句，如果顾客在倾诉过程中，得不到销售人员的回应，就会认为谈话毫无意义；如能得到回应，就表明他的谈话正受到关注，从而有兴趣与销售人员继续沟通和交流，销售人员就可以借此获得更多的顾客需求信息。

3. 选择适当时机巧妙地提问，核实你需要的信息。认真倾听顾客的谈话也需要销售人员在适当的时机进行提问，提问可以表明销售人员是在认真思考与顾客谈话的内容，从而让顾客有受到重视的感觉，并能引导顾客说出自己的想法和相关信息。同时，提问还可以让销售人员对顾客提供的一些信息进行准确核实，并及时进行记录。

4. 注意倾听时的礼仪。良好的倾听礼仪既可以显示销售人员自身的涵养，又能表达出对顾客的尊重。例如：身体略向前倾，表情自然；在倾听过程中，保持和顾客视线的接触，不东张西望；表示赞同时，点头、微笑等，这些都需要销售人员在实际中不断地学习、积累。

知识与能力训练

知识训练

一、填空题

1. 销售活动中对销售语言的要求是（　　　　）、（　　　　）、（　　　　）。
2. （　　　　）是提高语言沟通有效性的重要手段。

3. 马斯洛的需要层次理论包括（　　　　）、（　　　　）、（　　　　）、（　　　　）、（　　　　）。
4. 销售人员要创造（　　　　）情景氛围来引起顾客的注意。

二、选择题

1. （　　）句式，最能体现销售人员对顾客的尊重。

A. 肯定　　B. 否定
C. 疑问　　D. 请求

2. 销售语言的（　　）特征决定了销售语言要符合情境。

A. 变化性　　B. 艺术性
C. 目的性　　D. 灵活性

三、简答题

1. 简述销售语言的运用原则。
2. 在向顾客表示尊重时，销售人员应注意哪些问题？
3. 销售人员如何进行有效的倾听？
4. 为什么销售语言要符合情境？

能力训练

巧妙的销售语言

有一个专门销售发电机的销售员，一天接到了一个顾客的投诉电话，顾客在电话里生气地说："你们公司的产品太差劲了，没有多久发电机就发烫，我强烈要求退货！"这名销售员接了电话之后说："您不要着急，我亲自过来看看情况。"这名销售员来到该厂家实地了解情况之后，老板不停地抱怨产品的问题给他带来的麻烦，销售员没有急着反驳，而是认真听老板的牢骚。等老板说够了，就向该老板说道："老板，现在外面的温度是30℃吧？"老板说："是啊！"销售员又问道："发电机在使用中正常温度是36℃～38℃吧？"老板说："是啊！"销售员接着问道："30℃＋36℃有66℃吧？"老板说："是啊！"销售员紧接着问道："我们把手放在66℃的物体上是不是会觉得烫手呢？"老板说，"是啊！"最后销售员问道："那我们将手放在有66℃的发电机上感觉有些烫手是不是正常情况呢？"老板说："是啊！""你看，老板自己都说这是正常的，那还退什么货呢！"

（资料来源：http：//info. china. alibaba. com/detail/1001599967. html。）

讨论：这名销售员对顾客投诉的处理对我们有哪些启示？

（**提示：** 试从销售语言的运用原则角度进行分析。）

项目实战

本项目主要学习以下内容：

销售语言是指在商业销售活动中，生产商、经销商与顾客之间传递沟通信息，销售商品，提供服务的一种应用性语言。

销售语言的特征包括目的性、真实性、变化性、艺术性、直接性和灵活性。

销售语言的运用原则是销售语言要通俗易懂、销售语言要体现对顾客的尊重、销售语言要符合情境、销售语言要配合倾听。

项目实战就是针对本项目中所涉及的理论知识，结合任务所要达到的知识、能力、情感与价值观的目标而设计的综合性的课堂活动。

实战一　相关案例搜集

【实战内容】 采用小组合作法，利用课余时间，搜集与"销售语言基本特征"和"销售语言运用原则"的相关案例。

【实战目标】能够运用所学理论知识，分析案例内容，并促进学生团队合作意识的形成。

【实战要求与步骤】

1. 将学生分为若干小组，每组 4 ~6 人；
2. 以小组为单位，利用互联网、图书馆中的报纸、杂志等搜集相关案例；
3. 在班级与同学分享案例，共同分析；
4. 由教师进行点评和总结。

实战二　销售语言训练

【实战内容】根据事先设计的销售场景，模拟销售过程。

【实战目标】根据销售语言的基本特征和运用原则，选择恰当的销售语言技巧，练习销售。

【实战要求与步骤】

1. 将学生分为若干小组，每组 4 ~6 人；
2. 设计销售场景，由小组进行讨论，分配角色；
3. 模拟销售活动，练习销售语言的具体运用；
4. 共同分析各小组模拟销售活动中的优点和不足。

项目二　拓展阅读

3 项目三 学会销售语言的技巧

案例导入

令人“震惊”的销售技巧

销售员C是一位烹调器销售员，他销售的烹调器每套价格是395美元。

一天，他敲开一位顾客的门，简单介绍之后，顾客说：“见到你很高兴，但是我不会购买400美元一套的锅。”

销售员C看看顾客，从身上掏出一张一美元，把它撕碎了扔在地上，问顾客：“先生，你心疼吗？”顾客对销售员C的做法感觉很吃惊，但却说：“我不心疼，你撕的是你的钱，如果你愿意，你尽管撕吧。”

销售员C说：“不，先生，我撕的不是我的钱，是你的钱。”

顾客一听感到很奇怪：“你撕的怎么会是我的钱呢？”

销售员C接着问：“先生，您和您的太太结婚多久了？”

顾客回答：“23年了。”

销售员C说：“您结婚23年了，不说23年，就算20年吧。一年365天，按360天计，我们的烹调器采用的是最先进的节电技术，耗电量是普通烹调器的三分之一，每天可以为您节省1美元，360天就能节省360美元。这就是说，在过去的20年里，您没有使用这种烹调器，就浪费了7200美元，不就等于白白撕掉了7200美元吗？”

接着，销售员C盯着顾客的眼睛，一字一句地说：“难道今后的20年，您还要继续撕掉7200美元吗？”

顾客听了他的话，点点头，购买了一套烹饪器。

（资料来源：席波：《推销原理与实务》，东北财经大学出版社2009年版。）

案例思考：在销售过程中，销售员C如何让顾客发生从拒绝商品到接受商品的转变？（**提示：**试从“接近顾客”和“促成交易”的销售语言技巧的角度进行分析。）

项目导学图

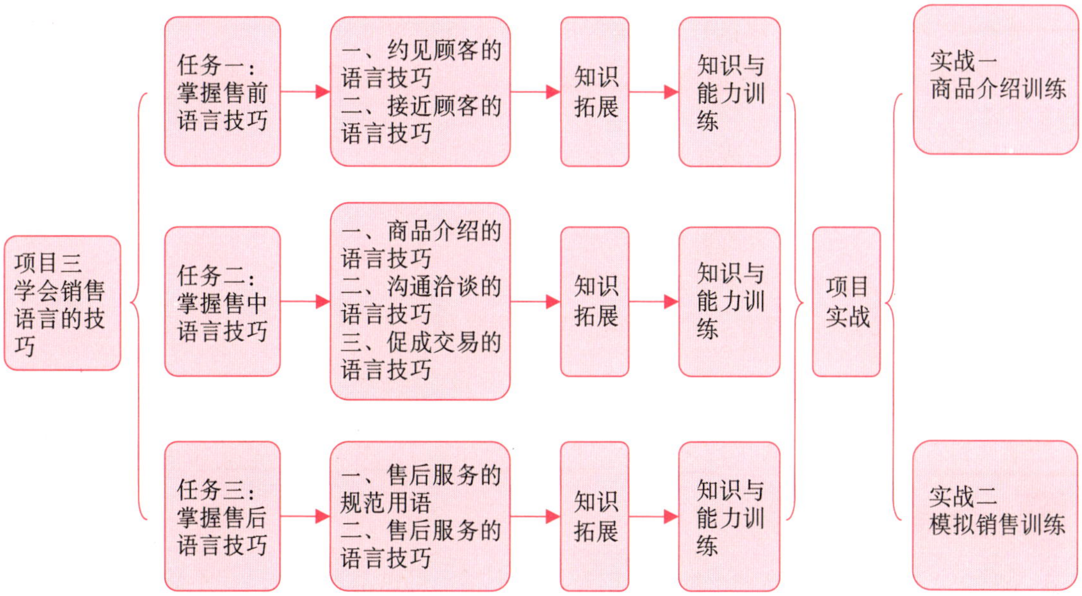

任务一
掌握售前语言技巧

任务目标

【知识目标】理解并掌握约见顾客和接近顾客的语言技巧

【能力目标】使学生具备灵活运用售前语言技巧解决实际销售问题的能力

【素质目标】通过对售前活动的学习，帮助学生养成严谨细致的工作态度和工作作风

任务描述

张伟是××园艺公司的销售人员，他从老客户处得知某大型企业准备搬迁新址，公司布置可能需要大量的绿植和花卉。张伟觉得这是开发新客户的好机会，他从网上查到了这家企业的地址，马上就赶了过去，结果公司的员工都在忙着公司搬家，前台直接以“抱歉，公司不接待没有预约的人员”为理由拒绝了他。

张伟没有办法，只好几天后，致电该公司预约。

张伟：“您好，请问是××公司采购部吗？我想找王经理。”

前台：“这里是××公司，请问哪位找王经理？”

张伟：“我是××园艺公司的张伟，想跟王经理谈谈采购公司绿植的事情。”

前台：“对不起，王经理很忙，没有时间接待推销商品的人，再见。”

张伟只好挂断了电话，又想办法从老客户那里要到了王经理的手机号码，直接给王经理打了电话。

张伟：“您好，王经理，我是张伟，××园艺公司的。”

王经理：“您有什么事？”

张伟：“我想问问您哪天有时间，我想去拜访您。”

王经理：“我最近确实很忙，过段时间再说吧。”

张伟还是没能见到王经理，开发新客户的计划也搁浅了。

张伟很无奈，连经理的面都见不到了，还谈什么销售呢？同学们，你能帮张伟想想办法成功地见到王经理吗？试从“约见顾客”的语言技巧入手，帮助张伟解决他面临的难题。

任务学习

随着生产力水平的提高和市场经济的发展，市场上可供销售的商品在不断地增多，顾客成为了销售活动中的主体，市场环境也从“卖方市场”转变为“买方市场”。这一转变带来了激烈的市场竞争，企业都希望能够牢牢地抓住市场上有限的顾客资源。这就意味着销售活动不再是简单的商品交换，它已经演变成了一种内涵丰富的行为体系。现代销售奉行“以顾客为本”的观念，一切的销售活动都必须围绕着顾客的需求和喜好开展。所以，销售人员在销售商品的同时，还在进行人际交往的活动。适当地运用语言表达技巧，不仅可以增强销售活动的亲和力、吸引力和主动性，更能对销售活动的成功起到巨大的推动作用。从这个意义上讲，销售活动需要实用性很强的语言技巧作为辅助工具。

“好的开始是成功的一半”，约见和接近顾客是销售活动的第一步，是销售人员与潜在目标顾客正式接触的前奏，是关系整个销售工作成败的一个重要环节。试想一下，如果销售人员连顾客都见不到，何谈销售呢？所以良好的开端能够影响销售活动的成败，而良好的售前语言技巧能够帮助销售人员叩开销售成功的大门。

一、约见顾客的语言技巧

约见顾客，或称商业约会，是指销售人员事先征得顾客同意，在一定的时间、地点，以一定的方式进行会见的行为过程。通过约见，销售人员才能成功地接近目标顾客，顺利开展销售洽谈。同时，销售人员还可以根据约见的情况进一步进行预测，为制定洽谈计划提供依据。

（一）约见的重要性

在很多人的思想中，“不速之客”都是惹人反感的。试想一下，当我们正在为手头的工作忙碌时，一个销售人员不合时宜地来访，并滔滔不绝地推销商品，这是多么让人烦恼的场景。而作为一名销售人员，如何才能不给顾客以“突然造访”的感觉呢？这就需要在正式的洽谈前进行“预约”，约见的重要性就由此体现。

1. 约见有助于接近顾客。由于社会上对销售人员的一些偏见，有的顾客不欢迎销售人员来访，不希望外人干扰自己的正常工作，这也是出于一种自我保护的意识。在顾客没有认识到商品的价值之前，绝大多数顾客对于主动上门的销售人员总是存有一定的戒心。所以，销售人员为了顺利地接近顾客，最好能事先预约，获得当面推销的机会，这样既可节省时间和精力，又可避免或少吃“闭门羹”。不打扰顾客的正常工作，是销售的基本礼仪。从实际销售工作的要求来看，事先约见顾客，求得顾客的允许，既表示对顾客的尊重，又可以赢得顾客的信任和支持。若顾客借口推托或婉言拒绝，销售人员则应说明情况，取得顾客的合作，争取销售的机会，也可约定改日再见。若顾客答应在百忙之中挤出时间会见销售人员，这既节约了销售人员的时间，又使顾客本人免受销售人员突然来访的干扰。良好的心境有利于双方的合作，营造融洽的销售气氛。实质上，约见是销售活动的开始，顾客接受约见，意味着顾客的心理防备降低，有利于销售活动的进一步开展。

2. 约见有助于开展销售洽谈。一般来说，经过预约的拜访活动，更容易引起顾客对拜访活动的重视。通过事先约见，求得顾客的同意，让顾客做好充分的思想准备和物质准备，既可以真正帮助顾客解决问题，又可以使顾客感到销售人员是站在自己的立场上考虑问题，对销售人员的建议亦会加以考虑，为双方进一步的销售洽谈铺平道路。通过约见，销售人员可以扼要说明访问意图，使顾客事先了解洽谈内容，做出必要的安排。双方在正式接触时，由于都是有备而来，交谈气氛会相对融洽，顾客也更容易接受销售人员，增强了销售人员的说服力，提高潜在顾客对销售活动的认可程度。

3. 约见有助于提高销售效率。为了在激烈的市场竞争中保证销售业绩的稳步提升，销售人员每天必须拜访很多顾客。所以，对于销售人员来说，每一分钟的时间都是极为宝贵的。实践证明，销售人员由于没有提前预约，经常会碰到顾客不在或顾客没时间接待的情况。在这种情况下，销售人员就有可能将大量时间耗费在往返路途和接待室的等待上。这样既浪费了宝贵时间，又可能错过销售机会。销售活动是一个有机的整体，每一项销售计划和销售行为都必须考虑对销售人员、销售对象和销售环境及其他有关要素的影响。如果销售人员在拜访前都能提前预约，就能制定一个节奏合理的销售日程表，可以增强销售工作的主动性和计划性。而且销售人员还能够根据每位顾客的会见时间、地点等制定销售访问的路线，合理安排在此之外的其他事务，紧紧抓住每一个销售的机会，大大提高销售工作的效率。

案例阅读

销售员的不同境遇

小李和老张是同一家电脑公司的销售人员，小李年轻气盛，老张成熟稳重。小李得知一家广告设计公司要购进一批电脑，为了占得先机，他第一时间赶到了这家公司，直接跟前台接待员要求见公司总经理。接待员向经理请示，经理正在跟员工讨论新一期的广告策划案，却被小李的突然来访打扰，非常不满意地让小李赶紧走。

小李回到公司跟老张抱怨经理的不通情理，打算放弃这个客户。老张听了小李的陈述，决定再尝试拜访这家公司。老张在前往这家公司前，先给前台接待处打了个电话，询问经理现在是否有空，请接待员帮忙转接电话给经理，客气地向经理介绍了自己及公司的产品优势，并询问能否登门拜访，成功地跟经理约定了见面的时间。

（资料来源：陈企盛：《推销员常犯的 80 个错误》，中国纺织出版社 2007 年版。）

案例思考：拜访同一位顾客，为什么两名销售人员却遭遇了截然不同的境遇？

案例解析：小李失败的原因在于他没有事先进行预约，导致在顾客很忙碌的时间段进行拜访，使顾客感觉受到了骚扰，引起了顾客的不满，自然得不到洽谈的机会。而老张没有贸然前往，先致电预约，跟顾客事前沟通，表现出对顾客充分的尊重，并在电话中强调公司的产品优势，让顾客愿意跟他见面详谈。

（二）约见顾客的语言技巧

要想顺利地约见目标顾客，销售人员必须选择合适的方式方法，在语言上更要具备一定的技巧。

1. 约见顾客的语言中必须包含的内容。

（1）身份介绍。在约见顾客的开始阶段，为了让顾客了解销售人员的情况，就要进行身份的介绍。这其中包括对顾客身份的确认，在语言上，要注意使用对顾客的尊称，如果能够确定顾客的职务，最好以姓氏加职务的方式称呼对方，“王经理”要比“王先生”更容易让顾客接受。确认顾客身份后，要用简短的语言进行自我介绍，并对公司的情况加以说明。这一环节是销售人员约见顾客的第一步，能否用具有特色的语言吸引顾客，让顾客觉得有必要让你继续说下去就显得尤为重要。

（2）访问事由。身份介绍之后，就要进入正题，向顾客说明访问的事由。销售访问最终目的往往只有一个，就是向顾客销售产品或服务。但是，具体到每次访问的目的却因销售活动的进展程度和具体情况而有所不同。销售人员约见顾客，总要有充分的理由，使潜在顾客感到有会见销售人员的必要。但就每次访问而言，访问的事由不应过多。一般说来，约见顾客的事由可以是销售产品、提供服务、市场调查、签订合同等。在约见顾客时，销售人员应该向顾客说明访问的真实意图，并设法引起潜在顾客的注意和重视，着重说明产品的特性和用途，以及能给顾客带来的好处，并让顾客认识到销售人员要讨论的是关系到他自身和公司利益的重要问题。

（3）访问的时间和地点。如果顾客对销售人员的访问事由没有提出异议，那么销售人员就可以用语言引导顾客确定访问的时间和地点了。这里需要注意的是销售人员既要服从顾客的意愿，又要掌握主动权，千万不能被动地等待顾客的答复。销售人员必须要告诉顾客自己不会占用他太多的时间，可以主动提出几个比较适宜的具体时间供顾客选择。访问的地点一般要适应顾客的具体情况，可以是顾客的公司或住所、销售人员的公司、公共场所等等。但无论选在哪里，在与顾客的交谈中，一定要让顾客感觉到访问地点的选择是为了给他提供最大的便利。

2. 约见顾客的方式和语言技巧。约见顾客的方式有很多，常用的包括电话约见、信函约见、当面约见等。我们以上述的约见方式为基础介绍一些约见顾客的语言技巧。

（1）事先设计好约见顾客的语言。虽然销售人员面临着形形色色的顾客，每个顾客具有各自的特点和喜好。但是“机会只留给有准备的人”，在约见顾客前，销售人员应字斟句酌地设计语言，并设想各种可能被拒绝的理由，思考应对的语言，并烂熟于心，勤加练习，在正式约见顾客时随机应变，从容应对。

（2）巧妙利用引荐人的语言。销售人员在面对陌生的顾客时，如果能借助于顾客熟悉或关系不错的中间人加以引荐，往往能成功地突破顾客的心理防线。当有引荐人时，销售人员一定要在语言中巧妙地加以利用，使顾客迅速消除对陌生人的不信任感，拉近与顾客的距离。

（3）语言简练地介绍商品特色。现今社会市场竞争激烈，可供顾客选择的商品越来越多，如何让顾客记住我们的商品呢？约见顾客的时间很短，在最短的时间将商品的特色阐述清楚，让顾客认识到我们的商品相对于其他企业商品的比较优势，这是让顾客愿意继续听销售人员说下去的一个关键问题。

（4）运用能够激发顾客兴趣的语言。激发顾客的兴趣是约见顾客的决定性因素。而顾客的兴趣往往取决于商品能够给他带来的利益，销售人员在约见顾客时，应强调一旦顾客同意见面，他将得到哪些好处，充分展示既得利益。激发顾客兴趣的语言一定是以对顾客有利为前提，让顾客认定与销售人员面谈是很有必要的。

（5）多使用选择性的语言。“心理定势”是心理学上常见的一种行为倾向，在约见顾客时具有意想不到的效果。在顾客犹豫时，销售人员就要争取主动，先发制人，提出面谈的要求。但为了不让顾客感觉受到强迫，销售人员可以假设顾客已经同意预约，给顾客提供几个约见的时间、地点等，让顾客做出选择。这样既让顾客感觉受到了尊重，又达到了约见顾客的目的。

案例阅读

一次成功的约见

销售员：“王总：您好！冒昧打扰了。”

王经理：“你好，你是哪位？有什么事？”

销售员：“请问卢森明教授，您还记不记得？”

王经理：“当然记得，她是我大学时的论文指导老师，你怎么会认识她？”

销售员：“恰好她也是我的导师，我为能有您这样一位有成就的师兄感到十分自豪！我现在是一家公司的业务员，正是卢老师为我提供了您的电话，她说您可以帮助我。”

王经理：“原来是这样，卢老师的面子一定要给的，何况我们是校友。”

销售员：“十分感谢！那请问王总：我是星期二还是星期三来拜访您比较方便呢？”

王经理：“星期二有个重要会议，这样吧，星期三下午三点来我办公室找我好了，我会提前与秘书打声招呼。”

销售员：“好，就按您的意见办。再次感谢！再见。”

（资料来源：http：//wenku. baidu. com/view/a12177040740be1e650e9a22. html。）

案例思考：为什么这名销售员能够约见成功？他在约见顾客的过程中运用哪些语言技巧？

案例解析：这名销售很好地运用了约见顾客的语言技巧，如借助顾客熟悉和尊重的引荐人拉近与对方的距离，使顾客不好拒绝。还在确定访问时间时使用了选择性的语句，让顾客在周二和周三之间做出选择，成功地达成了与顾客会面的目标。

二、接近顾客的语言技巧

接近顾客是指销售人员为了与目标顾客进行沟通洽谈，而对其进行初步的接触或再次访问，是销售人员正式开展销售面谈的前奏，是整个销售过程中的一个重要环节。能否成功地接近顾客，直接关系到整个销售工作的成败。由于顾客的习惯、爱好、性格等情况各不相同，所以销售人员应依据事前获得的信息或接触瞬间的判断，选择合适的方法和语言去接近不同类型的顾客。在与陌生顾客接近的过程中，销售人员以各种形式表现出的紧张是很普遍的。许多人害怕接近，以种种借口避免接近，这种现象被称为“销售恐惧症”。其实有时候顾客的冷漠和拒绝是多方面原因造成的，应该对顾客的表现充分理解并坦然接受。在接近过程中，有一种独特的心理现象，即当销售人员接近时，顾客会产生一种无形的压力，似乎一旦接受销售人员就承担了购买的义务。正是这种心理压力，使一般顾客害怕接近销售人员，冷淡对待或拒绝销售人员的接近。这种心理压力实际上是销售人员接近顾客的阻力，销售人员必须尽快减轻顾客的心理压力。只要能够减轻或消除顾客的心理压力，就可以减少接近的困难，顺利转入后面的洽谈。

接近顾客既能让顾客了解和注意商品，也能让销售人员进一步了解顾客的需求特征以便为转入洽谈做准备。而这里所说的接近一是指销售人员和顾客之间在空间距离上的接近，二是指销售人员和顾客之间消除感情上的隔阂，逐步趋于同一目标。

（一）接近顾客所要达成的目标

1. 吸引顾客的注意。销售人员与顾客刚见面时，往往不能马上集中精神倾听销售人员的介绍，更谈不上迅速对商品产生兴趣，这时销售人员就要通过销售活动刺激顾客的感官，使顾客对销售人员和商品有一个良好的感觉，把顾客的心理活动、精力、注意力等吸引到销售人员和商品上来。通常人们的购买行为都是从注意开始的，因此，接近顾客的第一步就是先要引起顾客的注意，使顾客愿意把注意力从其他事情转移到销售上来。拥有与众不同的开场白，是吸引顾客注意的有效方式。

2. 唤起顾客的兴趣。唤起顾客兴趣是指唤起顾客对销售活动及商品的兴趣，或者说是诱导顾客对销售的积极态度。兴趣与需要有密切的关系。顾客对销售活动的兴趣都是以各自的需要为前提的。因此，要很好地诱导顾客的兴趣，就必须让顾客认识到购买商品所能带来的好处。销售人员要利用各种语言技巧向顾客证实商品的优越性，以此唤起他们的购买兴趣。

3. 引导顾客转入洽谈。接近顾客在整个销售过程中起到了承上启下的作用，所以当销售人员实现了以上两个目标后，要不失时机地转换话题，巧妙地切入此次来访的主题，进入到实质性的业务洽谈。值得注意的是，这种引导应当具有一定的技巧，巧妙、自然地过渡，避免生硬地转入正式销售环节引起顾客的反感。

案例阅读

与众不同的开场白

著名的销售员 D 在一次销售空调的过程中这样开场：

“先生，您可知道这个世界上最懒的东西是什么？”

顾客摇摇头，表示不知道。

“就是您收藏起来不花的钱啊，它们本来可以用来购买空调，让您度过一个凉爽的夏天。”

紧接着，销售员 D 就介绍起了他要销售的空调。

（资料来源：http：//wenku. baidu. com/view/52f6c964caaedd3383c4d372. html。）

案例思考：销售员 D 的开场白对他的销售工作起到了什么作用？

案例解析：销售员 D 的开场白制造了一个悬念，使顾客受到他饶有兴趣的语言的吸引，引起了顾客的注意，然后再顺水推舟介绍商品，成功地接近了顾客。

（二）接近顾客的方法及语言技巧

销售人员在正式接近顾客时，能否争取主动，使顾客有继续谈下去的热情和信心，还得掌握一定的接近方法和相应的语言技巧。

1. 介绍接近法的语言技巧。介绍接近法是指销售人员通过自我介绍或他人介绍接近顾客的方法。自我介绍法是最常用的一种接近顾客的方法，大多数销售人员都采用这种接近方法。在运用这种接近方法时应注意以下技巧：自我介绍语言中应包括自己的身份、姓名及目的，要注重语言的魅力，适当对自我介绍的内容加以修饰，同时还要主动出示名片等证件，以便给顾客留下深刻的第一印象。如：日本著名的保险推销员原一平的自我介绍——“您好！我是明治保险公司的原一平，今天我来到贵宝地，有两件事专程请教您这位附近最有名气的老板。”

2. 利益接近法的语言技巧。利益接近法是指销售人员以顾客所追求的利益为中心，简明扼要地向顾客介绍产品能为顾客带来的利益，满足顾客的需要，达到正式接近顾客目的的一种方法。在运用这种方法接近顾客时，销售人员不能用过度的语言去宣传商品自身的优点，而是要告诉顾客购买商品将给他带来什么好处，语言不一定要有惊人之处，但必须引起顾客对商品利益的注意和兴趣。如果销售人员能够用精练的语言把商品优点与顾客最关心的问题和利益联系起来，往往能取得比较理想的效果。如：“张总，几千家像您这样的公司因为接受了我们公司重新设计的自动化物流系统，节省了 10%～20% 的运输成本。”

3. 好奇接近法的语言技巧。好奇接近法是销售人员利用顾客的好奇心理而接近顾客的方法。好奇之心人皆有之，好奇心理是人们的一种原始驱动力，这种驱动力促使人类去探索未知的事物。好奇接近法正是利用人类的好奇驱动力，引起顾客对销售人员或商品的注意和兴趣，从而接近顾客。好奇接近法在运用过程中，语言要能够营造出神秘的气氛，采用自问自答的方式，提出让顾客觉得好奇的问题，再由销售人员解答疑问，合情合理的语言，出奇制胜的效果。例如，某地毯销售人员对顾客说："每天只花 1.3 元就可以给您的卧室铺上地毯。"顾客对此感到惊奇，销售人员接着说："您的卧室 10 平方米，我们公司地毯的价格是每平方米 25 元，这样需要 250 元，我们的地毯至少能铺 5 年，一年 365 天，这样平均每天只花费 1.3 元。"

4. 震惊接近法的语言技巧。震惊接近法是指销售人员用令人吃惊或震撼人心的语言或事物来引起顾客的兴趣，进而转入正式洽谈的接近方法。采用这种方法时，销售人员的语言不能为震惊顾客而过分夸大事实真相，更不应信口开河，应有理有据，才能让顾客信服。例如，一名轮胎销售员说："先生，您做过统计吗？去年高速公路上发生的车祸有 33% 是因为爆胎。"

5. 赞美接近法的语言技巧。卡耐基曾经说过："每个人的天性都是喜欢别人赞美的。"赞美接近法是指销售人员利用顾客喜欢被赞扬的心理来引起顾客的注意和兴趣，进而转入正式洽谈的接近方法。运用这种方法时要注意事先做好调查，找出顾客引以为傲的事情加以赞美。赞美顾客的语言必须真诚、把握分寸，避免虚情假意；在赞美的同时，还要将顾客的注意力吸引到商品的销售上来。例如，一位母亲为她刚考上大学的女儿买电脑，销售人员说："您女儿可真不错啊，多给您争气，将来一定有出息，您就等着享福吧。这款电脑是最新款式，给您女儿买来学习最合适了。"

6. 问题接近法的语言技巧。问题接近法是指销售人员通过直接提问来引起顾客注意和兴趣进而转入面谈的方法。是销售活动中经常使用的一种方法，可以单独使用，也可以在利用其他接近方法时穿插使用。通过这种一问一答的形式，有利于拉近顾客与销售人员的距离，消除戒备心理。问题接近法虽然是比较有效的方法，但其对语言技巧的要求也较高。销售人员在提问与讨论中应注意：提出的问题应表述明确，尽量具体，做到有的放矢；问题应突出重点，才能真正打动人心。例如，美国一位推销书籍的女士总是从容不迫、平心静气地提出三个问题——"如果我送给你一套有关个人效率的书籍，你打开书发现内容十分有趣，你会读一读吗？""如果你读了之后非常喜欢这套书，你会买下吗？""如果你没有发现其中的乐趣，你把书重新塞进这个包里寄回给我，可以吗？"

7. 请教接近法的语言技巧。请教接近法是指销售人员虚心向顾客请教问题，利用这个机会，以达到接近顾客目的的一种方法。在实际销售工作中，有些顾客有一些"自以为是"的心态，好为人师，销售人员若能登门求教，自然会受欢迎。在运用这种方法时，态度要诚恳，语言要谦虚，少说多听。语言上要遵循先赞美、寒暄，再请教、推销。例如，"赵工程师，您是电子方面的专家，您看看我厂研制投产的这类电子设备在哪些方面优于同类产品？""我是这方面的新手，您肯定能够帮助我？""我的同事说我们公司的产品是同类中最好的，您有兴趣试试吗？"

案例阅读

聪明的推销员

推销员："郑经理在吗？在百忙之中打扰您，真是不好意思。我是××公司在本地区的业务代表李放，经常经过贵店，看到贵店生意一直兴隆，实在不简单。"

店经理："您过奖了，生意并不是那么好。"

推销员："贵店对客户的态度非常亲切，郑经理对贵店员工的培训一定非常用心，我也常常到别的店，但像贵店服务态度这么好的，实在少数。对街的张经理，对您的经营管理也相当钦佩。"

店经理："是吗？张经理是这样说的？"

推销员："不瞒您说，张经理昨天刚换了一台新功能的收银机，非常高兴，才提及郑经理的事情。因此，今天我才来打扰您。郑经理是否也考虑更换新的收银机呢？目前您店里的收银机虽然也不错，使用情况也还正常，但新的收银机有更多的功能，速度更快，既能让您的顾客减少等候时间，还可以为贵店的经营管理提供许多有用信息。请郑经理一定要考虑这台新的收银机。"

（资料来源：http：//wenku. baidu. com/view/5c5b31add1f34693daef3eb9. html。）

案例思考：这名推销员在销售过程中采用了哪些接近顾客的语言技巧？

案例解析：这名推销员在首次接近顾客时，采用了介绍接近法、赞美接近法，突破顾客的心理防线，为成功销售奠定了良好基础。

综上所述，售前的语言技巧在整个销售过程中起到了重要的作用，销售人员掌握约见和接近顾客的语言技巧为下一步的销售工作打下了坚实的基础。

任务分析

任务描述中张伟连王经理的面都见不到，更谈不上洽谈业务了。为什么张伟约见顾客没有成功呢？

通过任务一的学习，我们了解到约见顾客的语言技巧，包括事先设计好约见顾客的语言、巧妙利用引荐人的语言、语言简练地介绍商品特色、运用能够激发顾客兴趣的语言、多使用选择性的语言 5 个方面；张伟在约见顾客的过程中，语言贫瘠，没有任何技巧可言。既没有让秘书认识到让他见王经理的必要性，也没有通过语言引起王经理对商品的兴趣，王经理甚至不清楚为什么要见他，这也是他失败的重要原因。

其实，在约见顾客时，张伟完全可以借助老客户的力量，请他代为引荐。使王经理消除对陌生人的不信任感，拉近距离，突破顾客的防备心理，接受其下一步的销售活动。

知识拓展

"以老带新"的简易三招

在约见和接近顾客的过程中，老顾客起到了举足轻重的作用，"以老带新"无疑等于站在巨人的肩膀上，为销售活动提供了大量的机会，节省了人力和时间。

第一招：人脉就是钱脉，人脉始于联系。只要你够朋友，你就能找到朋友。不要等到需要时才想起老顾客，时刻想着他们，会让他们心甘情愿地为你创造更多的价值。

第二招：通过老顾客开发顾客源，忠诚顾客是棵摇钱树。优秀销售人员业绩的60%是来自于老顾客。老顾客的意义在于——重复购买、扩大购买、推荐新顾客。顾客是朋友不是上帝，让老顾客为你介绍更多的新顾客。

第三招：最让顾客感动的服务——永远的售前服务。售后服务固然重要，但售前服务更能让顾客感动。无论顾客是否购买，销售人员都能始终如一地为他们提供专业的建议和优质的服务，这样才能留住每一个潜在的顾客。

知识与能力训练

知识训练

一、填空题

1. 约见顾客首先要确定的是（　　　　）。

2. 最常用的接近顾客的方法是（　　　　）。

3.（　　　　）是指销售人员利用顾客喜欢被赞扬的心理来引起顾客的注意和兴趣，进而转入正式洽谈的接近方法。

4. 接近顾客所要达成的目标有（　　　　）、（　　　　）、（　　　　）。

二、选择题

1.（　　）是销售洽谈的起点。

A. 寻找顾客　　B. 约见顾客

C. 接近顾客　　D. 了解顾客

2. 销售人员访问顾客主要包括（　　）。

A. 约见顾客、介绍产品、激发购买愿望

B. 拟订访问计划、约见顾客、介绍产品

C. 拟订访问计划、明确访问事由、约见顾客、接近顾客

D. 约见顾客、介绍产品、激发购买愿望

3. 在销售过程中约见是接近的前奏，也是（　　）的开始。

A. 接近　　B. 说服

C. 拜访　　D. 洽谈

三、简答题

1. 约见顾客的重要性体现在哪些方面？

2. 举例说明接近顾客的语言技巧的运用。

3. 约见顾客的语言技巧有哪些？

能力训练

巧妙的“迂回销售”

一位年轻的人寿保险推销员听说某大学的一位讲哲学的老教授还没有买人寿保险，其主要原因是这位教授对人寿保险一向十分讨厌。同时这位老人又特别固执，多少前来企图说服他的销售人员都被灰溜溜地赶了出来。因此，大家对这位老教授望而生畏。这时，这位年轻人寿保险推销员却非要来碰碰运气。

这年夏天，老教授举办了一个哲学研究班，在众多的学员中，有一位年轻的人学习特别认真，他聚精会神地听，详详细细地记，还经常举手提出一些颇有深度的问题，这样使得老教授感到这是一位很有前途的青年。研究班结束后，青年人到老教授的家里来拜访，对老教授说：“您的讲义我已反复读了三次，今天特地来请教您几个仍然弄不懂的地方。”老教授欣然地帮他解答了问题，随便问道：“你在哪里供职？”年轻人说：“我是人寿保险销售人员。”过了一段时间，年轻人又来请教问题，并随身带来了礼品，当年轻人施礼告辞的时候，老教授说：“请等等，你给我说说，你们公司开办的人寿保险，有哪几种呢？”年轻人详细地做了介绍，老教授当即签了投保寿险的手续。

（资料来源：http：//wenku. baidu. com/view/26d343c59ec3d5bbfd0a74df. html。）

讨论：年轻的销售人员为什么能够销售成功？

（**提示：**在销售活动中，灵活运用“接近顾客的语言技巧”会起到意想不到的效果。）

任务二
掌握售中语言技巧

任务目标

【知识目标】理解并掌握介绍商品、沟通洽谈及促成交易的语言技巧

【能力目标】使学生具备对销售过程中可能出现的各类问题的应变能力

【素质目标】通过对售中活动的学习，培养学生敢于竞争的良好心理品质；形成职业自豪感及自信、敬业的价值观

任务描述

张丹是某批发市场的业主，主营文教用品。一天，她发现有两位女士在文教用品的各个商家挨家挨户地询价、挑选商品、询问商品详情等，从两人的聊天中，张丹得知，她们是专门为各个学校采购文教用品的，并寻求一家能够长期合作的商家，以后每年订货的需求量非常大。很快，两人来到了张丹的店面前……

同学们，通过学习介绍商品、沟通洽谈及促成交易的语言技巧，给张丹出个好主意，帮助她做成这笔大生意。

任务学习

按照销售活动的一般程序，在成功接近顾客之后，销售人员就要进入到正式销售的阶段，即介绍商品、洽谈及解决顾客异议，并最终达成交易。这一阶段是销售人员最重要的工作之一，是整个销售过程中的关键阶段。能否说服顾客，进一步激发顾客的购买欲望，并最终成交，关键就在于销售过程中的语言技巧。

一、商品介绍的语言技巧

销售过程实际上也是一种信息沟通的过程，语言则是在这个沟通过程中的重要工具和手段。众所周知，销售过程的基本目的是促使潜在顾客最终购买商品或服务。但是要促使顾客采取购买行动，必须首先使顾客充分了解商品的特性及购买该商品可能带来的利益。作为销售人员，必须拥有丰富的商品知识，能够以自己的语言技巧说服顾客，使那些对商品并不了解的顾客接受自己销售的商品。

（一）进行商品介绍的秘诀

在销售过程中，当销售人员面对陌生的顾客时，进行商品介绍是必不可少的一个环节，也是关键的一步，但是商品介绍也得讲究技巧，也有秘诀。要是销售人员掌握了这些秘诀，商品销售起来肯定会顺利。要做好商品介绍，必须把握下面这两条秘诀：一是要多强调商品价值少谈价格；二是要多做示范别光说不练。

1. 强调商品的性价比。有些销售人员总是大力强调价格，说明自己的商品是如何的便宜，却从不注重强调商品自身的价值。作为销售人员，必须强调商品的安全性、优质性、合法性以及满意保证。现在市场上同类型的商品很多，人们的生活水平越来越高，价格已经不再是顾客考虑的唯一因素，品质才是更重要的。

2. 多做商品使用示范。在销售过程中，多做示范是非常重要的。俗话说得好，“百闻不如一见”。销售人员向顾客推荐的商品，一定要让对方不仅听到，而且还要看到，甚至要摸到，必要时就得当场示范了。

销售人员应该边作示范边问对方感觉如何，这样才能“心到、手到、眼到”。不怕不识货，就怕货比货，拿自己的商品与其他公司的商品作比较示范，可以让顾客感觉到商品实实在在的品质，从而更容易接受商品。

（二）商品介绍的金牌法则

费比模式是由美国奥克拉荷马大学企业管理博士、中国台湾地区中兴大学商学院院长郭昆漠先生总结并推荐的销售模式。“费比”是 FABE 的译音，FABE 则是英文字母 Feature（特征）、Advantage（优点）、Benefit（利益）、Evidence（证据）的第一个字母。在销售活动中，很多销售人员会把费比模式当作介绍商品的一个金牌法则，取得了良好的销售效果。在费比模式的运用中，一般遵循以下步骤：

1. 把产品的特征详细介绍给顾客。费比模式的第一步是销售人员在见到顾客后，要以准确的语言向顾客介绍产品特征，如产品的性能、构造、作用、使用的简易及方便程度、耐久性、经济性、外观优点及价格等。

2. 充分分析产品优点。费比模式的第二步骤是把产品的优点充分地介绍给顾客。它要求销售人员应针对在第一步骤中所介绍的特征，寻找出其特殊的作用或者是某项特征在该产品中扮演的特殊角色、具有的特殊功能等。如果是新产品，务必说明该产品相对于老产品的差别优势等。当面对的是具有较好专业知识的顾客，则应以专业术语进行介绍，并力求用词精确简练。

3. 展示产品给顾客带来的利益。第三步骤是费比模式最重要的步骤，销售人员应在了解顾客需求的基础上，把产品能给顾客带来的利益，尽量多地列举给顾客。不仅讲产品外表的、实体上的利益，更要讲产品给顾客带来的潜在的利益。

4. 以证据说服顾客购买。销售人员在销售过程中要避免用“最便宜”“最合算”“最耐用”等语句，因为这些词语会令顾客反感而且又无实际依据。因此，销售人员应以真实的数字、案例、实物等证据，让证据说话，解决顾客的各种异议与顾虑，促成顾客购买。

（三）商品介绍的语言技巧

1. 以专家的口吻介绍商品。日常销售中，销售人员会遇到很多不同类型的顾客，大多数顾客的购买行为都属于“非行家”购买，他们对商品一知半解，甚至根本不了解，这时就需要销售人员为他们详细地介绍商品的特点、使用方法等等。销售其实是一场心理战，销售人员要想赢得这场战争的胜利，就必须了解自己的产品、了解自己的企业，做自己所销售商品的专家。在顾客面前塑造自己专家的形象，以专家的口吻介绍商品，就能在销售活动中赢得顾客的信任，使顾客接受销售人员所传递的商品信息。

2. 介绍商品时语言要讲究条理。一般来说，顾客想要购买某种商品时，一定会想要更多地了解该商品的信息。而销售人员在介绍商品时要注意语言的条理性，条理清楚指的是说话时要注意因果关系、前后联系、掌握主题并善于归类。只有这样，顾客才可以根据销售人员语言的引导调整自己的思维，跟上销售人员的思路，理解销售人员所要表达的要点。在与顾客交谈时，传递的信息要简明准确，不要让多余的语言增加顾客理解上的困难。

3. 多举实例进行说明。如果顾客对于商品的介绍还是存有怀疑的话，销售人员可以举些使用商品的实例，说明它体现了哪些效用、优点及特点。不直接向顾客讲解，可以使顾客感到轻松和容易接受，这种迂回的办法得到了广泛的应用。虽然是间接介绍商品，但销售人员应该记住，介绍时始终不能脱离销售这个主题，不然就起不到应有的作用。要注意的是举例要真实、实事求是，不能夸大商品的功效，虚构商品的销量等信息，多举一些其他顾客使用过的实例会有更好的效果。

4. 介绍时可以借助名人效应。如果商品有过名人试用的情况，销售人员一定在语言上提及。利用一些有名望的人来说明商品，事实上就是利用一种“光环效应”。当人们觉得某个人有威望时，就会相信他所做的决定、所买的商品。但是，运用这种方法时一定要是真人实事，如果销售人员在运用这个办法时不尊重事实，自己胡编乱造，那不仅会起不到宣传作用，还很可能会让顾客觉得你是在欺骗他，从此再也不去信任你了。

案例阅读

“闻名”与“见面”的配合

某销售员在销售一种不知名的蒸汽熨斗时，向周围的顾客详细地讲解了产品的独特功效，和普通熨斗相比有哪些优点等。语言既有条理又很专业，顾客对销售员的介绍很是赞同，但却还是没有下定决心购买。销售员就建议说：“我来现场演示一下这种产品的用法吧。”然后就在现场一边演示，一边配合语言讲解使用的方法和效果。经过他的现场演示，很多顾客眼前一亮：这种熨斗不但比其他熨斗经济实惠，而且使用起来效果更好、更方便。这时，销售员趁热打铁，再次强调产品的优势，经过专业的介绍和实地的演示，这个销售员成功地销售出一批电熨斗。

（资料来源：http：//wenku. baidu. com/view/00335325af45b307e871975a. html。）

案例思考：销售员在介绍商品时有哪些成功之处？

案例解析：在销售过程中，该销售员很好地运用商品介绍的语言技巧，如将商品的特点用简练而专业的语言介绍给顾客，想办法让顾客了解商品的卖点。同时，在语言介绍的同时，还配合演示，让顾客亲眼看到，亲手摸到商品的优势，以实例向顾客证明商品的亮点，让顾客不但对商品有所“闻名”，更要实际和商品“见面”。

二、沟通洽谈的语言技巧

销售中的洽谈是指销售人员运用一定的洽谈方式和策略，取得与目标顾客的双向沟通，传递和反馈销售信息，排除顾客异议，以达到说服顾客做出购买决定的活动过程。与顾客的沟通和洽谈是销售活动中最重要的环节，往往决定了销售活动的发展方向及成败。

（一）销售洽谈的目标

作为现代销售中的一个科学概念，洽谈具有特定的含义，它是一个既丰富又复杂的活动。洽谈的目标既取决于顾客购买活动的一般心理过程，又取决于销售活动的发展过程。因此，我们认为销售洽谈的目标在于向顾客传递商品信息，诱发顾客的购买动机，激发顾客的购买欲望，说服顾客，排除异议，促进顾客做出购买决定。

1. 向顾客传递商品信息。销售人员为了说服顾客，达成交易，必须要向顾客全面地介绍商品的情况，顾客只有在接受有关商品的各种信息，对商品产生认识的基础上才有可能做出购买决策。所以，销售人员必须在洽谈之初，迅速结合顾客需求把自己掌握的有关商品的信息客观、真实地传递给顾客，以帮助顾客尽快地认识和了解商品，为顾客最终制定购买决策提供信息依据。

2. 准确把握顾客需求。从营销学的角度讲，只要能够发现人们的购买需求和动机，就可以预测和引导人们的购买行为。购买行为是受购买动机支配的，而动机又源于人的基本需要。为此，销售人员在洽谈之初就必须明确顾客的心理需要，并投其所好地开展销售洽谈。同时，在洽谈中针对顾客的需求展示商品的功能，满足顾客的需求，只有当顾客真正认识到商品的功能和利益，感受其所带来的满足感，才能产生购买动机。

3. 恰当处理顾客的异议。在洽谈中，顾客接受到销售人员传递的有关商品的信息后，经过分析会提出一系列的看法和意见，这就是我们常说的顾客异议。顾客异议处理不好或不排除，就很难说服顾客达成交易。所以，处理顾客异议是洽谈的关键任务。只有妥善处理顾客异议，帮助顾客加深对商品的认识，取得顾客的信任，才能顺利达成交易。

4. 促使顾客做出购买决定。销售人员说服顾客的最终目的是促成购买行为，而对于顾客来说，做出购买决定通常是最困难的一步。在洽谈过程中，销售人员必须准确把握顾客购买决策前的心理冲突，引导顾客做出购买决定，促成交易。销售人员可以采用各种方式说服顾客，强调顾客购买商品所能得到的利益，满足顾客的特殊要求，给予顾客一些优惠，提供优质的服务，强化顾客的购买欲望，为顾客最终做出购买决定而努力。

（二）洽谈的内容

1. 商品条件。商品是销售活动的客体，离开了商品，销售就不能实现，因此，洽谈最主要的就是关于商品条件的洽谈。商品条件洽谈的内容包括：商品的质量、品种、型号、规格、数量、商标、外形、款式、颜色、包装等等。如果是服务商品就要侧重服务的内容、时间、要求、质量标准及服务收费等。

2. 价格条件。价格条件是洽谈双方都比较敏感和关心的问题，关系到买卖双方的利益。所以在洽谈过程中买卖双方会进行反复的讨价还价，最后才能敲定成交价格。销售人员要掌握好价格水平和让步的条件和幅度。价格条件的洽谈包括：成交价格、数量折扣、退货损失、市场价格波动及风险、售后服务费用、安装调试费用、结算条件等。

3. 服务条件。销售服务的好坏也是影响顾客购买的因素之一。销售服务的项目包括：交货时间、送货服务、售后服务、技术支持、培训等。

4. 保证条款。大额交易需要担保，对违约、不履行合同、取消合同都应在保证条款中明确责任，以免出现不必要的纠纷。

（三）顾客异议的类型

1. 需求异议。需求异议是指顾客认为不需要商品而形成的一种反对意见。它往往是在销售人员向顾客介绍商品之后，顾客当面拒绝的反应。这类异议有真有假，真实的需求异议是成交的直接障碍。销售人员如果发现顾客真的不需要产品，那就应该立即停止销售。虚假的需求异议既可表现为顾客拒绝的一种借口，也可表现为顾客尚未认识到自己的需求。销售人员应认真判断顾客需求异议的真伪性，对虚假需求异议的顾客，设法让顾客清楚地看到商品提供的利益和服务符合他的需求，使之动心，再进行销售。

2. 财力异议。财力异议是指顾客认为缺乏货币支付能力的异议。一般来说，对于顾客的支付能力，销售人员在寻找顾客的阶段已进行过严格审查，因而在销售中能够准确辨别真伪。真实的财力异议处置较为复杂，销售人员可根据具体情况，协助对方解决支付能力问题，如答应赊销、延期付款等，或通过说服使顾客觉得购买机会难得而负债购买。对于作为借口的异议，销售人员应该在了解真实原因后再作处理。

3. 权力异议。权力异议是指顾客以缺乏购买决策权为理由而提出的一种反对意见。与需求异议和财力异议一样，权力异议也有真实或虚假之分。销售人员在进行寻找目标顾客时，就已经对顾客的购买资格和决策权力状况进行过认真的分析，也已经找准了决策人。面对没有购买权力的顾客极力销售商品是严重失误。在决策人以无权作借口拒绝销售人员及其产品时，销售人员必须根据自己掌握的有关情况对权力异议进行认真分析和妥善处理。

4. 价格异议。价格异议是指顾客因商品价格过高而拒绝购买的异议。无论商品的价格如何，总有些人会说价格太高、不合理或者比竞争者的价格高。当顾客提出价格异议，表明他对商品有购买意向，只是对价格不满意，而进行讨价还价。当然，也不排除以价格高为拒绝销售的借口。在实际销售工作中，价格异议是最常见的，销售人员如果无法处理这类异议，就难以达成交易。

5. 商品异议。商品异议是指顾客认为商品本身不能满足自己的需要而形成的一种反对意见。商品异议表明顾客对商品有一定的认识，但了解还不够，担心这种商品能否真正满足自己的需要。因此，虽然有比较充分的购买条件，就是不愿意购买。为此，销售人员一定要充分掌握商品知识，能够准确、详细地向顾客介绍商品的使用价值及其利益，从而消除顾客的异议。

6. 销售人员异议。销售人员异议是指顾客对销售人员的行为提出反对意见。这种异议往往是销售人员自身造成的。销售人员的态度、礼仪、专业程度都影响着顾客对其的看法，因此，销售人员一定要注意保持良好的仪容仪表，举止得体，注意自身素质的培养，给顾客留下良好的印象，从而顺利地开展销售工作。

7. 货源异议。货源异议是指顾客对商品的来源提出反对意见，认为不应该向有关公司的销售人员购买产品。顾客提出货源异议，表明顾客愿意购买产品，只是不愿向面前这位销售人员及其所代表的公司购买。当然，有些顾客利用货源异议来拒绝销售人员的接近。因此，销售人员应认真分析货源异议的真正原因，利用恰当的方法来处理货源异议。

8. 购买时间异议。购买时间异议是指顾客认为现在不是最佳的购买时间或对销售人员提出的交货时间表示反对意见。很多顾客不愿意马上做出决定，有时会有意拖延购买时间。这类异议很明显意味着顾客还没有下定决心购买商品，其真正的原因往往是对商品的其他方面存在意见。在这种情况下，销售人员应抓住机会，认真分析时间异议背后的真正原因。

（四）沟通洽谈的语言技巧

1. 用事实说话。事实说服法是指销售人员用展示某种事实来说服顾客的方法，也就是讲事实摆道理的方法。这是销售人员在沟通洽谈、处理顾客异议常用的方法。销售人员阐述任何一个观点都必须有事实依据，并用证据加以证实。只有用事实来印证销售人员所说的话，顾客才能心悦诚服地接受。在洽谈时，销售人员的语言应有理、有据、有节。

2. 语言掌握分寸。销售人员在销售过程中，始终要明白一点，就是："说赢顾客不是好口才"，销售活动最终的目的是卖出商品，而不是说赢顾客，不要逞口舌之争。洽谈语言一定要掌握分寸。很多销售人员在顾客对商品提出异议时，往往会着急反驳，语言就容易过激，这就像在水里放一个球，越用力把它按到水里，它浮起来的速度就越快。销售人员给顾客的压力越大、顾客的反抗就越大。每个人都有自己的立场和想法，在洽谈的过程中，想让顾客放弃原有的想法和立场，完全接受销售人员的意见是不现实的。所以销售人员一定要有耐心，掌握好与顾客交谈的尺度，否则就会"说赢了顾客，失去了生意"。

3. 用语言描述顾客购买后的画面。美国推销专家齐格向销售人员推荐一种新的洽谈技巧——语言画。所谓语言画就是通过语言描述而形成的，由一定的语言要素所构成的具有一定意境或氛围的画面。销售人员在与顾客沟通时，用语言为顾客勾勒出购买商品后，顾客的生活会发生变化的画面，能够使顾客更深入地了解商品能给其带来的利益。这种方法是销售人员用语言勾画出一幅美妙的情景，引导顾客去联想，使商品更具有吸引人的魅力，强化顾客的购买欲望。

4. 适当时机提示顾客购买。提示法是指销售人员在洽谈过程中利用语言的形式启发、诱导顾客购买商品的方法。提示法一般用于销售人员向顾客介绍完商品，但顾客对购买还有些犹豫时，销售人员将商品能带给顾客的最大利益直接提出来，劝说顾客购买。在运用提示法时，销售人员应注意提示的内容要易于顾客理解和接受，提示的语言要通俗易懂，切忌使用生僻的、专业性过强的语言。

5. 用迂回的方式处理顾客异议。对于顾客的不同意见，如果销售人员直接用语言加以反驳，会引起顾客的不满。所以在洽谈时，弱化"正面冲突"，以迂回的方式间接地处理顾客异议，效果更好。销售人员要根据有关事实和理由间接否定顾客的异议，即销售人员先承认顾客异议的合理成分，在用"是的……如果……"等转折语句对顾客异议给予婉转的否定，使顾客欣然接受销售人员的说法。

案例阅读

推销复印机

一天，一名斯通公司的销售员向顾客张先生推销复印机，没想到张先生说："两年前，我们买了一台斯通复印机，它的速度太慢了，只好扔掉。用你们的复印机，我们损失了不少宝贵的时间。"在这种情况下，一般的销售员通常会进行争辩，但常常会得到这样的回答："行了，我知道了，但是我们不再想要斯通复印机了。"然而，这位销售员却没有这么做，而是说："张先生，如果您是斯通公司的董事长，已经发现复印机速度慢的问题，您会怎么办呢？"张先生说："我会叫我的工程技术部门采取措施，促使他们尽快解决这个问题。"销售员笑着说："这正是我们董事长所做的事情。"张先生继续听了销售员的介绍后，又订购了一台斯通复印机。

（资料来源：席波：《推销原理与实务》，东北财经大学出版社 2009 年版。）

案例思考： 斯通公司的销售员在与顾客洽谈的过程中，有哪些语言技巧值得我们借鉴？

案例解析： 斯通公司的销售员在顾客提出质疑时，并没有急于争辩，证明自己的产品没有问题，而是巧妙地利用"是的……如果……"的语言方式向顾客提出问题，让顾客帮助自己化解了异议。销售人员在日常洽谈中，遇到顾客异议是正常的，语言注意分寸，用事实说话才能够得到顾客的认同。

三、促成交易的语言技巧

促成交易，又称成交，是指顾客通过销售人员对商品的介绍、说明，激起购买兴趣和欲望，并表明购买意向，采取实际购买行为的过程。成交是洽谈的延续，是将顾客的购买欲望转化成为购买行为的关键环节，也是销售活动最终要达成的目标。京剧中有“台上一分钟，台下十年功”的说法，平时百倍的努力只为登台的时刻能够光芒四射。而在整个销售过程中，从约见顾客、接近顾客、沟通洽谈到处理顾客异议各个环节，最终都指向促成顾客的购买行为，也就是成交。在成交时，销售人员不仅要继续接近和说服顾客，而且要采取有效措施帮助顾客做出最后的选择，促成交易并完成一定的成交手续。

（一）达成交易的基本条件

达成交易是销售工作的关键环节和目标，既是一种过程，也是一种结果。销售人员在向顾客提出成交时，往往会受到多方因素的影响，通过对影响因素的分析，销售人员就能够明确达成交易的基本条件。

1. 达成交易的主要影响因素。

（1）企业因素。企业形象、企业信誉是产品质量和服务质量的保证。顾客愿意选择知名企业的产品，因为购买形象好、信誉好的企业的产品，顾客买得放心、用着也安心。如果企业失去顾客的信任，销售人员的语言技巧再好，也不会成功。所以，企业必须在市场上树立自己的良好形象，为销售人员提供有力的支持。

（2）商品因素。顾客在选购商品时，一定都会考虑到商品的质量、功能、价格及服务等几方面的因素。随着顾客收入水平的提高和消费心理的逐渐成熟，商品质量已经成为顾客选择商品的首要因素，顾客更关注性价比高、服务好的商品。所以，销售人员一定要摆止商品质量和价格的关系，为顾客提供更好的服务来促成交易。

（3）销售人员因素。销售人员是销售活动的发起者，起到了主导作用。他们的服务意识、个人魅力、语言技巧、心理状况都会影响销售的最终结果，即能否成交。很多销售人员觉得没有必要直接提出成交，忽略了成交的语言技巧在销售活动中的重要作用，不主动跟顾客进行沟通，往往会错失成交的良机。

（4）顾客因素。在影响成交的诸多因素中，顾客是关键的因素。顾客的认可是促成交易的前提，销售人员在促成交易的过程中，一切的活动都要围绕顾客展开，消除顾客的疑虑。通过对促成交易语言技巧的灵活运用，说服顾客，购买商品，达成销售目标。

2. 达成交易的基本条件。通过销售人员在接近和洽谈阶段的介绍，顾客已经对商品有了初步的认识，下一步就要进入到成交阶段。了解达成交易的条件有助于销售人员明确成交阶段的目标和任务，一般来说，要促使顾客最后做出决定并采取购买行为，必须具备以下条件：

（1）顾客充分了解商品及其价值。顾客做出购买决策是因为他充分了解了商品。通过销售人员的介绍，顾客对商品的功能、质量、价格以及商品给自己带来的利益和好处，都有了全面的了解，就会做出积极的反应。同时，销售人员还要不断地向顾客询问，试探顾客对自己所介绍商品的理解程度，了解顾客对商品所持的态度。

（2）顾客完全信任销售人员及企业。顾客必须对销售人员及其所代表的企业持完全的信任态度才会同意成交，没有这种信任的态度，即使销售人员所销售的商品质量是最好的，价格在同类商品中最有竞争力，顾客也会对达成交易产生动摇，因为顾客考虑更多的是购买商品后的使用效果，如果不能给顾客一个可靠的信誉保证，顾客是不会轻易购买的。

（3）顾客对商品有需要和购买欲望。顾客接受商品、对销售人员产生信赖感并不意味着他一定会购买。促使顾客做出购买决策的决定性因素并不是商品的质量好或价格便宜，而是顾客确实需要该产品并有较强的购买欲望，是顾客相信购买商品确实能给其带来预期的利益和好处。

（4）销售人员及时发现和利用成交信号。顾客在成交阶段的心理起伏很大，当顾客流露出购买意图时，销售人员应趁热打铁，及时提出成交请求。顾客流露出的购买意图，我们可以称之为成交信号。经过销售人员的介绍，解决了顾客的购买异议，顾客也充分了解了商品能给其带来的利益，就会有意无意地流露出成交信号。这时销售工作就到了最关键的时刻，是成交的最佳时机，如果错失这一机会，销售活动就会陷入僵局。

（5）掌握促成交易的语言技巧。如何实现成交目标，取决于销售人员是否真正掌握并灵活运用成交的语言技巧。经验丰富的销售人员知道对待不同类型的顾客应该采用不同的语言风格，或犀利、或婉转、或强势，引导顾客信任自己、认可商品、最终达成交易。

（二）识别成交信号

成交信号是指顾客在语言、表情、行为等方面所表露出来的打算购买商品的一切暗示或提示。在销售过程中，顾客会有意无意地流露出来各种成交的意向，我们可以把它理解成为一种成交暗示。在实际销售工作中，顾客为了保证实现自己所提出的交易条件，取得交易谈判的主动权，一般不会主动提出成交。但是顾客的购买意向总会通过各种方式表现出来，对于销售人员而言，必须善于观察顾客的言行，捕捉各种成交信号，及时促成交易。顾客表现出的成交信号通常有以下几类：

1. 语言信号。语言信号是指顾客在与销售人员的交谈中，从某些语言中流露出来的成交信号。顾客在跟销售人员讨论以下这些问题的时候，尽管没有明确地流露出想要成交的意思，但是销售人员也要抓住机会，运用语言技巧促使顾客达成交易。

（1）顾客对商品给予一定的肯定或称赞；

（2）顾客征求同伴的意见或者看法；

（3）顾客询问细节问题，如交易方式、交货时间和付款条件；

（4）顾客详细询问商品的具体情况，包括商品的特点、使用方法、价格等；

（5）顾客开始认真的讨价还价；

（6）顾客以假定的口吻或语句谈论自己将会获得的利益；

（7）了解售后服务事项，如安装、维修、退换等。

2. 行为信号。由于人们的行为习惯经常会有意无意地从动作上透露出一些对成交比较有价值的信息，当有以下信号发生的时候，销售人员要立即抓住良机，勇敢、果断地去试探、引导顾客成交。

（1）反复阅读文件、视听资料、说明书等相关宣传介绍材料；

（2）要求销售人员展示样品，并亲手触摸、试用产品；

（3）仔细查看合同条款。

3. 表情信号。表情信号是从顾客的面部表情和体态中所表现出来的一种成交信号，顾客的表情表明了顾客的想法，销售人员可以据此识别顾客的购买意向，一般而言，下列几种情况可视为促成交易的较好时机：

（1）顾客神态轻松，态度友好；

（2）顾客的表情变得丰富，由冷漠、怀疑、拒绝变为热情、亲切、自然；

（3）顾客在洽谈中面带微笑、下意识地点头表示同意；

（4）对产品的不足表现出包容和理解的神情。

4. 事态信号。事态信号是指销售人员在向顾客推销过程中，顾客随形势的发展和变化表现出来的成交信号。例如：

（1）主动变换洽谈场所；

（2）接受销售人员的重复约见或主动提出再次见面的时间；

（3）主动引荐本公司有决定权的负责人。

（三）促成交易的语言技巧

在与顾客沟通的过程中，销售人员应在适当的时机，启发顾客做出购买决定，销售人员要想与顾客沟通顺畅，就要具备良好的语言能力，灵活的成交语言对销售活动起到了很大的推动作用。

1. 运用请求成交法的语言技巧。请求成交法是指销售人员利用简单明确的语言，向顾客直截了当地提出购买建议，要求顾客购买商品的成交方法。销售人员在运用请求成交法时，要把握好时机，当顾客购买意向已经很明确或面对老顾客时运用这一方法是最合适的。请求成交的语言要简单、明确，不要向顾客提出容易做出否定答案的问题；语气要轻松、自然，不要让顾客感觉到压力；请求成交的语言要不卑不亢，既不强迫顾客成交，也不能让顾客感觉销售人员在乞求成交。如：“刘先生，既然您对我们的产品很满意，现在是不是可以签订协议了呢？”

2. 运用假定成交法的语言技巧。假定成交法是指销售人员假定顾客已经接受销售建议，而直接请求顾客购买商品的一种成交方法。这种方法使销售人员回避了顾客是否购买的问题，先假定顾客已经同意购买，从心理上影响顾客的购买行为。这种方法适用于依赖性强、性格随和的顾客。运用假定成交法时，销售人员尽量使用亲切、温和的语气，创造一个轻松的成交气氛；用语言描绘场景，将顾客拥有商品后产生的积极效果形象地描述出来；销售人员要以暗示性语言为主，减少顾客的心理压力。如：“万经理，您希望我们的工程师什么时候上门给您安装呢？”

3. 运用选择成交法的语言技巧。选择成交法是指销售人员为顾客设计出一个有效成交的选择范围，使顾客在有效的成交范围内进行选择的成交方法。这种方法是以假定成交法为基础，先假定成交，再选择方案，使顾客不是考虑“买不买”，而是决定“买哪个”“买多少”。运用选择成交法时，销售人员要让顾客感觉到主动权掌握在他们手中，调动顾客的积极性；要正确地分析和判断顾客的真正需求，提出适当的选择方案；提出的选择方案不宜过多，以免造成顾客举棋不定，影响成交。如：“您购买的这套住房想用公积金贷款，还是商业贷款？”

4. 运用小点成交法的语言技巧。小点成交法是指销售人员通过引导顾客解决次要问题，来促使成交的一种方法。从顾客的购买心理来讲，当做出重大的购买决策时，心理压力往往很大。小点成交法避免直接提出重大的、顾客比较敏感的成交问题，而是先与顾客讨论次要问题，减轻顾客的心理压力，再寻求机会达成交易。在运用小点成交法时，销售人员选择的次要问题要跟销售的主题有密切关系；与顾客讨论的问题可以是发货时间、付款方式等次要方面。如："我可以帮您申请分期付款，免利息、免手续费。"

5. 运用机会成交法的语言技巧。机会成交法是指销售人员向顾客提示最后的成交机会，促使顾客立即购买的一种成交方法。这种方法利用了顾客害怕"错失良机"的心理，给顾客造成"机不可失、失不再来"的危机感。销售人员在运用机会成交法时，要实事求是，不能用夸大的语言误导顾客；要清楚地向顾客陈述马上购买顾客将会获得哪些好处，不马上购买顾客将会失去一些到手的利益。如："今天是我们店庆的最后一天，全场5折，明天就恢复原价了。"

6. 运用优惠成交法的语言技巧。优惠成交法是指销售人员通过提供优惠的交易条件来促成交易的一种成交方法。它利用了顾客在购买商品时，希望获得更大利益的心理，实行让利销售，促成交易。运用优惠成交法，销售人员要把握好让利的尺度，让步幅度要小、不要一次就让到底价，留有让步的空间；不断提醒顾客，让顾客感觉到购买后得到的实惠；给顾客提供多种可供选择的优惠方式。如："看您很喜欢这款产品，价格上给您打个9折，希望您以后经常光顾。"

7. 运用从众成交法的语言技巧。从众成交法是指销售人员利用顾客的从众心理，促使顾客购买商品的一种成交方法。社会心理学研究表明，从众行为是一种普遍的社会心理现象。从众成交法正是利用了人们的这种社会心理，创造一种众人争相购买的社会气氛，促成顾客迅速做出购买决策。运用从众成交法销售产品时，可以发动语言攻势，利用使用过商品的顾客为佐证，宣传品牌，造成从众声势；寻找具有影响力的核心顾客，把销售重点放在说服核心顾客上，在争取到核心顾客的合作后，利用他们的影响与声望带动和号召大量具有从众心理的顾客购买。如："先生，这款手机是现在市场上销量最好的，很多像您这样的成功男士都选择它。"

案例阅读

促使顾客下定决心

销售员老黄去拜访某银行的一位姓郑的行长，推销电子记事本。

老黄向郑行长详细地介绍商品，并拿出样品给他做了一番演示后，说道："郑行长，使用电子记事本很方便，您说对吗？"

郑行长点点头说："是很方便。"

老黄接着说："其他几个分行行长都买了这种记事本，他们都觉得使用起来很不错。"

郑行长马上问："是吗？"

老黄："是的，而且这种产品目前是在推广期间，价格是很优惠的，推广期过后，价格就会上涨10%，这么好的产品，您为什么不马上就买呢？”

郑行长看着老黄，思考了一会儿，点点头说：“好吧，我买一台。”

案例思考：老黄在销售过程中运用了哪些成交语言技巧？

案例解析：老黄在销售电子记事本的过程中，首先采用了从众成交法，利用其他顾客的购买行为促使郑行长产生从众心理；接下来采用了机会成交法，告知郑行长，现在不马上购买，就会失去10%的优惠机会，使郑行长接受了老黄的推销，达成了交易。

任务分析

在任务描述中提到本次的任务是“给张丹出个好主意，帮助她做成这笔大生意”。

通过任务二的学习，我们了解到介绍商品、沟通洽谈、处理异议、促成交易的知识，也明确了要想成功地销售商品，必须借助销售人员良好的语言技巧去说服顾客。

张丹在向顾客介绍商品时，要多举实例告知顾客本店在采购过程中能为她们提供哪些便利和优惠条件，充分展示既得利益，如：“我们经营多个品类的文教产品，您选择我们，就不用担心各个学校的不同需求无法满足。”成交时可以采用“优惠成交法”和“机会成交法”相结合，为顾客提供一些优惠，使顾客感到这是合作的最佳时机。如：“今天能签单，以后供货全部九折。”

在销售商品时，销售人员可利用的语言技巧有很多，选择时要根据顾客的实际情况具体问题具体分析，才能顺利成交。

知识拓展

绝妙的销售句式

在销售过程中，尽量少使用“卖”“销售”这类容易让顾客产生警惕性的词语，更多地采用以下句式能给你的销售活动带来意想不到的变化。

第一：“拥有……”句式。拥有的欲望是一种强烈的渴望，是非常有力的购买力。设计一套“拥有”句式的销售语言技巧，使你能够加强顾客购买的欲望。

“您一旦拥有我们的产品，您就会看到它给您生活带来的变化。”

“当您拥有我们的产品，您就会知道它有多耐用。”

第二：“您会感觉到……”句式。持续地提醒顾客，你的目的不单单是卖东西给他，还要带给他美好的感受。

“您会感受到这套软件带给您无穷的智慧和极高的工作效率。”

“您会感受到这辆车给您带来的便利。”

销售人员要善于总结一些销售中常用的句式，好的语言技巧不是天生的，后天的积累十分重要，归纳那些帮助你销售成功的语句是明智的选择。

知识与能力训练

知识训练

一、填空题

1. 沟通洽谈的最终目的是（　　　　）。
2. 介绍商品时，最有效的秘诀是（　　　　）和（　　　　）。
3. 假定成交法是指（　　　　）。
4. 洽谈的内容包括（　　　　）、（　　　　）、（　　　　）、（　　　　）。

二、选择题

1. 顾客认为现在不是最佳的购买时间，这种异议属于（　　）。

A. 商品异议　　B. 财力异议
C. 购买时间异议　　D. 价格异议

2. 顾客询问交货时间和付款方式，属于成交信号中的（　　）。

A. 表情信号　　B. 语言信号
C. 事态信号　　D. 行为信号

3. 销售人员询问顾客："要买一个，还是两个？"这种成交法叫作（　　）。

A. 小点成交法　　B. 从众成交法
C. 假定成交法　　D. 选择成交法

三、简答题

1. 介绍商品的语言技巧有哪些？
2. 沟通洽谈的语言技巧有哪些？
3. 举例说明促成交易的语言技巧的运用。

能力训练

"不解风情"的推销员

吉格斯是美国的一名汽车销售员。有一天，一位顾客西装笔挺、神采飞扬地走进店里。吉格斯热情地接待了这位顾客，并为他介绍了不同品牌的车子，说明不同的车子的性能、特点。顾客频频点头、微笑，然后跟吉格斯一起从展示场走进办公室，准备办手续。顾客一边走，一边激动地说："你知道吗？我儿子考上医学院了，我们全家都非常高兴……"吉格斯不顾顾客的兴致，抢过话题继续介绍汽车的优良性能。没等他介绍完，顾客就又说道："我要买辆最好的车子，作为礼物送给我儿子……"吉格斯接着客人的话："我们的汽车无论是款式还是性能都是一流的……"顾客有些不高兴，没等他说完，就抢着说："我的儿子很厉害……"吉格斯又说："是啊，我们的车子也确实是最好的……"顾客的脸色越来越难看了，便对吉格斯说："你这个人怎么这样？就知道汽车！"说完，拂袖而去。

（资料来源：http：//wuxizazhi. cnki. net/Article/AZSR199908032. html。）

讨论：顾客为什么"拂袖而去"？分析吉格斯失败的原因。

（**提示**：请从"介绍商品""沟通洽谈"的语言技巧等角度进行分析。）

任务三 掌握售后语言技巧

任务目标

【知识目标】掌握售后服务的规范用语，了解售后服务的语言技巧

【能力目标】使学生具备处理售后问题的综合能力

【素质目标】树立"以顾客为中心"的理念，提升服务意识

任务描述

道格拉斯夫人在芝加哥的一家百货公司打折的时候买了一件大衣。当她回到家的时候，才发现衣服有一处已经开线了。于是，第二天，她又回到了这家商场，并要求售货员换一件新衣服给她。而那位连她的抱怨都不爱听的售货员，一边指着墙上的牌子，一边对道格拉斯夫人说："你买的是特价衣服，你难道没有看到那个牌子吗？所有衣服都只有最后一件！一旦你购买了之后，是不能退的，破了的地方，你回家用针线缝缝不就得了。真是的！"道格拉斯夫人十分不甘心，于是她接着说道："可是，这是一件残次品啊！"售货员还没有等道格拉斯夫人说完就不耐烦地说道："行了，就这样吧，你买的是最后一件，不能退了。"结果，道格拉斯夫人怒气冲冲地走出了那家商场，发誓以后再也不去那里买东西了。

（资料来源：http：//www. docin. com/p－579379450. html。）

道格拉斯夫人为什么会如此愤怒？面对道格拉斯夫人的要求，如果你是售货员，你会怎样处理？通过学习售货服务的方式和语言技巧，帮助道格拉斯夫人妥善解决这一问题。

任务学习

成功的销售人员把成交之后继续与顾客维持良好的关系视为销售的关键。他们信奉的准

则是："真正的销售始于售后"。售后服务，就是在商品出售以后所提供的各种服务活动。从销售工作来看，售后服务本身同时也是一种销售手段。在追踪跟进阶段，销售人员要采取多种售后语言技巧，通过售后服务来提高企业的信誉，扩大产品的市场占有率，提高销售工作的效率。

一、售后服务的规范用语

售后服务是商品销售的延伸，完善的售后服务会为企业树立良好的形象，售后服务工作应有规范的语言，才能给顾客留下专业的印象。

售后服务规范用语是售后服务工作的一个重要组成部分，它不仅体现了销售人员的个人修养和素质，还关系到服务质量的优劣，更与企业形象的好坏息息相关。

（一）送货服务的规范用语

对体积大、笨重、不易携带的商品或一次性购买数量较多的顾客，销售人员有必要提供送货上门的服务，方便顾客，对促进销售很有帮助。在约定时间到达指定地点后，出示证件并进行自我介绍，然后验货。

"您好！我是××公司的送货员，这是您购买的××产品，请验收。"

"数量是否正确，核对正确，麻烦您在送货单上签名，谢谢。"

"请问，商品要放在哪里？"

（二）安装服务的规范用语

有些商品在顾客购买后需要在使用地点进行安装，销售人员应安排专业安装人员上门帮助安装、调试，并提供相应的配件。安装人员到达指定地点后，自我介绍后请顾客验货，然后安装。

"请问您准备安装在哪里？"

"安装中需要收费的项目是……"

"安装完毕了，现在帮您试用，您看是否满意？"

（三）包装服务的规范用语

商品售出后，销售人员按顾客要求对商品进行包装，既保护商品、方便搬运，又使商品美观、精致，还可以在包装上印刷广告，宣传企业。

"请问，您的商品是否需要包装？"

"请选择样式和材料。"

（四）咨询服务的规范用语

对于技术性较强的商品，顾客对使用和故障排除等都不熟悉，存在困难，销售人员应随时接受咨询，加以指导，积极帮助顾客解决问题。

"您在使用过程中遇到什么问题？"

"我能帮您做些什么？"

（五）"三包"服务的规范用语

"三包"即包修、包换、包退，销售人员在顾客成交后，还要帮助顾客解决后续问题，这样可以解决顾客的后顾之忧，降低购买风险，让顾客放心购买。

"请出示您的购物凭证，我们将尽快为您处理。"

“请稍后，我将您的要求反馈到上级部门。”

（六）处理顾客投诉的规范用语

销售人员还要对顾客投诉妥善处理，提出解决方案，并对方案进行跟踪，直到达到顾客满意的效果。处理顾客投诉时更要注意语言的措辞规范，以免造成不必要的误会和麻烦。

“请允许我们进行调查后给您答复。”

“我能理解您的心情，您慢慢说。”

“很抱歉，我们一定给您一个满意的答复。”

案例阅读

苹果公司售后服务规范用语

苹果公司对于售后服务人员有着严格的要求：时刻注意自己的言行，严格遵守苹果星级服务规范，维护企业形象。

苹果要求售后服务网点工作人员必须使用规范用语，如：

“好的，您的问题我已经知晓，我会尽力帮助您。”

“很抱歉，给您的使用带来不便。”

“请问您的产品现在出现了什么现象?”

“您好，欢迎致电 APPLE，今天有什么可以协助您呢?”

案例思考：为什么苹果公司要对售后服务人员的语言做出严格的要求?

案例解析：苹果的售后服务人员就像流动广告牌，其形象代表着苹果公司的形象。因此，规范的服务用语能给顾客留下专业的个人形象，更容易取得顾客的信任。规范、专业的售后服务还会为销售人员以后的销售打下良好的基础，方便销售人员展开新一轮的销售。

二、售后服务的语言技巧

随着生产力水平的提高和市场经济的发展，产品的同质性越来越强，市场上可供顾客选择的商品也越来越多。企业不再单纯依靠产品取胜，现代销售进入了“比拼服务”的时代。销售人员为顾客提供的售后跟踪服务也是销售活动的重要组成部分，是销售工作的延续和下一步销售的开端。在日常销售工作中，售后服务往往要面对顾客的质疑和投诉，要想做到使顾客满意就要对销售人员的语言技巧提出更高的要求。因此，销售人员在为顾客提供售后服务时，应运用以下技巧：

（一）不打断顾客的抱怨

在处理顾客售后问题时，销售人员要耐心倾听顾客的抱怨，不要轻易打断顾客的叙述，更不要急于跟顾客争论，批评顾客的不足。而是要鼓励顾客倾诉下去，让他们尽情宣泄心中的不满，当他们得到发泄的满足后，就能耐心地听取销售人员的解释和歉意。

（二）语气要诚恳、谦和

顾客有抱怨和投诉就代表他们对产品或服务有不满，此时销售人员对待顾客的语气和态度就会影响到他们的心理感受。因此，销售人员与顾客交谈的语气要谦和友好、态度要诚恳、热情，促使顾客平和心绪，理智地与销售人员协商解决问题。

（三）及时表达歉意

在处理顾客投诉时，销售人员切忌推卸责任，要巧妙地运用语言技巧加以缓和，将问题平息在“萌芽”状态。销售人员在顾客情绪激动时，要用“非常抱歉”“真是对不起”等语言来平息顾客的怒火，待顾客情绪较稳定时，再商谈投诉的问题。

（四）语言要委婉

顾客表达不满时，言辞可能会过激，如果销售人员针锋相对的话，问题非但得不到解决，反而会增添误解。所以，销售人员在解释问题的过程中，措辞要注意，要合情合理，得体大方。尽量用婉转的语言与顾客沟通，即使顾客的做法存在不合理之处，也不能指责顾客。

（五）售后语言的禁忌

销售人员在售后服务过程中的每一句话都应该亲切、和蔼，体现对顾客的尊重。如果在沟通过程中，销售人员语言不当，很容易激化矛盾，因此在与顾客的交流中尽量避免一些语言，如：“不可能，以前从来没有这种情况发生”“这种问题与我们无关”“这种问题我不清楚”“我们没有这方面的规定”等。

案例阅读

都是酸奶惹的祸

一天，某乳品厂接待了一位怒气冲冲的消费者，这位顾客在喝酸奶时喝到嘴里一小块碎玻璃。顾客一开口便火药味十足：“你们难道就只顾挣钱，把消费者的健康、安全置之度外？这块碎玻璃足以让人丧命！”销售人员连忙关切地询问：“碎玻璃有没有伤着您什么地方？要不要我陪您去医院检查一下？”当得知顾客并未受伤，销售人员又说：“那真是不幸中的万幸，如果是老人，特别是孩子喝到这瓶酸奶，那可就糟糕了。”听到这里，顾客的怒气渐消，销售人员又真诚地说：“今天您来反映我们酸奶的质量问题，真是对我们的关心，我代表公司谢谢您了！”之后，销售人员与顾客交换了联系方式，承诺该事故若造成伤害，乳品公司负全责。同时建议这位顾客到生产车间去看看，请他多提宝贵意见，并保证今后不再出现类似的事故。

（资料来源：http：//wenku. baidu. com/view/c9c35e0ebb68a98271fefa41. html。）

案例思考：上述案例中，销售人员是如何化解顾客投诉的？

案例解析：面对顾客愤怒的投诉，销售人员没有争辩，而是承认事实，并用诚恳的语言对顾客表达了关心。待顾客怒火平息后，真诚地向顾客表达歉意，对顾客表示感谢，并提出了积极的解决方案，使顾客满意而归。

任务分析

任务描述中，道格拉斯夫人的愤怒是由于销售人员不负责任的态度和生硬的语言。通过任务三的学习，我们了解到面对售后问题，销售人员应运用语言技巧化解矛盾，不打断顾客的抱怨；语气要诚恳、谦和；及时表达歉意；语言要委婉；不要使用禁语。

面对道格拉斯夫人的要求，销售人员应该正视产品的质量问题，承认事实，并诚挚地表达歉意，积极为顾客解决问题。销售人员可以这样处理："对不起，夫人，我为给您造成的麻烦深表歉意。这件衣服是特价品，只剩下这一件，没办法给您换货了。您看，请您再挑选一件同等价位的衣服，可以吗？"

知识拓展

处理顾客投诉的十大技巧

做好售后工作并不难，妥善处理顾客的投诉很重要，提高销售人员的服务意识，才能做让顾客满意的企业。在处理顾客投诉时，可采用以下技巧：

一、诚意对应道声谢，真诚说声对不起。——真诚致歉

二、将心比心同情心，虚怀若谷化情绪。——化解不满

三、认真倾听顾客说，弄清缘由细分析。——认真倾听

四、提供台阶送正确，立即行动莫迟疑。——及时处理

五、承认错误要坦诚，道歉熄火要适时。——承认事实

六、赔偿损失要彻底，减少伤害是第一。——积极赔偿

七、商品知识要学习，不明事情不随意。——熟悉商品

八、对待工作要反思，多从自身找问题。——经常自省

九、诉客变成忠诚客，举一反三提品质。——顾客培养

十、抱怨信息做资源，顾客忠诚是目的。——巧妙利用

知识与能力训练

知识训练

一、填空题

1. 售后服务是销售活动的（　　　　）。

2. 售后服务是指（　　　　　　　　　　　　）。

3. 三包服务是指（　　　　）、（　　　　）、（　　　　）。

4. 售后服务包括（　　　　）、（　　　　）、（　　　　）、（　　　　）、（　　　　）、（　　　　）。

二、选择题

1. 当顾客不断表达不满时，销售人员应该（　　）。

A. 打断顾客　　B. 认真倾听　　C. 马上辩解

2. 当顾客的投诉属实时，销售人员应该（　　）。

A. 及时致歉　　B. 掩饰责任　　C. 不予理会

3. 销售人员在处理顾客投诉时，语气和态度应当（　　）。

A. 强硬　　B. 诚恳　　C. 敷衍

三、简答题

1. 售后的语言技巧有哪些？
2. 当顾客要求退货时，销售人员应如何应对？
3. 顾客情绪激动时，销售人员要怎样做？

能力训练

“变脸”苹果

春节前夕，某顾客来到一大型超市，准备买些苹果送给亲戚。开始选苹果时，开箱看到苹果个个红润且大小均匀，非常美观，就买了三箱。不料，过了一天，顾客怒气冲冲地带着三箱苹果找到店里，跟销售员投诉道：“你们家的苹果真是太差劲了，第一层看着很好，可第二层苹果又小，品质也不好，这不是欺骗消费者吗？你们一定要给我一个合理的解释。”

（资料来源：http：//www. doc88. com/p－870818085141. html。）

讨论：如果你是销售员，面对顾客的投诉，你会怎样处理呢？

（**提示：**试从“售后语言技巧”的角度帮助销售员解决这一问题。）

项目实战

本项目主要学习以下内容：

售前语言技巧包括约见顾客的技巧和接近顾客的技巧。约见顾客时，要事先设计好约见顾客的语言；巧妙利用引荐人的语言；语言简练地介绍商品特色；运用能够激发顾客兴趣的语言；多使用选择性的语言。接近顾客时，可以运用介绍接近法、利益接近法、好奇接近法、震惊接近法、赞美接近法、问题接近法、请教接近法等。

售中语言技巧包括介绍商品的技巧、沟通洽谈的技巧和促成交易的技巧。介绍商品时，要用专家的口吻；语言要讲究条理；多举实例进行说明；还可以借助名人效应。沟通洽谈时，要多用事实说话；语言掌握分寸；用语言描述顾客购买后的画面；适当时机提示顾客购买；用迂回的方式处理顾客异议。促成交易可以采用请求成交法、假定成交法、选择成交法、小点成交法、机会成交法、优惠成交法、从众成交法等语言技巧。

售后语言技巧要记住不打断顾客的抱怨；语气要诚恳、谦和；及时表达歉意；语言要委婉。

项目实战就是针对本项目中所涉及的理论知识，结合任务所要达到的知识、能力、情感与价值观的目标，设计的综合性的课堂活动。

实战一　商品介绍训练

【实战内容】采用实地观察法，利用假期，到商场观察销售人员如何销售商品，作为参考。并根据本项目所学习的介绍商品的语言技巧，练习以下销售任务：

1. 在卖场进行服装销售；
2. 上门推销办公设备。

【实战目标】能够运用具有吸引力的销售语言，清楚介绍所要销售商品的特征。

【实战要求与步骤】

1. 到商场观察销售人员的销售活动，并形成文字材料；
2. 根据所学知识，分析销售人员的语言技巧；
3. 自己尝试介绍商品，并与同学交流。

实战二　模拟销售训练

【实战内容】习近平总书记在党的二十大报告中强调：“必须牢固树立和践行绿水青山就是金山银山的理念，站在人与自然和谐共生的高度谋划发展。”黑龙江作为自然资源大省，要坚定不移走生产发展、生活富裕、生态良好的文明发展道路，建设人与自然和谐共生的现代化。请选择一种龙江特色绿色产品，根据事先设计好的销售场景，模拟销售过程。

【实战目标】灵活运用销售语言技巧解决实际问题，成功销售商品。

【实战要求与步骤】

1. 将学生分为若干小组，每组4～6人；
2. 设计销售场景，由小组进行讨论，分配角色；
3. 模拟完整的销售活动，练习不同阶段的销售语言；
4. 在班级进行表演，由教师加以点评。

项目三　拓展阅读

项目四
4 感受销售语言的艺术

案例导入

问对问题知需求

销售员E曾是家具行业最有名的销售人员之一。他优秀业绩的取得，最主要秘诀就是，他能够通过恰当的发问，让对方多说，自己倾听，并用问题来引导，最终发现顾客的需求，从而获得订单。

一次，一家大型百货商场家具部将要开业，当时还是某家具生产企业员工的销售员E，敏锐地了解到了这个信息，并通过电话预约到了该商场的负责人。双方约好了面谈时间，很快就见面了。下面是双方交谈的经过：

销售员E：“您好，李先生，首先要感谢您给了我介绍我们产品的机会。”

商场负责人李先生：“欢迎你的到来。”

销售员E：“咱们能先谈您的生意吗？那天咱们在电话里交谈时，您曾向我透露过，您计划销售坚固且价钱合理的家具。不过，我还想进一步知道，您期望的是哪些款式，您销售的对象是哪些人，还有，您能谈谈您的构想吗？”

李先生：“你可能也了解，我们商场附近住着不少年轻人，他们通常喜欢逛组合式家具连锁店。但是，在城区的另一块，住着很多的退休老人，比如我母亲就住在那里。去年，她很想买家具，但是她觉得组合式家具太花哨了；另外，她也买不起那些高级家具，尽管她也有固定收入。她的烦恼是，以她的预算，很难在这个城市里买到款式好并适合她的家具。她告诉我，她的很多朋友都有这方面的困扰，这是一个普遍问题。于是，我便做了一个调查，发现我母亲说得很对，因此，我的商场里家具这方面，锁定的就是这群人。”

销售员E：“您的意思是说，高龄用户考虑的最重要因素是家具的耐用性，对吗？”

李先生：“对，我们的顾客成长的年代有别，因此他们希望自己的用品能够常年如新。例如，我奶奶家的家具，她在上面铺上了塑料布，一用就是30年。虽然，我也明白，我的这种物美价廉的需求对于生产厂家而言，是有点强人所难，但是我还是认为，一定会有厂商愿意生产这类家具的。”

销售员E（肯定的眼神）：“这是肯定的。那么，我能再问您一个问题吗？”

李先生（点头）：“你问吧。”

销售员E：“您所说的价钱不高是多少？比如，您认为顾客愿意花多少钱去买一张沙发？”

李先生（笑了起来）：“原谅我没有把话说清楚。我不会买进一大堆便宜的冒牌货，也不会采购一批‘古董’。我个人认为，只要顾客能够确定这东西能够用得很长时间，他们便能接受2000～3000元之间的价格。”

销售员E：“太好了，李先生，我们企业一定能够帮得上这个忙！请允许我再占用您几分钟，谈以下两点：第一，我们企业生产的‘典雅系列’，无论从外观还是品质上，都能够符合您锁定的顾客群的需要，至于您提到的价钱，我们有绝对的信心能够确保得了。第二，我们可以谈谈这套产品更人性化的设计和优点，那就是永久性防污处理。这项技术使得家具不沾尘垢，清洁非常方便。这些我们可以在接下来的合作中进行详细全面的了解，您觉得如何？”

李先生：“好的，没问题。”

（资料来源：http://blog.china.alibaba.com/article/i4879350.html。）

案例思考： 想一想，销售员E是怎样了解到百货商场家具部的需求的？

提示： 从销售员E有效的提问技巧进行思考。

项目导学图

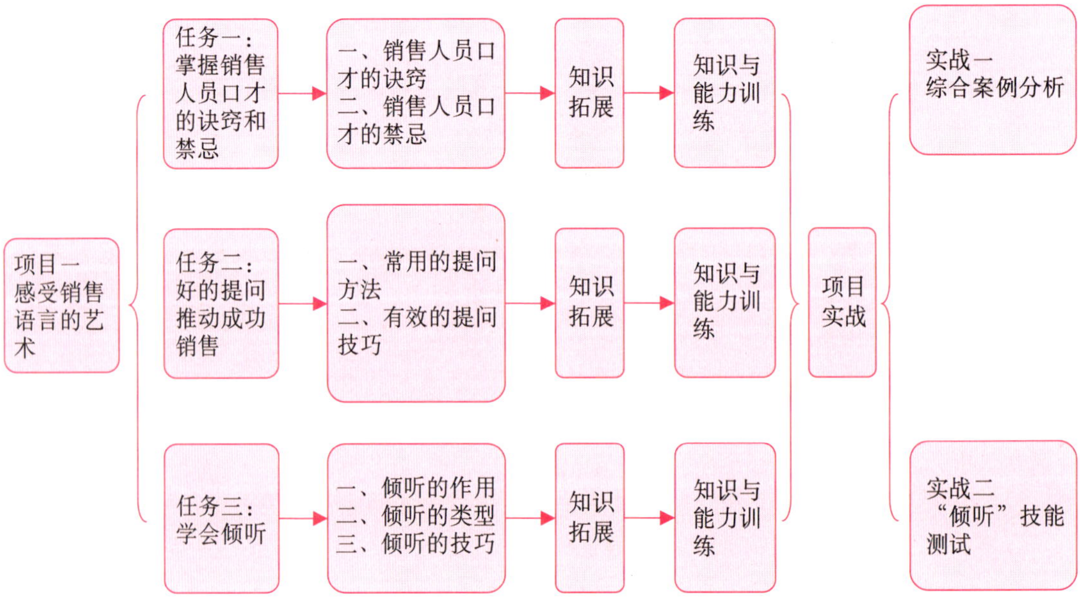

任务一
掌握销售人员口才的诀窍和禁忌

任务目标

【知识目标】了解销售人员的口才的禁忌，掌握销售人员口才的诀窍
【能力目标】能说，会说，说到顾客心理；能听，会看，掌握顾客行为；能讲，会讲，讲出高效业绩
【素质目标】激发学生对销售的信心，使学生了解销售这一职业的特点和职业价值，树立以消费者为核心的正确职业观

任务描述

两种销售情景差别大

情景一：

凯文是一家机械设备公司的销售人员，一天，他上门拜访一位客户，在之前，他已经通过其他途径对客户做了一定的了解：

销售人员："您好，我是××机械公司的销售人员。我们公司生产的机械性能好，价格公道，不知道您之前是否听说过我们公司的产品?"

客户："听说过，不过还不是太了解……"

销售人员："其实不少知名企业都是我们的客户，我们的产品……这是产品的相关资料。您觉得我们的产品怎么样?"

客户："这个……我先看看吧，还可以。"

销售人员："请问您是觉得产品哪些方面存在问题吗?"

客户："没有……"

销售人员："那么您打算什么时候签署订单呢?"

客户："这个，我们暂时还没有这个想法……"

销售人员："那您还有什么不清楚的地方吗?"

客户："不，我还需要和公司领导再商量一下……"

情景二：

销售人员："您好，我听说你们准备购进一批机械设备，请问您是否能够说一说最符合

您公司要求的产品都应该具备哪些特征呢?”

客户：“性能好，耐用，易于清理，价格公道，售后服务周到……”

销售人员：“我们公司非常希望与贵公司取得合作，不知道您对我们公司的产品印象如何?”

客户：“你们的产品我倒是听说过，不过不知道具体怎么样，我们的那些标准是否都能符合?”

销售人员：“如果我们的产品能够达到您所要求的所有标准，并且让贵公司的生产效率大大提高，您是否有兴趣了解一下我们产品的具体情况呢?”

客户：“是吗? 那我倒是有兴趣听一听。”

销售人员：“我们的产品……这是产品的相关资料，请您过目。”

在经过一段时间的交谈后，客户已经对产品有了较为深入的了解并有了较为浓厚的兴趣。

客户：“哦，不过在运输的问题上你们真的能保证时间吗?”

销售人员：“对于产品的运输问题，其实您完全不用担心，只要订单签好，我们都会在一个星期之内将产品送上门。那么，您打算什么时间签署订单呢?”

客户：“哦，是这样啊。那么就下周一吧。”

销售人员：“好的，如果您对这次合作满意的话，一定会在下次有需要时首先考虑我们，对吗?”

（资料来源：王宝玲：《超级销售口才训练》，中国纺织出版社 2009 年版。）

同学们，“情景一”销售人员不成功的原因是什么，而“情景二”销售人员成功的原因又是什么?

任务学习

口才是销售人员梦想成功的基石。拥有口才，不愁商品推销不出；拥有口才，不怕市场拓展不开。一名优秀的销售人员就像是一位无所不能的魔术师，他能用绝妙的语言技巧将顾客吸引住，用精彩的示范表演赢得顾客的信任，用热情的推销态度去打动顾客。做到这一点并不难，只要在实践中注重加强口才训练，掌握正确的训练方法，即使你天生笨嘴拙舌、不善言谈，也会成为一名善于说服顾客、懂得如何与客户沟通的出色的推销高手。

一、销售人员口才的诀窍

（一）说好第一句话，留下听众

无数事实证明，能否真正吸引顾客的注意力，第一句话是十分重要的，它的重要性不亚于宣传广告。如果第一句话不能有效地引起顾客的兴趣，那么就很难继续谈下去。第一句话一定要能打动人心，否则就不能留下听众。为此需要刻意营造一个宜人的语言环境。可以利用人们的从众心理引发顾客的购买动机；可以通过适度的赞扬满足顾客内心潜在的自尊需求，使之产生“都是自己人”的认同感和亲近感；可以从实惠、便宜、安全等功利角度激发顾客的兴趣及至购买欲望。

案例阅读

推销员的第一句话

下面是推销员上门推销与消费者说的第一句话。推销员甲的第一句话是："家里有高级食品搅拌器吗?"推销员乙的第一句话是："我想来问一下，你们是否愿意购买一个新型的食品搅拌器。"推销员丙的第一句话是："你需要一个高级食品搅拌器吗?"

案例思考：在本例中推销员甲、乙、丙的第一句话谁的最好?

案例解析：推销员甲的第一句话最好，甲的问法是要对方回答是"有"还是"没有"。当然这几乎是明知故问，但这个问题问得好，有两个好处：一是没有使顾客立刻觉得你是向他们推销东西的。因为人们讨厌别人卖给他们什么，而喜欢自己去买什么。二是甲的问法并没有问顾客买还是不买，因此客户会产生兴趣，看看高级的搅拌器究竟高级在什么地方。相反，乙和丙的问法，没有真正替客户设身处地着想，而主要是从自身推销的目的而发问的。

（二）语言要通俗化，少用专业术语

通俗性的语言容易为人们所理解和接受。一般来说，顾客对推销品的知识缺乏了解，尤其是一些技术性能复杂的产品，顾客更是一窍不通。所以在推销语言中要尽量避免使用专业术语，以免顾客莫名其妙，如坠云里雾里，发生信息沟通渠道受阻的现象。

案例阅读

"如此专业"

某公司刚搬到一个新的办公区，需要安装一个能够体现该公司特色的邮件箱，于是便咨询了一家公司。接电话的小伙子听了该公司的要求，便坚持认定该公司要的是他们公司的CSI邮箱。

这个CSI搞得咨询人员一头雾水，咨询人员问这个销售人员这个CSI是金属的还是塑料的？是圆形的还是方形的？

这个销售人员对于咨询人员的疑问感到很不解。他对咨询人员说："如果你们想用金属的，那就用FDX吧，每一个FDX可以配上两个NCO。"

CSI，FDX，NCO这几个字母搞得咨询人员一头雾水，咨询人员只好无奈地对他说："再见，有机会再联系吧!"

案例思考：咨询人员为什么不继续洽谈订货?

案例解析：公司要买的是办公用具，而不是字母。如果这位小伙子说的是英语、法语或日语，咨询人员也许还能听出点道道，但是这些代码使咨询人员一头雾水，而且咨询人员也不大好意思承认自己一点也搞不懂这些代码，算了吧，给自己留点面子，去其他家买吧!

所以，一个销售人员首先要做的就是要用客户明白的语言来介绍自己的商品。

（三）善于倾听

古希腊有一句民谚说：“聪明的人，借助经验说话；而更聪明的人，根据经验不说话。”西方还有一句著名的话：雄辩是银，倾听是金。中国人则流传着“言多必失”和“讷于言而敏于行”这样的济世名言。

1. 雄辩是银，倾听是金。在销售中，这句话是非常有用处的。若是在给顾客下订单时，对方出现了一会儿沉默，你千万不要以为自己有义务去说些什么。相反，你要给顾客足够的时间去思考和做决定。千万不要自作主张，打断他们的思路，否则，你会后悔的。

在从事销售时，有的推销员脑子里会有这样一种错误想法，他们以为沉默意味着缺陷。可是，恰当的长时间的沉默不但是允许的，而且也是受顾客欢迎的。因为这可以给他们一种放松的感觉，不至于因为有人催促而做出草率的决定。

当顾客说“我考虑一下”时，我们一定要给予他充足的时间去思考，因为这总好过于“你先回去吧，我想考虑好了再打电话给你吧。”别忘了，顾客保持沉默时，就是他在为你考虑了。相比较而言，顾客承受沉默的压力要比我们承受的还要大得多，因此，让顾客多沉默一会儿，倾听对方的考虑吧。

倾听是一种礼貌，是一种尊敬讲话者的表现，是对讲话者的一种高度的赞美，更是对讲话者最好的恭维。倾听能使对方喜欢你，信赖你。

每个人都希望获得别人的尊重，受到别人的重视。当我们专心致志地听对方讲，努力地听，甚至是全神贯注地听时，对方一定会有一种被尊重和重视的感觉，双方之间的距离必然会拉近。

2. 倾听是最好的恭维。人们都很喜欢别人认真地倾听他们讲的每一句话，那样会给人一种受重视的感觉，他们认为，这种人是最会关心他们的人，是欣赏他们的人，是尊重他们的人。

众所周知，汽车推销员乔·吉拉德被世人称为“世界上最伟大的推销员”。他曾说过：“世界上有两种力量非常伟大，其一是倾听，其二是微笑。倾听，你倾听对方越久，对方就越愿意接近你。据我观察，有些推销员喋喋不休，因此，他们的业绩总是平平。上帝为什么给了我们两个耳朵一张嘴呢？我想，就是要让我们多听少说吧！”

3. 听出对方的弦外之音。人们在语言表达的过程中，常常会或夸大其词、或委婉含蓄、或指东说西、或言不由衷，作为销售人员就要用心体会，从顾客的立场听出其弦外之音。

（四）及时提问

在销售工作中，“设问”是所有销售说服的关键，极其的重要。如果世界上只有一个快速提升业绩的方法，那就是——“设问”！

作为从事销售行业的人，你跟顾客说再多的东西，能够停留在其头脑中的，也只是一点点。但是，若你能问他问题，他就没有办法去想别的事情。若我们向他提问，就相当于把关注的目光转移到他身上了。在任何一个说服过程中，有效的多是用问的，而不是用说的，销售过程中我们也要多问少说。

只要有经验的销售者都知道，问在销售过程中的作用是极其重要的。只有问得多，顾客才会说得多，从他的嘴里传达出来的信息才会多，当销售人员掌握了大量的有关信息后，销售活动的成功概率才会更大。

案例阅读

询问时要察言观色

李老太的儿媳妇怀孕有两个多月了，这几天胃口一直不太好，老想吃酸的。李老太想，可不能亏待了我没出世的小孙子，儿媳妇的营养一定要加强。想着，李老太就来到了李子摊前。李子摊王老板一见有顾客来，马上热情地招呼："新上市的李子，要不要?"李老太看了看，问道："这李子怎么样?"王老板马上说："我的李子个大味儿甜，您老来二斤?"李老太左摸摸，右看看，李子的确是又大又红，李老太却摇摇头说："我再转转。"

李老太又来到了张老板摊前，张老板见李老太面带喜色，肯定家有喜事，便问道："老太太，什么事这么高兴?"李老太乐呵呵地说："就要抱孙子了，能不高兴吗?"张老板马上说："恭喜！恭喜！儿媳妇几个月了?""都俩月了。"李老太笑得合不拢嘴。"那可得加强、加强营养，喜欢吃酸的吧?""是啊！是啊！这两天就想吃酸的。"张老板顺势说道："我这个李子够酸，而且很有营养，您儿媳妇吃了，一准给您生个大胖小子。""是吗? 那给我来两斤。"李老太高兴地买了李子，哼着小曲回家了。

（资料来源：http：//www. cqread. com。）

案例思考：王老板的李子又大又红又甜，为什么老太太不买? 张老板为什么把李子卖出去了呢?

案例解析：因为王老板一心想着卖李子，却没有考虑对方的需求。因为张老板善于察言观色，善于询问，投其所好，主动销售，满足了老太太儿媳想吃酸东西、自己急着抱孙子的心理需求。

（五）多用赞美

好话人人都爱听，在销售过程中，几句中肯的赞美能够将销售人员和客户之间的距离拉近很多。

1. 赞美要发自内心。赞美要发自内心，要真诚，否则效果会适得其反。赞美客户时，最好能找出其可能被人忽略的特点，这能让客户感觉到你说的话是真诚的。

我们要善于找到对方的亮点。

当我们到朋友家里做客时，看到朋友家客厅的墙上有一幅山水画，我们往往会情不自禁地赞许道："这幅画真不错，给这客厅平添了几分神韵，显出了几分雅致，谁买的? 眼力可真好!"

也许，这句话只是我们不经意间随便说出来的，但我们的朋友会感到很欣慰，心中的滋味一定很不错。

对于业务人员，和顾客初次接触也可以这样。一番寒暄过后，身旁的一切都可以成为恭维的话题。可以对接待室的装潢设计赞叹一番，还可以具体地谈及一下桌上、地上或是窗台上的花卉或盆景等，这些花卉和盆景造型如何新颖独特、颜色亮度等又是如何搭配得当，甚至还可以对它们的摆放位置用"恰到好处，错落有致"一类的词语来形容一番。

然而，想象力丰富和具有创造精神的业务员经常能找出对方的亮点，并加以巧妙赞美。因为赞美是说给人听的，赞美物件时，必须与人挂上钩，我们只是称赞东西有什么特色，是无法突出对人的赞赏的。要紧紧盯住对方的知识、能力和品位进行称赞。

如果我们喜欢我们的顾客，就不难发现他值得赞美的地方。

2. 赞美要把握分寸。赞美实际是向对方表示一种肯定、理解、欣赏和羡慕。对方从我们的话中领会到的就是这些。如果赞美不当，就如隔靴搔痒，起不到什么作用。如果不是真心的，赞美过火，可能会让人反感，觉得我们是在拍马屁。

3. 赞美要选对目标。赞美一个人引以为荣的事情，是赞美的最关键技巧，也是赞美高手秘不二传的"杀手锏"。

当我们的赞美正合对方心意时，会加倍成就他们自信的感觉，这的确是感化人的有效方法。换句话说，能挠到对方的痒处的赞美，作用最大。

如何赞美别人，下面几点还是可以参考的：

（1）赞美事实而不是人。要是我们把赞美的焦点放在了别人所做的事情上，而不是他们本身，他们就会更容易接受你的称赞，而不会引起尴尬。例如，"玛丽，你的书写得真好"要比"玛丽，你真棒"让人容易接受；而"杰克，你昨天在大礼堂的演讲非常精彩"比"我实在找不出一位比你更好的演讲家了"更要让杰克觉得自豪。

（2）赞美要具体。当赞美的对象是针对某一件事情时，赞美会更有力量。称赞得越广泛越庞杂，它的力量就越弱。因此，赞扬别人时，要针对具体的某一件事情。例如，"比尔，你今天的穿戴非常得体，你的领带跟你的黑色西服很搭配。"要比"比尔，你今天穿得很好看"更能说到比尔的心里去；而"玛丽，你每次和人们说话时，都能让他们觉得自己很重要"就比"玛丽，你很会与人相处"更有力量。

（3）掌握赞美的"快乐习惯"。每一次赞美别人时，不但对方快乐，同时也会使你获得满足。这里有一个人性规律：若你不能为任何人增加快乐，那么，你就不能为自己增加快乐！因此，每天至少赞美三个人，那么，你将感受到自己的快乐指数也在不断上升。

把赞美当作是一个快乐游戏吧！经常留意那些可以赞美的好事，它是会增强你的积极心态的。你会越来越惊喜地发现，自己周围有许多你以前从没有注意到的快乐！

赞美别人是一个人际关系的技巧，赞美别人更是一个使你快乐的习惯！

（六）避免命令式，多用请求式

命令式的语句是说者单方面的意思，没有征求意见，就强迫别人照着做；请求式的语句则是以尊重对方的态度，请求别人去做。

请求式语句可分成三种说法：

肯定句：请您稍微等一等。

疑问句：稍微等一下可以吗？

否定疑问句：马上就好了，您不稍微等一下吗？

案例阅读

如何回答顾客问题（一）

顾客问推销员："你们厂生产的牙膏还有没有货？"

推销员甲："没有了，这个问题下个月谈。"

推销员乙："本厂牙膏已全部订出去了，不过我们已在加班生产，您愿意等几天吗？"

案例思考：哪个推销员能留住顾客？为什么？

案例解析：推销员甲用的是命令式的语句，令顾客不舒服而转向别的厂。推销员乙用的是请求式语句，这样的答复就会挽留住一位顾客。

（七）少用否定句，多用肯定句

肯定句与否定句意义相反，不能随便乱用，但如果运用得巧妙，肯定句可以代替否定句，而且效果更好。

案例阅读

如何回答顾客问题（二）

顾客："这件衣服有其他颜色的吗？"

回答一："没有。"

回答二："真抱歉，这件衣服目前只有黑色的，不过，我觉得黑色感觉比较稳重，与您的气质挺配，您可以试一试。"

案例思考：试比较上述两种回答的效果。

案例解析：回答一是否定句，顾客听了这话，一定会说："那就不买了"于是转身离去。回答二是一种肯定的回答。虽然两种回答都承认没有其颜色的，但否定似乎是拒绝，而肯定给人一种温和的感觉。

二、销售人员口才的禁忌

（一）忌用嘴而不用脑

推销应以顾客为中心。用顾客的语言和思维顺序来介绍产品，安排说话顺序，要注意顾客的表情，应保持商量的口吻。

案例阅读

禁语（一）

推销员哈灵顿和客户福斯特的电话对话。

“福斯特先生，您好！”

“请问您是哪位？”

“我是锐意自动化控制公司的推销员，我想向您推荐一整套开源节流的计划。”

“具体是什么事？”

“我们愿意对贵公司目前的财务状况作一个评估，并告诉您如何使用我们的‘优选控制管理法’来盘活你们库存资金的25%。”

“哦，是这样。”

“但是，在您得到这项服务之前，我们要收取500元的预付金，如果从给你们带来的效益看，这可不是用区区500元可以计算的。我想我们是否约个时间当面谈谈，您看……”

“对不起，你说的这件事我目前并不感兴趣，再见！”

（资料来源：《金牌销售人员常用七大说话秘诀：会说话拿订单》，http：//www. cqread. com。）

案例思考：推销员哈灵顿的表达有什么问题？

案例解析：在这个案例中，客户福斯特并不了解推销员哈灵顿及他推销的产品的具体情况，哈灵顿也从来没有向客户递送过一份有关该项服务的说明。换言之，对客户来说，这项服务还非常陌生。这时哈灵顿就贸然地说出什么“盘活资金”的话，令客户感觉“你是在说我的公司的经营管理很差”或者“你们的经营管理比我们更有效，更节省成本，我应该接受你们的指点”。在推销员和客户还没有熟悉的时候，推销员在案例中说的话，是很容易给客户一种推销员“居高临下”的感觉的，甚至会让客户听完之后有一种受辱感。

当然，如果推销员非要介绍自己的产品也可以，但应该说得巧妙和圆滑一点。比如，他可以这样说：“有许多客户，他们都愿意花一些时间和精力用我们提供的‘优选控制管理法’去整理他们的库存，从而让滞留的资金顺利地流通起来。正如您所知道的，如果钱不发挥其应有的作用，就体现不了其实际价值。”

如果你要向客户收订金，也不是不可以，但尽量不要像案例中哈灵顿那样说，而要换一些客户比较容易接受的方式说。要知道，“在您得到这项服务之前，我们要收取500元的预付金，如果从给你们带来的效益看，这可不是用区区500元可以计算的。”这句话显得很唐突，客户一听就感觉你是在变相宰人。

在不恰当的时候说不该说的话，是推销员哈灵顿与客户沟通失败的主要原因，会说话，就是把话说到点子上。

（二）忌用嘴而不用耳

要把握“说三分，听七分”的原则，注意倾听顾客的要求，所谓言多必失，销售人员应该谨记这一条。

案例阅读

禁语（二）

“凶狠的客户”禁语

某电话公司曾碰到一个凶狠的客户，这位客户对电话公司的有关工作人员破口大骂，怒火中烧，威胁要拆毁电话。他拒付某种电信费用，他说那是不公正的。他写信给报社，还向消费者协会提出申诉，到处告电话公司的状。电话公司为了解决这一麻烦，派了一位最善于倾听的“调解员”去会见这位惹是生非的人。这位“调解员”静静地听着那位暴怒客户的大声申诉，并对其表示同情，让他尽量把不满发泄出来。3个小时过去了，调解员非常耐心地静听着他在发牢骚，此后还两次上门继续倾听他的不满和抱怨。当调解员再次上门去倾听他的牢骚时，那位已经息怒的顾客把这位调解员当作最好的朋友看待了。

（资料来源：“魔鬼推销训练营”管理资料下载 http：//www. downhot. com/guanli/6815490. html# down。）

案例思考：调解员是如何平息客户的怒火的？

案例解析：调解员利用了倾听的技巧，友善地疏导了暴怒顾客的不满，尊重了他的人格，并成了他的朋友，于是这位凶狠的客户也通情达理了，自愿把所有该付的费用都付清了。矛盾冲突就这样被彻底解决了。

（三）忌用嘴而不用手

销售人员在介绍产品时，应尽量用手进行示范，现场对产品进行操作，把商品的性能、特色、优点直观地展示给消费者。

案例阅读

禁语（三）

“走街串巷”的小贩

“有人在吗?”她声音嘹亮，热情洋溢。还未等太太把门打开，她便推开了门。

“真对不起，门一推就开了。”推销妇人很大方地解释道，随即爽快地到门里，把包袱从肩上卸下来，简直就像走亲戚似的。

“太太，我今天给您捎来了海带，是海底野生的，不是人工养殖的！很好吃。”话语之间让人感到是曾经专门托她带来似的，而事实上根本不是这么回事。接着，她还从包袱里拿出了花生、蚕豆、鱿鱼干等等可以当下酒菜的东西摆在门厅的地板上。

“今天我只带了两包，第一包一下子就卖了，太太……”

她的言语充满着自信心和说服力，让你从感情上觉得不买说不过去似的，只有买下来才能对得起她，又好像她与自己是好久未见的朋友。

这位推销妇人从一开始就给人以一见如故之感，而且自始至终她都能控制着销售气氛和进程，不是实在高明吗？

（资料来源：e书联盟整理 www. book118. com。）

案例思考： 这位走街串巷的妇人推销员给我们什么启示？

案例解析： 有时销售人员的语气不要太客气，要使顾客对你一见如故。过分客套反而拉开你与顾客间的距离。不要光顾说话，要把握时机来展示你的商品，让他去听、去看、去摸……把他的兴趣很快变成欲望。不要说“买不买……”，要像这位妇人的语气：“我给您捎来了……”，“这不，现在就卖完了……”，言语间充满了暗示和诱导。

不要让对方有机会说“不”，要从头到尾控制着买卖的气氛和进程，就像这位妇人似的。

（四）忌与顾客争论

一般来说，消费者的观念有正确的，也有错误的。然而，就算错了，也决不能与其争论；而应充分地尊重顾客，多用礼貌语。以亲戚朋友的身份，不急不躁地对其进行引导。让顾客多开口，多发表意见。顾客讲得越多，越开心，他透露的情况就越多，买卖成交的希望就越大。要记住：你的任务不是向顾客发表演说或进行辩论，而是以促发消费行为为目标，引导顾客开口说话。在整个推销过程中，都要尽可能地使用谦敬语、礼貌语和赞美语，以引起对方对你的好感。

案例阅读

禁语（四）

一个顾客谈到了兼容机的优点，并声明他的朋友可以为其装一台保质保量的机器。销售人员和他就兼容机与品牌机展开了激烈讨论，最后问题集中到顾客的朋友是不是一个骗子的高度，当然生意也没做成。

案例思考： 顾客为什么要谈兼容机的优点？若你是销售人员，你怎样应对？

案例解析： 顾客为什么要说这些呢？如果他的确是这么认为、并且有这样的一个朋友的话，他根本就不和你说这些话。他也许早已决定购买一台品牌机了，只是希望从你这里得到一个令人信服的答案来肯定他的选择罢了。

应对：“您朋友的确是专家，挺专业的”，然后是类比，“昨天我生病，我邻居是个医生，我就去找他拿些药，他却建议我到医院去检查一下，告诉我的理由是医生是不能代替医院的。”“电脑也是一样，个人尽管水平很高，但和厂家标准不是一个概念。”之后就简单了。

（五）忌用粗话、脏话、讽刺语

事实上，许多推销障碍并不是顾客有意为难造成的，而是由于推销员运用了不恰当的语言引起的，其中粗语、脏语、讽刺语就是最容易引起顾客反感，不礼貌用语，销售人员切忌使用。

（六）忌批评顾客

我们在与顾客沟通时，如果发现他身上有些缺点，我们也不要当面批评和教育他，更不要大声地指责他。要知道批评与指责解决不了任何问题，只会招致对方的怨恨与反感。与人交谈要多用感谢词、赞美语；要多言赞美，少说批评，要掌握赞美的尺度和批评的分寸，要巧妙批评，旁敲侧击。

案例阅读

肖晴是一家保健仪器公司的新销售员，这天，她第一次到客户家里推销产品。

销售员："您好，先生，请问您有时间了解一下我们的产品吗？"

客户："可以啊，你说吧。"

销售员："呵呵，是这样的。您看，这是我们公司新研制的保健仪器，目前刚刚投入市场，非常受欢迎。它对腰椎、颈椎和肩膀都有很好的保健功效，特别适合有颈椎病的患者使用……

客户："打断一下这个牌子的仪器是你们公司生产的吗？"

销售员："对，是我们公司生产的。原来您知道我们的牌子，那就更好了。您以前一定接触过吧？"

客户："听说过，没敢接触。你们的产品谁敢接触啊！"

销售员："怎么？"

客户："听说你们的产品质量经常出现问题，而且价钱也很贵，我们可不敢买。"

销售员："谁说的？我们的产品从来没出现过质量问题，很多保健仪器我们还远销欧美、东南亚多个国家和地区，怎么可能有质量问题呢？您不能随便相信外面的传言啊。我们公司的产品是有质量保证的，这是产品质量鉴定书和获奖的宣传册……"

客户："谁不说自己的'瓜'甜，质量再差的产品在你们嘴里也能成为优质产品。你们的产品我不需要。"

销售员："怎么这么不讲道理，真是的。"

案例思考：肖晴能够把产品销售出去吗？为什么？

案例解析：销售员直接批评客户，就如同一把大刀将销售工作拦腰截断，一旦客户直接批评，销售工作就很难开展下去，再做多少努力也将无济于事，特别是对于那些刚刚入职的新销售员，这种情况就更为常见。针对以上的情景，销售员应该这样来做：

客户："听说你们的产品质量经常出现问题，而且价钱也很贵，我们可不敢买。"

销售员："原来你担心的是这个问题啊。其实您的担心很合理，如果是我也会这样。但是我想您应该知道有很多谣言都不符合真实情况，就像我们的产品也深受其害，所以在国内的口碑不太好。其实我们的产品质量相当好，在国外的销量也是非常可观的。"

客户："谁不说自己的'瓜'甜。你们的产品我不敢买。"

销售员："您的心情我能理解，因为我在购买一些产品时也曾有过这样的心理。但是在听取了销售员的介绍，并通过亲身体验后，我发现有很多情况都存在出入。如果您能亲身体验一下，我相信您一定会改变想法。"

客户："是吗？那我试一下吧。"

（七）忌直白

营销员要掌握与人沟通的艺术，客户成千上万、千差万别，有各个阶层、各个方面的群体，他们的知识和见解上都不尽相同。我们在与其沟通时，如果发现他在认识上有不妥的地方，也不要直截了当地指出，说他这也不是？那也不对？一般的人最忌讳在众人面前丢脸、难堪，俗语道：“打人不打脸，揭人不揭短”，要忌讳直白。康德曾经说过：“对男人来讲，最大的侮辱莫过于说他愚蠢；对女人来说，最大的侮辱莫过于说她丑陋。”我们一定要看交谈的对象，做到言之有物，因人施语，要把握谈话的技巧、沟通的艺术，要委婉忠告。

任务分析

任务描述中“情景一”销售人员不成功的原因是：

在与客户交流时，常会有一些销售人员像上面的凯文一样，只是一味地想要加快销售进程，没有按照客户接受程度提问，给客户一种咄咄逼人的感觉。销售人员不注意提问顺序，自然很难让客户说出内心的真正需求，销售工作也就很难取得成功。

“情景二”销售人员成功的原因是：

成功的销售人员在向客户提问时总是带有针对性和系统性的，先弄清客户的需求，再利用产品做好铺垫，引起客户的兴趣，再以满足客户需求的立场向客户提问，逐步有目的地向客户传达产品相关信息，并针对谈判局面进行合理控制，那么实现交易也就是很自然的事情了。

与客户的交谈是一个循序渐进的过程，只有按顺序向客户提问，一步一步地深入到客户的内心，你才能了解到客户的真正需求。这样一来，你就一步一步化被动为主动，成功的可能性也就越来越大。在沟通过程中，销售人员要通过不断提问去帮助客户发现自己内心的需要，销售就变得易如反掌，想要取得销售成功也就不再是一件难事了。

货卖一张嘴，全凭舌上功。会说话，就能让客户满意，从而促成交易；不会说话，就容易让客户犹豫，甚至生气，从而使订单流失。

销售无定式。但归根到底，成功推销就是找到客户最容易被打动的那根“心弦”，用得体到位的话去“拨动”它，让客户心甘情愿地掏钱购买我们的产品或服务。如何拨动心弦呢？就靠我们能够随机应变的口才。

知识拓展

20个使顾客拥有最佳心情的诀窍

1. 和顾客打招呼要看着他的眼睛，这可以促成双方的交流。
2. 向他微笑，呈现一个友好轻松的样子。
3. 真诚地赞赏他。
4. 接受顾客所说的话，继续这些话题，而不要按照自己的愿望讲述。
5. 和在座的其他商谈伙伴进行对话。
6. 赞扬顾客的某种个人性格。（“您知道吗，您能够提出特别好的问题。”）
7. 表达你对顾客的赞赏之情。（“您最吸引我的是您在困境中的沉着冷静！”）
8. 把你的赞赏之情通过闪烁的眼光和兴奋的声音表达出来。
9. 提出使商谈伙伴提高身价的问题。（“以您作为专业人员的经历，您对此有什么要说的吗？”）
10. 表示出对谈话伙伴的兴趣。（“您怎么来到这个行业的？这个公司的？做这个工作的？”）

11. 插入一些肯定的语句。（“我很高兴您能这么说，这对于我来说真是一个新奇的想法！”）

12. 提出有价值的问题。（“您认为您的成功秘诀是什么？”）

13. 做出一些表示礼貌的行为：“您坐哪里？”（避免由于疏忽而坐错了位置）。

14. 寻找并强调双方的共同之处。（“您做什么运动？”“您的业余爱好是什么？”“您在哪儿上的大学？”）

15. 运用带有感情色彩的语句，例如：“让我感到很高兴。”“和您在一起真是让人特别愉快。”

16. 充满热情与激情地讲一个带有感情的小故事。

17. 给予商谈伙伴信任与勇气：“以您的能力可以有更大的成就！”这个谈话伙伴一定会问：“您怎么知道的？”你也应该知道一个令人信服的理由。

18. 和顾客谈谈，比如他想成为什么人，想拥有什么东西或是想做什么事。（“您下一步的计划是什么？”“您喜欢去哪里旅行？”）

19. 在提出小小的反对意见之后被顾客说服，因为没有什么比这更能让他得到满足感。

20. 听取顾客带有感情色彩的话，然后把这些话用于你的论据之中。比如，一个医生对一种服用片数少的药剂很满意，就用充满感情又带有兴奋的语调说：“您说的没错——大象一天都吃不下7片药。”医药代表：“医生先生，您的表达太精彩了。没有一个病人能在一天吃下7片以上的药片！”作为销售员，此刻不应该有错误的顾虑。还有一些东西是起决定作用的：顾客的情绪越高涨越兴奋，他的异议就越少越小。因此，事实上使顾客拥有积极心态的这种能力是应对异议的最好方式。

（资料来源：管理资源网，http：//www. earm. cn。）

知识与能力训练

知识训练

一、选择题

1. 下面说法中，属于销售人员应该忌讳的是（　　）。

A. “您说的有一定的道理”　　　　B. “那您就不专业了”

C. “很多消费者都有这种想法”　　D. “正如您所说”

2. 按照逻辑秩序，在对方话语的基础上抛出一个优先秩序话题进行谈论，这是（　　）。

A. 转移打岔法　　　　B. 承接打岔法

C. 询问打岔法　　　　D. 忽视打岔法

3. 一名优秀的推销员不应（　　）。

A. 多听　　　　B. 多问

C. 少说　　D. 少问

二、判断题

1. 影响销售口才的三大因素是：知识储备、训练程度、性格特征和思维方式。（　）
2. 在跟客人交往的过程中，销售人员一定要善于表达自己强烈的成交意图。（　）

三、简答题

1. 销售人员的口才有哪些诀窍？
2. 赞美有哪些注意事项？
3. 销售人员的口才有哪些禁忌？

四、案例分析

不会说话的销售员

一个男士在卫浴店选马桶，突然说："这个马桶盖的颜色跟马桶的颜色好像不一样，有点色差。"

话刚说完，接待男士的销售人员就说："先生，那您就不专业了，我给您介绍一下……"

男士听到销售人员说的话，特别生气，便气鼓鼓地转身离开。

问题：男士为什么生气地走了？

能力训练

自我检测与提升练习

1. 赞美技巧应用表是很好的自我检查工具，表4－1列出了应用表的格式。

表4－1　赞美技巧应用表

赞美	执行情况	存在问题	改进计划
对寻找顾客赞美点的应用	□常用　□不常用		
把奉承当成赞美	□有　□否		
说话时带"嗯"或"这个嘛"等口头语	□常　□不经常		
坚持听话与说话的原则	□是　□否		

目的：帮助销售人员很好地赞美顾客，从而更好地与顾客进行沟通，促进销售。

2. 下面是销售过程中一些错误的说法，请你根据学习本任务的收获，提出修改的意见。

①这件衣服运用的是高科技的面料，防水透气，穿上去很舒适的……请问您明白了吗？

____

____

____

____

②嗯，这个嘛，这个我要跟我的经理商量一下。

____

____

____

____

（资料来源：高彩凤：《销售妙语》，机械工业出版社2006年版。）

（**提示**：依据自身的情况填写。）

任务二
好的提问推动成功销售

任务目标

【知识目标】 了解提问的常用方法，掌握有效的提问技巧

【能力目标】 使学生具备利用提问来发现问题、引导顾客、促成交易的能力

【素质目标】 拓展学生思维，引导学生借助多种提问方法，形成适合自己的销售方法，树立服务意识

任务描述

罗斯和库尔曼成了朋友

罗斯是一家工厂的老板，平时工作非常繁忙。很多推销员都在他面前无功而返，但乔·库尔曼却成功地让这个大忙人接受了自己的推销。他是怎么做到的呢？

见到罗斯后，库尔曼便主动地打招呼：“您好！我叫乔·库尔曼，保险公司的推销员。”

罗斯不悦地说：“又是一个推销员。别烦我了，我没时间。你是今天向我推销的第十个推销员

了，我还有很多事要做，没工夫听你说。就算有时间也不想浪费在你们这些烦人的推销员身上。”

库尔曼依然保持着微笑：“请允许我做一个自我介绍，1 分钟就足够。”

罗斯有些不耐烦：“我很忙，根本没时间听你说话，你快走吧！”

库尔曼当然不会走，只见他低下头来，似乎全然忘记了自己推销的身份。花了整整一分钟时间去看放在地板上的罗斯工厂生产的产品，然后问罗斯：“您生产这些产品？”在得到肯定的回答后，库尔曼又问：“您从事这一行有多长时间了？”罗斯回答：“哦，22 年了。”库尔曼继续问道：“真了不起啊！那您是怎么开创您的事业呢？”当他向罗斯问到这句话时，这句库尔曼知道充满了魔力的话，果然在罗斯身上也发挥了效用。只见罗斯放下了戒备，开始慢慢放松地跟库尔曼谈了起来，从自己早年的不幸谈到自己艰苦创业的经历，一口气谈了一个多小时。

最后，罗斯热情地邀请库尔曼参观了自己的工厂。这第一次和罗斯的见面，库尔曼虽然没有卖出一份保险，却和罗斯成了朋友。先交朋友，后做生意。在接下来的三年里，罗斯竟然主动地从库尔曼那里买走了 8 份保险大单。

（资料来源：《金牌销售人员常用七大说话秘诀：会说话拿订单》，http：//www. cqread. com。）

为什么别的推销员在罗斯面前总是无功而返，而库尔曼却能够和罗斯成为朋友，并向他成功地推销出了 8 份保险呢？

任务学习

美国费城的一家再生物资公司的老板盖德投保的平生第一份保险，是从他的朋友、保险推销员洛韦那里买的。有一次，盖德对洛韦说：“我突然想起来，我是怎样从你那里买下平生第一份保险的了。其实当时你对我说的那些话，别的保险推销员都说过。但你的高明之处在于，你并没有跟我争辩，而只是一个劲地问我问题。你不停地问我问题，我就得不停地解释，结果，我就这样把自己给‘卖’了。其实，我解释得越多，我的真实想法就让你知道得越多。可以说，我的防线最终是被你的提问冲垮的。换言之，并不是你在向我卖保险，而是我自己‘主动’在买。”

是啊，懂得提问，通过提问来一步一步地发现客户的真实想法和需要，就是真正的会说话！“货卖一张嘴，全凭舌上功”。口才好的推销员，往往懂得用一个又一个“为什么”，像一架探测仪似的，探寻出客户内心真正的需要。

许多时候，在顾客面前，你不能表现得太内行、太优越，如果你的水平“超过”了顾客，将引起他的不悦而拒绝你的销售。

说服大师都是发问高手——因为顾客喜欢自己选择。

提问是销售过程中经常运用的语言表达方法。通过巧妙而适当的提问，可以摸清对方的需要，把握对方的心理状态，透视对方的动机和意向，启发对方的思考，鼓励和引导对方的讲话；可以准确地表达自己的思想，传递信息，说明感受、疑惑、希望等；还可以在出现冷场或僵局时，运用提问打破沉默。总之，提问是推进和促成销售的有效工具。

对于销售人员而言，提问是一门非常有趣的学问，首先要善于提问，如果只是一味地向客户推销，就会打击了客户的购买欲望，即使再好的产品客户也是无人问津。其次要问题提得好、提到点子上了，不能所有人一概而论，也不能忽略客户当时的情绪状况，劈头就问，那样，只能引来对方的反感，让客户根本不愿意与你交谈下去。

一、常用的提问方法

（一）封闭式提问

封闭式提问是指在一定范围内引出肯定或否定答复的问句。如："条件就是这些，您决定了吗？"

案例阅读

提问式开场白

曾有一名某图书公司的销售人员总是从容不迫、平心静气地以提出问题的方式来接近顾客。

"如果我送给您一套有关个人效率的书籍，您打开书发现内容十分有趣，您会读一读吗？"

"如果您读了之后非常喜欢这套书，您会买下吗？"

"如果您没有发现其中的乐趣，您把书重新塞进这个包里给我寄回，行吗？"

案例思考： 你认为这种开场白有效吗？若有效，原因是什么？

案例解析： 这位销售员的开场白简单明了，使客户几乎找不出说"不"的理由。后来这三个问题被该公司的全体销售员所采用，成为标准的接近顾客的方式。

提问式开场白的重点是提问的内容，销售员一定要精心提炼，并根据客户的具体情况而定。但无论面对什么样的客户，销售员都要确保所提的问题或能激起客户的兴趣，或能引起客户的注意力，并尽力做到让客户印象深刻。

（二）开放式提问

即在广泛的领域内引出广泛答复的问句。如："请问您对我公司的印象如何？"

案例阅读

提问方式比较

下面是市场调查中的两组提问。

第一组：问：您对这种饮料有什么地方不满意的？第一次回答：不好喝。追问一：您还有什么不满意的？第二次回答：包装不好。追问二：您还有没有不满意的呢？第三次回答：没有了。

第二组：问：您对这种饮料有什么地方不满意的？第一次回答：不好喝。追问一：您说的"不好喝"是指什么呢？第二次回答：太甜了，有些腻。追问二：除了太甜了、有些腻之外，您还有没有不满意的呢？第三次回答：包装不好。追问三：包装哪些地方不好？第四次回答：颜色太红了。追问四：您还有没有其他不满意的呢？第五次回答：没有了。

案例思考： 比较提问方式的差别？

案例解析： 第一组是封闭式提问，顾客只做了简单的否定式回答，内容不具体。第二组是开放式提问，顾客不仅回答了“怎么样”，而且回答了“为什么”，内容具体详尽，信息量大，有利于商家或厂家改进工作，提高产品质量，满足市场需求。

（三）引导式提问

即对答案具有强烈的暗示性的问句。如：“说到现在，我看这样您一定会同意的，是吗？”

案例阅读

一个成功的电话销售案例

（销售员推销的商品是电子传真，为了简洁省略了开场部分。）

销售员：王经理，不知道现在咱们公司大概平均每天要收发多少份传真？

客户：我们负责整个华中市场，让我想一想，每天发传真的数量应该在100份左右，至于收传真应该会少一些，不过50份应该还是会有的！

销售员：传真多代表业务好啊！您刚才说负责整个华中市场，那么在发传真的时候，大部分是长途电话吧？

客户：那当然！

销售员：那每个月花在传真上的电话费用大概有多少？

客户：各个月都不相同，不过要是平均起来的话，每个月六七百左右（第一次做加法，起点是普通传真的电话费为六七百元）。

销售员：除了电话费之外，在发传真的时候，我们还需要相应的纸张和打印等费用，您说呢？

客户：是的，传真都需要这些费用。

销售员：目前A4纸平均每张在七分钱左右，加上打印损耗，打印单张资料的成本差不多是一毛五分钱，按照您那边每天的传真数计算，一天下来就是15元，一个月就接近500元的成本了（第二次做加法，电话销售人员将发传真的耗材成本清晰化定义为500元）。

客户：你算得很准确，差不多就是这个费用！

销售员：也就是说，王经理，单就发传真而言，您这边每个月的费用支出就是700加上500，总共1200元，是吗？（将两次加法作一汇总，得出发传真每个月需要1200元。）

客户：应该是的，你算得很详细！

销售员：谢谢您的夸奖！从细节上看，其实除了发传真之外，收传真也是有成本的。之前您提到您这边用的是松本F系列传真机，根据我的印象，它是需要传真纸和色带的，对吗？

客户：对，那台传真机的传真纸和色带要定期更换！

销售员：按照您所说的传真量，每个月购买专用传真纸和色带估计需要400元左右，不知道我说得对不对？（第三次做加法，客户收传真每个月的耗材需要400元。）

客户：平时不是很注意，应该差不多！

销售员：那收发传真两方面的费用加起来的话，每个月就是1200元加上400元，共1600元了，一年合计起来就接近2万元吧？（汇总成一个月之后，趁势利用乘法效应，将所有的损失数字化。）

客户：可以这么理解，这样算起来一年确实也要2万元这么多！

销售员：是呀，如果您使用电子传真的话，全年的成本加起来还不到5000元，对比一下您就会发现电子传真与传统传真哪个更合算。

（资料来源：李羿锋、钟震玲：《精细化服务营销》，人民邮电出版社2009年版。）

案例思考：销售员运用的是什么方法？

案例解析：销售员运用的是引导式提问法，客户会很自然地将电子传真与传统传真进行对比，就很容易得出电子传真是物超所值的结论。由此可见，销售人员要充分利用心理学的观点去洞悉客户亟待解决的问题，并运用一定的心理战术去迎合问题所产生的需求，将问题对客户的收益和损失两方面的影响清晰化、具体化，成交就会变得轻而易举。

（四）证实性提问

即针对对方的答复重新措辞，使其得到证实或作为补充的一种问句。如：“根据您刚才的陈述，我是否可以这样理解？”

（五）探索性提问

即对对方的意见或回答进行引申、试探的一种问句。如：“如果我们适当降低价格，你们能否增加进货量？”

案例阅读

五个问题内结束一次销售

下面的提问，可以用来弄清楚顾客的需求，让你在五个问题之内，把生意做成。假设我们卖的是笔记本电脑。那么，我们拿出一个记事本，准备在顾客回答时做好记录，然后开始发问。

问题一：“您好，您会如何选择笔记本电脑呢？”（备用：“您好，您是如何挑选笔记本电脑的？”）

顾客说：“一般会从质量、价格和保修方面考虑。”

问题二：“您是如何定义好的质量呢？”（备用：“您所说的质量指的是什么？”或“您认为合适的价格应该在哪一个范围内呢？”或“您觉得什么样的保修服务会令您最满意呢？”）

一般地，你需要从顾客提出的要求里，挑选出你们具备优势的方面，向对方发问。如上面三点，可以选择最有信心的一点。

顾客在听到这样的提问时，通常会考虑一会儿。他们可很少会被这样问到的哦。如果顾客这样回答——

顾客：我认为质量好就是运行速度快，无线上网方便，还有就是携带轻便。

这时你就可以问："您是否觉得携带轻便，上网方便和运行速度快，会给您的工作、生活和休闲带来很大的方便呢？"

对于这样的问题，顾客几乎不会说"不是"的。

问题三："您为什么重视这一点呢？"（备用："这对您是最重要的吗？"或"这为什么对您很重要？"）

此问题能够引导出顾客的真正需求，找出他认为笔记本电脑的哪些方面比较重要，和为什么他们认为使用笔记本电脑很方便是一种重要的事情。这是生意能否成交的关键环节！当然，你还可以有若干个附加或跟进的问题，以便使自己进一步弄清重要的事情和原因。

问题四："如果我们的笔记本电脑质量优异，运行速度快，无线上网方便且携带轻便，足以满足您的要求，而且价格又合理，那么，我们可以在您需要的时候给您送货上门，您会把我们作为备选的供货商之一吗？"

顾客的内心里说：当然可以！因为这个问题包括了顾客内心里真正的需求。这是一种典型的"如果我们如何如何，您能怎样怎样吗？"式的问题。这种问题能够引导顾客做出一个承诺。事实上，他为最终的成交已经做出了至少一半的努力了。如果对方的本意是拒绝你，他一定会在"问题三"时就有透露。你是可以听得出来的。

问题五："太好了！但能否冒昧问一下，您下一次购买笔记本电脑会是什么时间呢？"（备用："太好了！您什么时候开始使用呢？"）

本问题的目的在于，把生意成交的日期或数量，与顾客敲定一下。或者引导顾客考虑一下，当然，决定权一定是在顾客手上。很多时候，我们可以预先说好，先行试用一次。若是金额大的单子，试用策略是非常有效的。你可以把产品先让顾客试用几天；或带顾客去拜访一个对你的产品满意的用户，看看产品使用起来之后怎么样，现场让顾客体验一下。

（资料来源：莱·雷昂内：《销售成功之谜》。）

案例思考：分析以上五个问题的效果，并试列举一些类似的问题。

案例解析：好的问题可以迅速击中顾客的实际困难和需求，而且还不会让顾客有被强迫的感觉。建议你早日掌握好提问的技巧，并经常使用它吧。要是你总是在说话，而顾客说不上话，你是很难把东西卖出去的。如果一样东西不是顾客需要的，即便再好也很难获得他们的关心。而要了解他们的需求，唯一的办法就是去直接问他们。当你弄清楚了顾客的真正需求，切中他们的关心点，就非常容易把东西卖出去了。当然，只有那些经过精心设计的问题，才能收到这一良好效果。你设计的问题应该把顾客的信息、需求和关心点都引导出来。

除了上面的问题，你还可以试试下面的问题，它们也很有分量：

“为什么您会选择……？”

“您选择到了什么样的……？”

“您喜欢……吗？”

“您对……的建议是什么？”

“根据您的经验，是什么样的？”

“您不喜欢什么？”

“您为什么会使用……如此好？”

“是否有其他因素……？”

“您是如何决定……？”

“为什么这是决定性的因素呢？”

……

二、有效的提问技巧

（一）单刀直入法

这种方法要求销售人员直接针对顾客的主要购买动机，开门见山地向其推销，打他个措手不及，然后“乘虚而入”，对其进行进一步劝服。

案例阅读

销售员的第一句话

门铃响了，一个衣冠楚楚的人站在大门外的台阶上，当主人把门打开时，这个人问道：“家里有高级的食品搅拌器吗？”男人怔住了。这突然的一问使主人不知怎样回答才好。他转过脸来和夫人商量，夫人有点窘迫但又好奇地答道：“我们家有一个食品搅拌器，不过不是特别高级的。”推销员回答说：“我这里有一个高级的。”说着，他从提包里掏出一个高级食品搅拌器。接着，顾客仔细了解了这种高级食品搅拌器……

假如这个推销员改一下说话方式，一开口就说：“我是××公司推销员，我来是想问一下你们是否愿意购买一台新型食品搅拌器呢。”

案例思考：你想一想，这两种说法哪种推销效果会更好呢？

案例解析：提问式的会更好，因为人们大多不喜欢被推销。

（二）连续肯定法

这个方法是指销售人员所提问题便于顾客用赞同的口吻来回答，也就是说，销售人员让顾客对其推销说明中所提出的一系列问题，连续地回答“是”，然后，等到要求签订单时，已造成有利的情况，好让顾客再作一次肯定答复。如销售人员要寻求客源，事先未打招呼就打电话给新顾客，可以说：“很乐意和您谈一次，提高贵公司和营业额对您一定很重要，是不是？”（很少有人会说“无所谓”），“好，我想向您介绍我们的××产品，这将有助于您达到您的目标，日子会过得更潇洒。您很想达到自己的目标，对不对?”……这样让顾客一“是”到底。运用连续肯定法，要求推销人员要有准确的判断能力和敏捷的思维能力。每个问题的提出都要经过仔细思考，特别要注意双方对话的结构，使顾客沿着推销人员的意图做出肯定的回答。

（三）诱发好奇心

诱发好奇心的方法是在见面之初直接向可能买主说明情况或提出问题，故意讲一些能够激发他们好奇心的话，将他们的思想引到你可能为他提供的好处上。但当诱发好奇心的提问方法变得近乎耍花招时，用这种方法往往很少获益，而且一旦顾客发现自己上了当，你的计划就会全部落空。

案例阅读

如何面对顾客的拒绝

一个推销员对一个多次拒绝见他的顾客递上一张纸条，上面写道：“请您给我十分钟好吗？我想为一个生意上的问题征求您的意见。”结果，推销员应邀进入了办公室。

案例思考：这个推销员为什么能够进入办公室？

案例解析：纸条诱发了采购经理的好奇心——他要向我请教什么问题呢？同时也满足了他的虚荣心——他向我请教！结果自然就很明显了。

（四）“照话学话”法

“照话学话”法就是首先肯定顾客的见解，然后在顾客见解的基础上，再用提问的方式说出自己要说的话。如经过一番劝解，顾客不由不说：“嗯，目前我们的确需要这种产品。”这时，销售人员应不失时机地接过话头说：“对呀，如果您感到使用我们这种产品能节省贵公司的时间和金钱，那么还要犹豫吗?”这样，水到渠成，顾客也会自然地买下。

案例阅读

如何说服顾客

客户：“我还是觉得不需要那么早买!”

推销员：“凡事总是未雨绸缪的好呀！王太太，您记得吗？小宝宝刚出生时不是收到很多亲朋好友送的衣服吗?”

客户：“是呀!”

推销员：“其中不是有6个月、1周岁或2周岁穿的衣服吗？当时您不是也觉得用不上吗，可是转眼之间，那些衣服不是就穿在小宝宝身上了吗?”

客户：“是啊！时间过得真快！当时，我确实是这么想过，也发愁过这么多的衣服到什么时候才能派到用场呀!”

推销员：“买保险永远不嫌早，只怕您买得不够……您希望用月缴的方式还是季缴的方式?”

……

推销员:“您想想看,小宝宝从会爬到能站起来,蹒跚地走出人生的第一步,似乎才是昨天的事情。那一幕多么让人回味啊!您再看看眼前的孩子,他现在叫起爸爸妈妈来多么叫人疼爱,再过不久他就要背着书包上小学了,别说还早,趁现在保费比较便宜,先准备一些教育基金,将来孩子一定会感谢您为他设想得这么周到的,这不也是一种投资吗?”

客户:“你这小伙子,真是伶牙俐齿。”

案例思考: 这位推销员是如何说服顾客的?

案例解析: 这位推销员运用“照话学话”法,按照顾客的思路进行提问中,说服了一位年轻的妈妈给她仅有二岁的孩子买了一大笔教育保险。假如,碰到一位笨嘴拙舌的推销员,不能精致地运用语言技巧,那这桩生意肯定不会太顺利。

(五)刺猬效应

在各种促进买卖成交的提问中,“刺猬”技巧是很有效的一种。所谓“刺猬”效应,其特点就是你用一个问题来回答顾客提出的问题。你用自己的问题来控制你和顾客的洽谈,把谈话引向销售程序的下一步。

案例阅读

如何解决顾客的问题

顾客:“这项保险中有没有现金价值?”

销售人员:“您很看重保险单是否具有现金价值的问题吗?”

顾客:“绝对不是。我只是不想为现金价值支付任何额外的金额。”

对于这个顾客,若你一味地向他推销现金价值,你就会把自己推到河里去一沉到底。这个人不想为现金价值付钱,因为他不想把现金价值当成一桩利益。这时你该向他解释现金价值这个名词的含义,提高他在这方面的认识。

案例思考: 如果你遇到顾客的这种问题,是直接解释还是提问好,为什么?

案例解析: 一般地说,提问要比讲述好。但要提出有分量的问题并非容易。简而言之,提问要掌握两个要点:

提出引导式的问题,让顾客对你打算为他们提供的产品和服务产生信任,还是那句话,由你告诉他们,他们会怀疑;让他们自己说出来,就是真理。在你提问之前还要注意一件事——你问的必须是他能答得上来的问题。

(六)选择式提问

选择式提问是销售人员常用的一种提问技巧,它可以限定客户的注意力,要求客户在限定范围内做出选择。通过这种提问方式,销售员就能掌握整个谈话的主动权。

案例阅读

如何探询顾客需求

销售人员："看来这个阳台最理想的尺寸是26~30厘米，对吗？"

顾客："对。"

销售人员："您想要一个矮墙，还是一个全装玻璃的阳台？"

顾客："我想要矮墙的，因为可以暖和一点。"

销售人员："您想要是双扇窗还是单扇窗，是3个通风孔还是2个呢？"

顾客："我想要是双扇窗，而且是3个通风孔。"

案例思考： 这种选择式提问有什么好处？

案例解析： 销售人员把要介绍的产品分成几类，让顾客从销售人员设定的答案中选出一个或几个，这样方便明白，也能让销售人员容易找到解决问题的方法，销售起来更加便捷。

（七）建议式提问

建议式提问那些拿不定主意的客户来说是非常有效的。销售员可以主动向客户说明产品的优点，同时也要让客户认为你提的建议是正确的，这样客户就会很快地自己做出决定。

案例阅读

如何向顾客提建议

"你家小孩如果是四五岁，玩这个玩具会比玩那个更能开动脑筋。"

"我个人认为在车上听轻松的歌曲比听摇滚型的音乐更能让您安全开车。"

"我觉得你家小孩骑三个轮子的车虽然稳定些，但是让他早点学习骑两个轮子的车会更好。"

案例思考： 建议式提问的好处？

案例解析： 在销售过程中，销售员应该多利用建议式提问来了解客户需求，因为这种提问方式不但可以真正地帮助客户挑选出他喜欢的产品，也可以赢得客户的信任。

（八）重复式提问

重复式向客户提问是以问话的形式重复客户的语言或观点，这样让客户觉得你是很认真地倾听他的谈话，是尊重他的。

案例阅读

重复客户的抱怨

“您是说对我们提供的服务不太满意?”

“您的意思是，由于机器出了问题，给你们造成了很大损失，是吗?”

“也就是说，先付50%，另外50%货款要等收货后再付，是吗?”

案例思考：重复式提问会让顾客有什么反应?

案例解析：销售人员以问话形式重复客户的抱怨，让客户感到他们的意见已受到重视，相应的，其否定情绪也会减弱，在这个基础上，再用提问的方法说出自己想说的话，这样接下来的沟通会比较容易。

任务分析

在任务描述中，为什么别的推销员在罗斯面前总是无功而返，而库尔曼却能够和罗斯成为朋友，并向他成功地推销出了8份保险呢?

原因是，库尔曼懂得如何跟客户说话。

通常，人们对陌生的推销员总是心存戒备的，往往以没有时间为由将其打发走。作为推销员的你，如果面对陌生的客户，你该如何消除对方的戒心，如何让对方和你最终成为朋友呢?很显然，成为了朋友，交易就变得很容易，订单就很好拿了。这时，你需要好口才，需要会说话。例如，你可以像乔·库尔曼那样，用一些恰当的问题来突破客户的心理防线，并用一两句“具有魔力的话”来让客户迅速地乐意与你交谈。当客户愿意滔滔不绝地说话时，你就成功了一大半。

在乔·库尔曼和罗斯的交谈中，乔·库尔曼说出的“具有魔力的话”是：“那您是怎么开创您的事业的呢?”这样的话，用来“对付”那些忙得不可开交的和已经取得了一定成就的人，非常管用，只要你向他们提出了这个问题，他们总是能挤出时间来和你聊几句的。当然，面对不同的客户，“具有魔力的话”也不一样。

你想让客户给你下订单，就必须想办法让客户和你交谈。如果客户不愿意和你说话，你是很难做成这个人的生意的。这就像俗话说的：“君子若不开口，神仙也难下手。”作为推销员，最怕对方三缄其口。如果遇到这种情况，你就必须想办法撬开客户的嘴巴。

知识拓展

1. 在询问顾客的过程中，要尽量选择要求对方回答“是”或者“不是”的问题，这样，顾客会觉得你所提出的问题是你为他的情况所考虑的一种建议，这样也有助于消除隔膜感觉，拉近双方的距离。例如：

（1）所以，质量是很重要的，您说是吧?

（2）运动休闲，最重要的穿起来舒服，身体伸展得开，您说是吗?

（3）如果穿起来不好看，买了回家也不会去穿它，反而浪费钱，您说是吗?

2. 二选一的问题。同样地，当你提出二选一的问题时，对方很容易针对你的问题条件反射性地做出回答。这种问法一般是用在顾客有意购买的情况下，例如：

（1）您是喜欢橙色的还是绿色的？

（2）您要七分裤还是九分裤呢？

3. 开放式问题。当对方针对你的问题做出了回答之后，就要进一步提出一些开放性的问题，以便了解对方的需求，也有利于销售。

（1）您喜欢休闲一点的还是……？

（2）您比较注重的是面料，款式还是……

（3）您喜欢的颜色是……

（4）您喜欢的款式是……

（5）您想搭配什么颜色的上衣？

（6）您打算什么时候或是什么场合穿？

4. 封闭式问题。这些封闭式的问题有助于导购收集更多的顾客信息，更清楚地了解顾客所希望购买的商品的特点，便于有的放矢地进行推荐。

（1）您是想用来搭配外套的吗？

（2）您想要用来送人的吗？

（3）这个款式有红色和白色，您想要什么颜色？

（4）您平常穿什么号码的裤子？

（5）您平常喜欢紧身装还是休闲装？

5. 错误的问题。

（1）您要试穿看看吗？

（2）今年流行绿色，您喜欢吗？

（3）小姐，这件上衣您要不要？

（4）您以前穿过我们品牌的衣服吗？

（5）您听说过我们这个品牌吗？

（6）这件很适合您，您觉得呢？

上述问题都容易造成导购与顾客之间的理解错误，不利于产品的销售及售后服务的开展。

（资料来源：高彩凤：《销售妙语》，机械工业出版社 2006 年版。）

知识与能力训练

知识训练

一、选择题

1. 作为一名销售顾问，确认对方时的基本用语是（　　）？

A. 你叫什么名字　　B. 贵姓

C. 你是哪儿的　　D. 请问您怎么称呼

2. 提问应注意的问题和技巧不包括：（　　）。

A. 提问要有准备
B. 把握提问时机
C. 提问要有理有节
D. 提问要探个究竟
E. 提问要经对方允许

3. 提问术的形式不包括：（　　）。

A. 引导式问句
B. 自答式问句
C. 限定式问句
D. 命令式问句
E. 证实性问句

4. 提问 1 是（　　）提问，提问 2 是（　　）提问。

A. 引导式
B. 探索性
C. 封闭式
D. 开放式

提问 1：

A：“您知道我们公司吗?”

B：“知道。”

提问 2：

A：“您对我们公司非常了解吗?”

B：“知道，但不是很了解。”

A：“那好，我把我们公司的整体情况向您介绍一下。”

二、简答题

1. 常用的提问方法有哪些?
2. 探索性提问有什么好处?
3. 有效的提问技巧有哪些?
4. 建议式提问有什么好处?

能力训练

询问技巧应用自检

询问技巧如表 4 - 2 所示。

表 4 - 2　询问技巧

询问技巧六原则	执行情况	存在问题	改进计划
关注客户的随行人员	□常用　□不常用		
不连续发问	□是　□否		
从顾客回答中整理需求	□熟练　□不会		
先询问容易的问题	□是　□否		
询问顾客关心的事	□常常　□从不		

①目的：表4－2可以帮助销售人员更好地应用询问技巧，从而有效地与顾客进行沟通。

②填写：销售人员应依据自身的执行情况填写。

（资料来源：高彩凤：《销售妙语》，机械工业出版社2006年版。）

任务三
学会倾听

任务目标

【知识目标】理解倾听的作用，懂得倾听的类型，掌握倾听的技巧

【能力目标】会听、善听、恭听

【素质目标】提高学生的个人素养，培养学生做一个友善的倾听者，形成诚恳待人、尊重他人的职业习惯

任务描述

做一个“听话”的高手

有一位顾客在某商店购买了一套西服，由于掉颜色的问题，要求退货。售货员便和他争执了起来。商店经理听到争吵声，连忙赶过去。

由于经验丰富，非常懂得顾客心理，商店经理三言两语便让已经被售货员气得发疯的顾客恢复了平静。经理究竟采取了什么法宝呢？

原来，经理赶到顾客面前后，先是微笑和诚恳地静静听完顾客的抱怨和发泄。等顾客说完，又让售货员说话。当彻底了解清楚争吵缘由的来龙去脉后，经理真诚地对顾客说：“真是万分的抱歉，我不知道这种西服会掉颜色。现在怎么处理，本店完全听从您的意见。”

顾客说：“那么，你知道有什么法子可以防止西服掉颜色吗？”

经理问：“能否请您试穿一周，然后再作决定？如果到时候您还不满意，那么我们无条件让您退货。好吗？”

结果，顾客穿了一周后，西服果然没有再掉颜色了。

怎么去做一位“听话”的高手呢？

党的二十大报告指出，要坚持胸怀天下，拓展世界眼光，深刻洞察人类发展进步潮流，积极回应各国人民普遍关切，为解决人类面临的共同问题作出贡献，以海纳百川的宽阔胸襟借鉴吸收人类一切优秀文明成果，推动建设更加美好的世界。国际交往要倾听世界各国不同

的声音，销售活动中倾听顾客的需求同样重要。

任务学习

全球知名成功学家戴尔·卡耐基曾经说："在生意场上，做一名好听众远比自己夸夸其谈有用得多。如果你对客户的话感兴趣，并且有急切想听下去的愿望，那么订单通常会不请自到。"在进行销售时，销售员需要通过陈述向客户传递信息，同时也需要通过倾听从客户那里获取信息，销售工作就是一个销售员与客户之间有效互动的过程。

一、倾听的作用

1. 倾听可以使你了解顾客的立场、观点、态度和真正需求，使你掌握不断出现的新情况、新问题，获得更多成交的机会。不能否认，顾客的立场、观点、态度和真正需求是其内心发出的，表面上经常是难以判断的。这就需要销售人员仔细地聆听，进而了解对方的真实意图。

案例阅读

倾听的魅力（一）

李红是某自然食品公司的"推销冠军"。一天，她还是和往常一样，把芦荟精的功能、效用告诉顾客，女主人并没有表示出多大的兴趣。李红立刻闭上嘴巴，开动脑筋，并细心观察。

突然，她看到阳台上摆着一盆美丽的盆栽，便说："好漂亮的盆栽啊！平常似乎很难见到。"

"您说得没错，这是很罕见的品种。它叫嘉德里亚，属于兰花的一种。它真的很美，美在那种优雅的风情。"

"确实如此。但是，它应该不便宜吧？"

"这个宝贝很昂贵的，一盆就要花 800 美元。"

"什么？我的天呐，800 美元？那每天都要给它浇水吗？"

"是的，每天都要很细心地养育它……"

女主人开始向李红倾囊相授所有与兰花有关的学问，而她也聚精会神地听着。

最后，这位女主人一边打开钱包，一边说道："就算是我的先生，也不会听我嘀嘀咕咕讲这么多的，而你却愿意听我说了这么久，甚至还能够理解我的这番话，真的太谢谢你了。希望改天你再来听我谈兰花，好吗？"

随后，她爽快地从李红手中接过了芦荟精。

案例思考：李红靠什么达成交易的？

案例解析：李红通过倾听赢得了女主人的好感和信任。

2. 注意倾听是给人留下好印象，改善双方关系的有效方式之一。因为专注地倾听别人讲话，则表示倾听者对讲话人的看法很重视，能使对方对你产生信赖和好感，使讲话者形成愉快、宽容的心理，变得不那么固执己见，更有利于达成一个双方都满意的交易。

案例阅读

倾听的魅力（二）

最善于倾听的“调解员”

某电话公司曾碰到一个凶狠的客户，这位客户对电话公司的有关工作人员破口大骂，怒火中烧，威胁要折毁电话。他拒付某种电信费用，他说那是不公正的。他写信给报社，还向消费者协会提出申诉，到处告电话公司的状。电话公司为了解决这一麻烦，派了一位最善于倾听的“调解员”去会见这位惹是生非的人。这位“调解员”静静地听着那位暴怒客户的大声“申诉”，并对其表示同情，让他尽量把不满发泄出来。3 个小时过去了，调解员非常耐心静听着他的牢骚。此后还两次上门继续倾听他的不满和抱怨。当调解员再次上门去倾听他的牢骚时，那位已经息怒的顾客把这位调解员当作最好的朋友看待了。于是这位凶狠的客户也通情达理了，自愿把所有的该付的费用都付清了。矛盾冲突就这样彻底解决了。

（资料来源：http：//www. m448. com/info/docview_185833. html。）

案例思考：调解员靠什么解决了矛盾?

案例解析：由于调解员利用了倾听的技巧，友善地疏导了暴怒顾客的不满，尊重了他的人格，从而成了他的朋友，矛盾冲突就自然解决了。

3. 倾听和谈话一样具有说服力，它常常使人不花费任何力气，取得意外的收获。

案例阅读

倾听的魅力（三）

有一家汽车公司，想要选用一种布料装饰汽车内部，有三家公司提供样品，供汽车公司选用。公司董事会经过研究后，请他们每一家来公司做最后的说明，然后决定与谁签约。三家厂商中，有一家的业务代表患有严重的喉头炎，无法流利讲话，只能由汽车公司的董事长代为说明。董事长按公司的产品介绍讲了产品的优点、特点，各单位有关人员纷纷表示意见，董事长代为回答。而布料公司的业务代表则以微笑、点头或各种动作来表达谢意，结果，他博得了大家的好感。

会谈结束后，这位不能说话的业务代表却获得了 50 万码布的订单，总金额相当于 160 万美元，这是他有生以来获得的最大的一笔成交额。

案例思考：这位患有严重的喉头炎的代表为什么没有说话却获得了一大笔成交额?

案例解析：事后，他总结说：如果他当时没有生病，嗓子还可以说话的话，他很可能得不到这笔大数目的订单。因为他过去都是按照自己的一套办法去做生意，并不觉得让对方表示意见比自己头头是道地说明更有效果。其实他是在无意中让汽车公司的董事长多说话，而使其自己总结，自我肯定。

4. 我们认真的倾听会让零售客户觉得我们是非常重视他们的需求的，并且在努力满足他们的需求，即使有时我们做不到，也会让零售客户感觉到我们是真情实意在帮他们的。

案例阅读

倾听的魅力（四）

经人介绍，原一平前去拜访一位建筑企业的董事长渡边先生。可是渡边并不愿意理会原一平，见面就给他下了逐客令。原一平并没有退缩，而是问渡边先生："渡边先生，咱们的年龄差不多，但您为什么能如此成功呢？您能告诉我吗？"

原一平在提这个问题时，语气非常诚恳，脸上表现出来的跟他心里想的一样，就是希望向渡边先生学习到其成功的经验。面对原一平的求知渴求，渡边不好意思回绝他。于是，他就请原一平坐在自己座位的对面，把自己的经历开始向他讲述。没想到，这一聊就是三个小时，而原一平始终在认真地听着，并在适当的时候提出一些问题，以示请教。

最后，原一平也没有提到保险方面的事情，而是对渡边先生说："我很想为您写一份有关贵建筑公司的计划，可以吗？"渡边已经被这位诚心求教的人打动了，自然点头答应。

原一平花了整整三天三夜，把一份建筑公司计划书做了出来，这份计划书内容非常丰富，资料翔实，而且建议也非常有价值。渡边先生依照原一平的这份计划书，结合实际情况具体地操作了起来，结果效果显著，业绩在第 3 个月后就提高了 30%。渡边非常高兴，把原一平当成了最好的朋友。

当然，渡边的建筑公司里的所有保险，都在原一平那里下保单了！

案例思考：原一平使用了什么方法？

案例解析：求教法、倾听法。

5. 倾听对方的谈话，还可以了解对方态度的变化。有些时候，对方态度已经有了明显的改变，但是出于某种需要，却没有用语言明确地表达出来，但我们可以根据对方"怎么说"来推导其态度的变化。

案例阅读

倾听的魅力（五）

洽谈过程中称呼发生变化，如：李 × × 简称为小李，王 × × 简称为老王，突然间改变了称呼，一本正经地叫李 × × 同志，或是他的官衔等等。

案例思考：称呼上的变化说明了什么？

案例解析：当洽谈得很顺利、双方关系很融洽时，双方都可能在对方的称呼上加以简化，以表示关系的亲密。但是，如果突然间改变了称呼，如改称他的官衔，是关系紧张的信号，预示着将出现分歧或困难。

6. 在倾听时，我们的头脑可以有时间做出思考，根据收集到的信息做出最佳的销售方式并采取行之有效的问题解决方法。

案例阅读

倾听的魅力（六）

一家工厂因近来生意清淡，老板想改行，于是打算变卖自己的旧器材。他心想："这些机器磨损得很厉害了，能卖多少算多少吧，能卖到4万元最好了，如果别人压价压得狠，3万元我也咬牙卖了。"

终于来了一位买主，他在看完机器后，从剥落的油漆说到老化的性能，再到缓慢的速度，挑三拣四地说了一大通，几乎没有停过。这位老板知道这是压价的前奏，于是耐着性子听完对方滔滔不绝的埋怨。

买主终于转入正题："说实在话，我并不想买，但要是你的价格合理，我可以考虑一下，你说个最低价吧。"

老板静静地思考着："忍痛卖还是不卖呢？"就在他沉默的那几秒钟时，他听到了一句话："不管你想着怎么提价，首先要说明的是，我最多给你6万元，这是我出的最高价。"

结果可想而知，因为沉默的这几秒钟，这位老板就多赚了3万元。

案例思考：为什么沉默获得了意外的收获？

案例解析："沉默是金"在许多销售高手眼里，不急于表现自己的思想，偶尔运用"沉默"，也是非常有效的销售技巧。如此一来，首先可以让自己有更多的时间思考和喘息；其次，也让顾客有思考的时间和做出决定，还可以让客户觉得有一丝压力，这样自己的胜算就会更多。

二、倾听的类型

（一）随意的倾听

即不用费劲、不用动脑、不用心的倾听，如看电视或听收音机。注意：

1. 听话不要只听一半。
2. 不要把自己的意思，投射到别人所说的话上头。

（二）专心的倾听

即完全理解说话者观点、价值观、态度、情绪和感情的倾听。

（三）全神贯注的倾听

即要求分析信息、记住内容，和对说话者提问互动的倾听。

案例阅读

用“心”沟通

场景一：

妻子：累死我了，一下午谈了三批客户，最后那个女的，挑三拣四，不懂装懂，烦死人了。

丈夫：别理她，跟那种人生气不值得。（给妻子出主意）

妻子：那哪儿行啊！顾客是上帝，是我的衣食父母！（觉得丈夫不理解她，烦躁）

丈夫：那就换个活儿干呗，干吗非得卖房子呀？（接着出主意）

妻子：你说得倒容易，现在找份工作多难啊！甭管怎么样，每个月我还能拿回家三千块钱。都像你的活儿，是轻松，可是每个月那几百块钱够谁花呀？眼看涛涛就要上大学了，每年的学费就万把元吧?!（觉得丈夫不理解，还说风凉话，开始抱怨）

丈夫：嘿，你这个人怎么不识好歹？人家想帮帮你，怎么冲我来啦？（也动气了）

妻子：帮我？你要是有本事，像隔壁小萍丈夫那样，每月挣个四五千，就真的帮我了。（接着抱怨）

丈夫：看着别人好，和他过去！不就是那几个臭钱嘛！有什么了不起！（急了）

场景二：

妻子：累死我了，一下午谈了三批客户，最后那个女的，挑三拣四，不懂装懂，烦死人了。

丈夫：大热天的，再遇上个不懂事的顾客是够呛。快坐下喝口水吧。（把她平日爱喝的冰镇酸梅汤递过去）

妻子：唉，挣这么几个钱不容易，为了涛涛今年上大学，我还得咬牙干下去。（感到了丈夫的理解与关切，继续宣泄心里的烦恼）

丈夫：是啊，你真是不容易，这些年，家里主要靠你挣钱撑着。（表达对妻子的感激，主动把自己放在一个低调位置上）

妻子：话不能这么说，涛涛的功课、人品，没有你下力，哪儿能有今天的模样？唉，我们都不容易。（气全消了，把丈夫抬回他应有的位置上）

案例思考：（1）在“场景一”与“场景二”中，哪对夫妻进行了有效的沟通？

（2）他们是如何进行有效沟通的？

案例解析：倾听有以下三种类型：第一种，专心地听，即完全理解说话者的观点、价值观、态度、情绪和感情。第二种，关注地听，即要求分析信息、记住内容，对说话者提问。第三种，随意地听，即最不费劲的，如看电视或听收音机。

在“场景一”中，丈夫只是关注地听了妻子的抱怨，而没有专心地听，即没有完全理解妻子的态度、情绪和感情。而在“场景二”中，丈夫不仅关注地听了妻子的抱怨，还运用了“换位思考”的方式专心地听，用“心”理解妻子的情绪，从而和妻子进行了有效的沟通。

三、倾听的技巧

（一）集中精力，认真倾听

销售人员认真倾听顾客谈话，是与顾客实现有效沟通的关键，也是倾听的第一步。在购买产品时，没有哪个顾客愿意与无精打采、心思散漫的销售员交谈。所以，在倾听顾客谈话时，销售人员就要尽可能地做到认真、专心，以表示对顾客谈话内容的注视和关心。

（二）富有感情，诚心诚意

倾听是一种礼貌，是一种尊敬讲话者的表现，是对讲话者的一种高度的赞美，更是对讲话者最好的恭维。倾听能使对方喜欢你、信赖你。

每个人都希望获得别人的尊重，受到别人的重视。当我们富有感情，诚心诚意地听对方讲，努力地听，甚至是全神贯注地听时，对方一定会有一种被尊重和重视的感觉，双方之间的距离必然会拉近。

（三）倾听过程中，点头微笑

倾听过程中点头微笑，好处是：起到肯定鼓励的作用，有利于让对方多说，让你“捕获”更多信息。

案例阅读

世界上最伟大的推销员

众所周知，汽车推销员乔吉拉德被世人称为“世界上最伟大的推销员”。他曾说过：“世界上有两种力量非常伟大，其一是倾听，其二是微笑。倾听，你倾听对方越久，对方就越愿意接近你。据我观察，有些推销员喋喋不休，因此，他们的业绩总是平平。上帝为什么给了我们两个耳朵一张嘴呢？我想，就是要让我们多听少说吧！”

乔吉拉德对这一点感触颇深，因为他从自己的顾客那里学到了这个道理，而且是从教训中得来的。

乔吉拉德花了近一个小时才让他的顾客下定决心买车，然后，他所要做的仅仅是让顾客走进自己的办公室，然后把合约签好。

当他们向乔吉拉德的办公室走去时，那位顾客开始向乔提起了他的儿子。“乔，”顾客十分自豪地说：“我儿子考进了普林斯顿大学，我儿子要当医生了。”

“那真是太棒了。”乔回答。

两人继续向前走时，乔却看着其他的顾客。

“乔，我的孩子很聪明吧，当他还是婴儿的时候，我就发现他非常的聪明了。”

“成绩肯定很不错吧？”乔应付着，眼睛向四处看着。

“是的，在他们班，他是最棒的。”

“那他高中毕业后打算做什么呢？”乔心不在焉。

“乔，我刚才告诉过你的呀，他要到大学去学医，将来做一名医生。”

“噢，那太好了。”乔说。

那位顾客看了看乔，感觉到乔太不重视自己所说的话了，于是，他说了一句“我该走了”，便走出了车行。乔吉拉德呆呆地站在那里。

下班后，乔回到家回想今天一整天的工作，分析自己做成的交易和失去的交易，并开始分析失去客户离去的原因。

次日上午，乔一到办公室，就给昨天那位顾客打了一个电话，诚恳地询问道：“我是乔吉拉德，我希望您能来一趟，我想我有一辆好车可以推荐给您。”

“哦，世界上最伟大的推销员先生，”顾客说，“我想让你知道的是，我已经从别人那里买到了车啦。”

“是吗？”

“是的，我从那个欣赏我的推销员那里买到的。乔，当我提到我对我儿子是多么的骄傲时，他是多么的认真地听。”顾客沉默了一会儿，接着说，“你知道吗？乔，你并没有听我说话，对你来说我儿子当不当得成医生，对你来说并不重要。你真是个笨蛋！当别人跟你讲他的喜恶时，你应该听着，而且必须聚精会神地听。”

刹那间，乔吉拉德明白了当初为什么会失去这名顾客了。原来，自己犯了如此大的错误。

乔连忙对顾客说：“先生，如果这就是您没有从我这里买车的原因，那么确实是我的错。要是换了我，我也不会从那些不认真听我说话的人那儿买东西。真的很对不起，请您原谅我。那么，我能希望您知道我现在是怎么想的吗？”

“你怎么想？”顾客问道。

“我认为您非常伟大。而您送您儿子上大学也是一个非常明智之举。我敢确信您儿子一定会成为世界上最出色的医生之一。我很抱歉，让您觉得我是一个很没用的家伙。但是，您能给我一个赎罪的机会吗？”

“什么机会，乔？”

“当有一天，若您能再来，我一定会向您证明，我是一个很忠实的听众，事实上，我一直就很乐意这样做的。当然，经过昨天的事，您不再来也是无可厚非的。”

2 年后，乔卖给了他一辆车，而且还通过他的介绍，获得了他的许多同事的购买车子的合约。后来，乔吉拉德还卖了一辆车给他的儿子，一位年轻的医生。

从此以后，乔吉拉德再也没有在顾客讲话时分心。而每一位进到店里的顾客，乔都会问问他们，问他们家里人怎么样了，做什么的，有什么兴趣爱好，等等。然后，乔便开始认真地倾听他们讲的每一句话。

大家都很喜欢这样，这给了他们一种受重视的感觉，他们认为，乔是最会关心他们的人。

案例思考：乔吉拉德当初为什么会失去这名顾客？

案例解析：顾客感觉到乔太不重视自己所说的话了，乔并没有听他说话，对乔来说他儿子当不当得成医生并不重要。顾客认为乔真是个笨蛋！当别人跟你讲他的喜恶时，你应该听着，而且必须聚精会神地听。

（四）不明白的地方见机追问

追问有三大好处：(1) 使你尽可能听懂他的意思；(2) 让对方觉得你听懂了；(3) 引导顾客思考、总结。

案例阅读

如何捕捉到顾客真实的想法

罗伯特·苏克是一位非常顶尖的保险推销员，后来他还创办了著名的美国经理人保险公司。请看他是如何捕捉到顾客真实原因的。

顾客："你的这套计划看起来的确让我印象深刻，你给我一张名片吧，我过几天会打电话给你的。"

苏克："很感谢您对我的认同，但我能问一下您，为什么您想等一等，要过几天才打电话给我呢?"

顾客："因为我做任何决定之前，都是一定要详细考虑一番的。"

苏克："这是比较正常的反应，那么，能否继续冒昧地问一下，您为什么总是事先要详细考虑一下呢?"

顾客："因为在10年前，有一个家伙向我推销房屋的防风窗户，我想都没想就跟他签了合同。谁知道，这却成为我多年来烦恼的根源。如果我能够详加考虑，就不会犯那样的错误了。"

苏克："我能理解您的处境。那为什么您认为10年前与一位防风窗户的推销员打交道的惨痛经历，会使您不能在10年后立刻展开这套您觉得不错的计划呢?"

顾客："是因为那一次惨痛的经验让我变成了一个相当谨慎的人，我从此养成了一个习惯，那就是做什么事情都要慢慢来，以使我不会做出错误的决定。"

苏克："噢，我能体会您的感受。那么，除了这一点，您还有其他任何原因，令您不能今天就展开这一套不错的计划吗?"

顾客："没有了，主要就是这一点。"

现在，我们应该知道，顾客不能立刻下订单的原因是什么了吧？反正罗伯特·苏克知道了，而且还最终获得了保单。

案例思考： 罗伯特·苏克是如何捕捉到顾客真实原因的?

案例解析： 罗伯特·苏克抓住关键字眼，借机追问才能引导对方，从而捕捉到顾客真实原因的。

一定要学会并熟练运用"反问"这个方法，如果你想做或者更有效地做成生意。与顾客交谈时，千万不要让顾客牵着你的鼻子走，而避免的方法很简单，只要抓住关键字眼，进行反问就可以。而这个关键字就是顾客前一个借口中所透露的，你的下一个问题就以它作为关键词进行反问就可以。

（五）及时总结归纳顾客观点

在倾听顾客谈话时，销售员切不可一味地接受信息，还要及时将这些顾客信息加以整理和总结，并在适当的时候传达回顾客那里，以检查倾听效果，避免歪曲或误解顾客观点情况的发生。另外，及时地给以反馈也让顾客有受重视的感觉，从而使他们更愿意发表意见，传达内在信息。

案例阅读

倾听技巧的使用

顾客背景：李先生，年龄32岁，自己做生意，担心油耗问题，使用时情况：顾客认为“君越”肯定费油，使用后情况：顾客不再那么坚决，愿意尝试试乘。

销售顾问：“不知您之前对我们的新君越有没有了解呢?”

顾客：“知道，车不错，就是费油。”

销售顾问：“您刚才是说我们的新君越费油，是吗?”（重述）

顾客：“对啊，现在油这么贵，谁不想买个省油的车啊。”

销售顾问：“您说得有道理，对买车来说油耗的多少是非常重要的。”（同理心）

顾客：“看重量就知道了，你们的车都比其他车重很多，能不费油吗?”

销售顾问：“哦，看来您对我们的车还是非常关注的，没错，我们的新君越车重量达到了1.7吨，的确比它的同档车型沉了100来公斤，首先这是我们出于安全性的考虑，其次，车的油耗，自重只是一方面，另一方面就是先进技术的应用。”（澄清）

顾客：“这怎么讲?”

销售顾问：“我们新君越采用了最先进的SIDI智能缸内直喷发动机，配合D－VVT技术，让我们的新君越拥有更强的动力，更低的油耗，同时更加节能环保，配合6速手自一体变速箱，换挡平顺的同时更进一步降低了油耗，再加上超低滚阻系数轮胎的应用，使我们新君越的每百公里综合油耗只有9.2升，而顾客反映的实际油耗也只有11～12升油，一会儿我可以带您去试驾一圈，体验新君越性能的同时我们再顺便测测它的油耗，结果保证您满意。”（解决方案）

案例思考：销售顾问在运用倾听技巧中使用了哪四个步骤?

案例解析：在倾听技巧中，使用了重述、同理心、澄清、解决方案四个步骤，在接待中对顾客的疑虑或抗拒表示出关注和重视。可适当重述顾客的问题，同时也为回答问题做一些快速的整理。使用同理心表示在情感上的认同，避免顾客产生对立的心态。通过澄清来进一步说明顾客提出问题的原因所在，最后给出合理的解决方案才能获得顾客的认可，解决顾客的抗拒，得到顾客的认同。

（六）不直接反驳顾客观点

在你倾听顾客谈话的过程中，难免会听到顾客提出的观点与你的想法不尽相同，甚至有失偏颇。这时，你切不可为了证明所谓的“真理”而直接反驳顾客的观点，因为没有哪位顾客情愿接受销售员的纠正和反驳。

但是当你的销售工作因为顾客的观点而受到影响时，你就需要使用一些巧妙的技巧来提醒顾客。在通常情况下，你可以使用提问的方式来引导顾客的谈话方向，使谈话朝着有利于你的方向进行。

（七）倾听时的注意事项

1. 让对方感觉到你是在用心地听。

2. 让对方感觉到你的态度很诚恳。

3. 在倾听时记笔记，效果会更好。

记笔记有三大好处：（1）立刻让对方感觉到被尊重；（2）记下对方说话重点，便于沟通；（3）防止遗漏。

4. 重新确认，减少误会及误差。

5. 切记：不到万不得已，千万不要打断对方讲话。

在销售中随便打断顾客谈话是一种非常不礼貌的行为。如果顾客当时正说到兴头上，就被无缘打断，将会大大减少他们的谈话热情。如果恰巧当时顾客情绪不佳，那无疑如同火上浇油，使顾客更为恼火。所以销售员最好不要随便接话或插话。

不插嘴有三大好处：（1）让对方感觉良好；（2）让对方多说，以获得更多有用信息；（3）让对方说完整。

6. 对方停止说话时，再停顿 3～5 秒。

这有三大好处：（1）给对方继续说下去的时间；（2）你可以利用这点时间组织语言；（3）让对方觉得你说的话是经过大脑的，可信度比较高。

7. 倾听时，不要组织语言。因为在对方讲话时，你在组织语言就很有可能错过对方讲话的某些内容，造成误解。

8. 不要发出声音。因为发出声音可能会打断或影响到对方讲话。

9. 眼睛要注视对方鼻尖或前额。此举能让对方觉得你的眼神比较柔和。注意：千万不要把眼睛直接盯住对方眼睛。

10. 坐定好位置。尽量避免与顾客面对面而坐，坐在对方对面容易让对方有一种对立的感觉；不要让顾客面对门或者窗而坐，这样的位置易让顾客分心，最好让顾客面壁，这样容易让顾客安心听讲，免受干扰。

案例阅读

不要随意打断对方的话

推销员："科尔先生，经过我仔细观察，我发现贵厂自己维修花费的钱，要比雇用我们来干，花的钱还多，对吗？"

科尔："我也计算过，我们自己干确实不太划算，你们的服务也不错，可是，毕竟你们缺乏电子方面的……"

推销员："噢，对不起，我能插一句吗？有一点我们想说明一下，没有人能够做完所有事情的，不是吗？修理汽车需要特殊的设备和材料，比如……"

科尔："对，对，但是，你误解我的意思了，我要说的是……"

推销员："您的意思我明白，我是说，您的下属就算是天才，也不可能在没有专用设备的情况下，干出像我们公司那样漂亮的活儿来，不是吗？”

科尔：“你还是没有搞懂我的意思，现在我们这里负责维修的伙计是……”

推销员：“科尔先生，现在等一下，好吗？就等一下，我只说一句话，如果您认为……”

科尔：“我认为，你现在可以走了。”

（资料来源：史迪文：《世界上最会说话的人》，北京邮电大学出版社 2017 年版。）

案例思考：推销员为什么被科尔下了逐客令？

案例解析：推销员被科尔下逐客令，原因是这个推销员三番五次地打断科尔的讲话。在推销中，这是一大忌！在现实生活中，经常随意打断对方讲话的人，也只能让讲话者生厌。

对推销员来说，绝对不要随意打断顾客的话，而应该让他心平气和地把话讲完，就算他的意见不符合实际情况，也要听下去，除非情况非常特殊。

让顾客充分表达异议，即便你知道他将要说什么，也不要试图打断他。对顾客要有礼貌、认真地倾听，尽量做出反应。没有任何顾客愿意去跟那些自作聪明的推销员打交道。要是你不能表现出对顾客及其问题的兴趣，你永远也不会赢得顾客的信任。

不认真听取顾客在购买时所关心的问题，而是自己随意地罗列出自己关心的情况，结果只有一条：让顾客跑掉！

知识拓展

“两只耳朵一张嘴”法则

不知道你是否注意：要是有一个谈话的机会，大多数人都是不太爱听别人谈话，而是喜欢别人听他说话的。还有一种常见的现象是，大多数人喜欢谈和自己有关的事情，而不是和对方有关的事情。

然而，如果你想成为一名会说话的人，成为左右逢源的人，成为最受欢迎的人，那么，建议你在和别人，尤其是和顾客谈话时，注意把好的机会留给对方——让他说，说他关心的事。

一般人在与别人交谈时，大多数时间都是他在讲话，或者他尽可能想自己说话。一般推销员在推销产品时，70% 的时间是他在讲话或介绍产品，顾客只能得到 30% 的讲话时间。因此这样的推销员业绩平平。而顶尖的推销员，早就总结出了一条规律：如果你想成为优秀的推销员，建议你把用于听和说的比例调整为，70% 时间让顾客讲话，你倾听；30% 时间自己用来发问、赞美和鼓励他说。这就是“两只耳朵一张嘴”法则。

是的，几乎所有的推销大师和会说话的人都在建议我们：要倾听、倾听、倾听！

倾听可以让你的生活变得更加快乐，倾听可以让你的工作变得更加轻松，倾听让你的订单来得更多，倾听让你身边的人更喜欢你，倾听让你的顾客更信任你。倾听是一种推销手段，倾听更是一种个人的修养。

世界上的难事之一便是闭上嘴巴，假如你不张开耳朵，不适时地闭上嘴巴，你就会失去无数机会。切记，千万不要太忙于说话，要学会“听话”。

顶尖忠告：当你发现自己说话的时间超过了45%，那就必须当机立断：闭嘴！

（资料来源：史迪文：《世界上最会说话的人》，北京邮电大学出版社2017年版。）

任务分析

任务描述中，上面的商场经理，应该给出了一些启示。经理能够让已经暴跳如雷的顾客很快平静下来，关键在于，他能够认真地倾听顾客的不满。

显然，善于倾听无形中起到了褒奖对方的作用，仔细认真地倾听对方的谈话，是尊重对方的前提，能够耐心地听说话者诉说，就等于告诉对方“你说的东西很有价值”、“你是一个值得我结交的人”。无形中，说者的自尊得到了满足。于是，说者对听者就会产生一个感情上的飞跃，认为“听话”者能理解自己，并欣慰于自己终于找到了一个可以倾诉的机会。如此，彼此心灵间的交流就使得双方的感情距离缩短了。

因此，认真仔细地听说话者讲述，是做好一位“听话”高手的首要条件。

“听话”高手的第二个特征是，能够养成良好的听话习惯。听别人讲话要注意礼貌，要专心致志地听，眼光要和讲话者交流，适当时用表情姿态去呼应对方的讲话。要做一个“听话”的高手，眼光切勿飘忽不定，不要做其他事情和显出不耐烦的样子。不要轻易打断对方谈话或接过话头再下结论。

知识与能力训练

知识训练

一、单项选择题

1. 感同身受的倾听要尽量做到“五到”，下面哪一个不是（　　）。

A. “耳到”　　B. “口到”

C. “手到”　　D. “身到”

2. 哪一种不是促使讲话者保持积极的讲话状态的形式（　　）。

A. 在表层意义上理解对方　　B. 用实际行动鼓励

C. 表明理解对方　　D. 适当运用反驳和插话

3. 倾听中属于支持性举止的是（　　）。

A. 在合适的时候点头或微笑　　B. 跷二郎腿

C. 交叉双臂　　D. 在别人说话时，总是不经意地轻弹、敲

二、多项选择题

1. 倾听时主观因素的干扰包括（　　）。

A. 个人偏见　　B. 排斥不符合自己意愿的信息
C. 急于发言　　D. 思维遨游
E. 年龄、性别差异引起的倾听干扰

2. 倾听的三种类型包括（　　）。
A. 随意的倾听　　B. 在表层意义上理解对方的倾听
C. 有选择的倾听　　D. 专心的倾听
E. 全神贯注的倾听

3. 感同身受的倾听要尽量做到“五到”，它们是（　　）。
A. “耳到”　　B. “口到”
C. “手到”　　D. “心到”
E. “身到”

4. 促使讲话者保持积极的讲话状态的形式是（　　）。
A. 点头微笑　　B. 用实际行动鼓励
C. 表明理解对方　　D. 适当运用反驳和插话
E. 专注地听

三、问答题

1. 倾听有哪些技巧?
2. 倾听时为什么要坐定好位子?

能力训练

观　察　者

1. 请阅读下面你将要观察的事项，卢先生和张先生（倾听者）也阅读各自所扮演角色的材料。但是，不要在小组内讨论角色。

2. 当下列状况发生时，请予以注意：

a. 当倾听者（张先生）试图改变卢先生的观点时。
b. 当倾听者对卢先生的表述做正确或错误评价时。
c. 当倾听者表示出非语言的暗示时。
d. 当倾听者在对方表达时表现出兴趣时。
e. 当倾听者能够引导表达者时。

你将发表对倾听者张先生倾听状况的报告，并注意以下几点：

1. 倾听者张先生是否与卢先生发生争执?
2. 以他的倾听技能，他能否认识到：

a. 卢先生连续5年工作出色。
b. 卢先生应下午3：30下班，而且每周工作的时间比要求的多。
c. 卢先生的工作似乎较慢，那是因为他所承担的工作相当困难。

材料——张先生

你是新上任的人事经理，已经有三个星期了。你准备会见一个员工——卢先生，他已受过三次惩处。根据卢先生上司的建议，你打算解雇他。

卢先生的上司说：卢先生的工作效率低，在他的同事中，他的产量最低。他的工作时间应该是从上午8：30到下午4：30，而且他也知道，但他公然违反公司的规定，一周内三次在下午3：30下班。如果允许他在公司继续工作下去，将会影响其他员工。他的第一次惩处是因为工作效率低并且早退。在受到第一次惩处后，他的上司就这个问题找他谈过话，但是他没有改进，因而受到第二次惩处。由于他的行为依然如故，所以他受到第三次惩处。他的上司在给你的报告中说，他想立即解雇卢先生，但没有提出确切的解雇时间。

像卢先生这种专业化的冲模制造工确实很短缺，在你的大企业内，许多部门都需要这种工人。一般来说，你应该给他第二次机会，然而，公开违反公司的规定是不能容许的。因此你决定立即解雇他。

你刚刚学过倾听的理论和方法，现在给你一个练习倾听技能的机会。

材料——卢先生

你被叫到张先生的办公室进行一次面谈。你的上司刚刚对你进行第三次惩处，这将意味着你要被解雇。你感到很难理解惩处你的理由。上任上司非常重视你的天资和能力，对你的工作绩效给予很高的评价。你是一个工具和模具工人，并是车间的设备检修员，因为你的手工作业精度是其他工人所不能及的。你在现在的工作岗位上已有5年，而且一直坚持在夜校学习机械工程学。由于你不断地自我培养，使得你有能力为一个项目设计出一套检测装置。为此，你收到来自设计部门的一封感谢信，感谢你帮助他们纠正了设计上的错误。这封感谢信的副本被送到你的前任上司手里。

你的家不在这个城市，每天早上你7：30就开始上班，因为每周有三天你必须早走，以便准时赶到夜校。你每周工作时间是46小时，你的前任上司准许你去学习，并说要通知人事部门。

当你接到关于惩处你的通知时，你曾试图向你的现任上司解释缘由，特别是关于上任上司允许你外出学习的事，同时说明你所从事工作的难度高。然而每次你的上司都说他太忙，没有时间同你交谈，只告诉你不许早退和工作快一点。你觉得你的新上司太难处，而你又羞于向他诉说你的困难。现在你来到了人事经理张先生的办公室。

（**提示：**三人为一个小组，分别扮演不同的角色，但是，不要在小组内讨论角色。）

项目实战

本项目主要学习以下内容：

实战一 综合案例分析

【实战内容】通过案例阅读、分析和讨论，回答案例所提出的问题。

【实战目标】全面总结销售人员的语言艺术，以销售人员的标准要求自己，提高自身的语言口才。

【实战要求与步骤】

1. 将学生分成4~6人一组，选出组长；
2. 小组内部进行讨论，并提交一份讨论结果；
3. 教师对各小组的讨论结果进行点评。

案例：成功“三打白骨精”

一位衣冠楚楚的年轻顾客气宇轩昂地走进专卖店，小魏迎上前去。

小魏：老板，来选砖呀？

顾客：嗯，随便转转。

小魏：一看您就知道是有钱人。您在哪里置办的豪宅呀？（点评：不谈砖先说人，巧妙探寻顾客的情况。）

顾客：哪里哪里，你真爱说笑，我们这种穷人哪买得起豪宅，就在二环边上买了个小房子，嘉仑台二期。

小魏：嘉仑台呀，您还说没钱，那边起价就五千多。能住那里的可都是“白骨精”呀！（点评：对于楼盘的熟悉，让小魏对顾客有了初步的判断。）

顾客：什么？“白骨精”？

小魏：白领、骨干加精英呀。（点评：幽默的语言，拉近和顾客的距离。）

顾客：哈哈，你真会说话。什么“白骨精”，都是让资本家剥削的可怜人呀！

小魏：您在嘉仑台买的房，是朋友或者邻居介绍来我们店的吗？（点评：巧妙引导话题。）

顾客：不是，我自己溜达过来的，为什么这么问？

小魏：是这样，嘉仑台有好多业主都是用我们的砖，一期四座楼300多户，我们起码做了120多户。所以你一说是嘉仑台的，我以为是老顾客介绍来的。（点评：让顾客留下一个印象，我们的砖很畅销很流行。）

顾客：哦，是吗？我怎么不知道我们小区有这么多人用你们的砖。

小魏：您还不信，等一下，我去给你拿销售记录。

片刻之后，小魏拿着一个册子走了过来。（片刻之间，可以做很多事……）

小魏：你看，不但是嘉仑台，就连心海假日、帝景豪庭……这些楼盘都有很多客户用我们的砖。（点评：通过证据，增加语言的可信度。）

顾客：好像是有不少，现在买你的砖有什么说法吗？

小魏：嘉仑台的业主大多数都是在外资公司上班的白领，我们针对这些客户推出了两款推荐产品，购买这两款产品的话现在能够享受特价优惠和超值服务。你来看一下，就是这两款产品。（点评：引导客户思路，主动推荐高档产品，把主导权掌握在自己手里。）

顾客：确实不错，特别是这款绿的，看上去清新淡雅，很有档次的样子。

小魏：您真是有眼光，这款“清溪流泉”在嘉仑台卖得最好，我们的客户百分之八十都是选用的这款产品。像您这样的精英，一看就是单位里的骨干，工作压力肯定特别大，每天要很晚才回家。回家一开灯，地砖淡雅的色泽在灯光的映照下，好像绿色的小溪在流动一样，多么提神解乏呀。你肯定知道，绿色是所有颜色当中，最能够让人放松心情的颜色了。（点评：顺势而为，深得 FAB 销售法的精髓，站在客户立场，重点介绍给客户带来的利益。）

顾客：花色是不错，多少钱一片。

小魏：这款砖是我们针对高档社区推出的顶级产品，原价 168 元一片，你是嘉仑台的业主，可以享受团购价八八折，148 元，也就是个中档偏上的价格。（点评：用原价做对比，尽量淡化价格。）

顾客：哇，这么贵。隔壁看上去花色差不多的砖标价才 98 块而已，侃侃价估计还能便宜点儿，你打完折还要比人家贵一半，这个价钱也太离谱了吧。（顾客开始提出异议。）

小魏：您看，这是一支油性笔，你在这片砖上随便写几个字。

顾客按照小魏的要求在砖上写了几个字，小魏拿起一块抹布又轻轻地将字迹擦去。

小魏：为什么说我们这款砖是针对高档社区专门推出的呢？就是因为它拥有顶级的防污能力。我们这个砖从配方到选料，从研磨到烧成，全都是采用从意大利和西班牙进口的机器设备和高档原料，最后再应用纳米技术对砖进行防污处理。你想想，当您不小心把茶呀、油呀、墨水呀、葡萄酒呀这些东西洒在地上的时候，只要用墩布一擦，就还你一个干净的地面。既不用您每个月固定请家政公司打扫，又不用在家里准备一大堆酸性、碱性的清洁剂，蹲在地上擦呀擦地搞半天，又省钱又省时间，多划算呀。（点评：推荐和演示交替进行，增加说服力和可信度。）

顾客：人家隔壁店里的砖也能擦掉呀！

小魏：我知道，不仅仅是隔壁，现在很多牌子的砖都做这种防污演示。但是请您注意，能够擦掉水性笔留下的痕迹是抛光砖基本的防污能力，我们这里用的是油性笔，油墨的附着和渗透能力远远胜过水墨，只有能够擦掉油性笔痕迹的砖才是真正防污的好砖。我把这支笔和这块抹布都借给您，省得您以为笔和抹布上作了手脚，现在您去其他店里照我们刚才的样子做一遍，看看是不是还能擦掉。（点评：三打白骨精的第一打，打擂台。对于产品和竞品的熟悉，让小魏充满了自信。）

顾客：好，我不去别的店里试了。就算我信你说的，你们的砖防污能力好，（分析：被小魏的自信和气势压制）可是也贵不了这么多呀！这样吧，每一片我多出十块钱，108 元一片。你要是觉得能给，我就交订金。不行的话，我就再去别家。（分析：顾客在探寻最低价的时候，也是购买意愿最坚决的时候，这个时候决不能轻易让步。）

小魏：是这样的，老板。我们这个 148 元是含着很多服务在里面的。别的店送货是送到楼下，我们是送货上门。您知道的，请搬运工的话，一箱砖上一层楼要两块钱，您住几楼？七楼。一箱三片砖，这样的话每一块砖要摊4元。而且我们这款产品是送铺贴的，一片八百的砖铺贴费8元，技术好一点的师傅9元，加上水泥沙，至少14元，我们都是合作了很多年的老师傅，技术很好，铺贴完之后还无条件把多余的砖和水泥沙退回来。这些服务的成本就在20元左右，把这些扣掉我们的砖也就差不多128元。选我们的砖，您只要到时候等着工程验收就行了；您要是买别的品牌，还要自己去市场里买水泥和沙子，自己请师傅，还要时刻盯着怕他偷工减料铺不好，铺完以后多出来的砖和水泥沙子还要自己处理，算算这个成本和时间精力，我们的产品价格并不贵。（点评：详尽的成本计算和价格分解，化解顾客的价格异议。）

小魏说完之后，把手插进裤兜，好像在什么东西上按了一下。（呼叫支援）

顾客：你说的是很有道理，但是就是这样，你们的砖也仍然要比别的品牌贵上二三十元……

这个时候，店里的另外一个导购小刘急匆匆跑过来，对着小魏说："魏姐，昨天买'清溪流泉'的业主打电话来了，你昨天跟人家说的是158元。票上没写，现在送货的小李非要按168元收钱不可，你赶紧给小李打个电话说一下，人家业主生气了。"

小魏：好的。老板，您稍等一下，我马上就过来。

小魏走开后，顾客好像很无意地问小刘："你们这款砖卖得好像不错呀？"小刘回答："是呀，这款砖质量好，又是现在最流行的花色，卖得很快。除了市里几个高档小区的团购以外，平常对散客一分钱都不打折的，昨天这个是我们会计的朋友，请示了经理，才给便宜了10块钱。"（点评：三打白骨精的第二打，打掩护。侧面回绝顾客的议价要求，降低其心理底线。）

两人正在聊着，小魏走了回来：这样吧，老板。看您是诚心想要，我这边还有点事，咱们干脆点。我填个特价申请单，就说您是嘉仑台二期的业主，同意做样板间，要求享受优惠。我填个128元，不过估计批不了，一期的样板间都得138元，二期估计只能比这个高不会比这个低，我尽量努力吧。

顾客：好的，你给多说说好话，争取批得低一点。七楼是楼中楼，面积大用的砖多，装出来效果好。

小魏：好的，请您稍等。

小魏当着顾客认认真真地填完特价申请单之后，表情凝重地走进了办公室。过了十多分钟，正在顾客等得心急的时候，小魏挥舞着申请单，兴冲冲地跑出来。

小魏：老板，这次你要请我吃饭。我好说歹说，经理居然批了个136元，比一期的那个样板房还便宜。估计他是忘了，你赶紧去交订金开单，把事情定死。

顾客拿过申请单，上面龙飞凤舞地写着："充分利用样板间，加快对嘉仑台二期的小区推广进度，同意136元。刘"（分析：三打白骨精的第三打，打申请。通过申请特价的形式告知顾客，这是我的最低底线，同时也让顾客感觉到自己享受到了与众不同的待遇。）

顾客：好的，那真是太感谢你了，我现在就去交订金。谢谢你了。

小魏之所以获得成功，就在于她充分了解并且成功把握了顾客的心理需求，并针对顾客的心理需求着手，攻心为上。

讨论：上述案例中，小魏运用了哪些语言艺术？顾客的心理需求有哪些？

（**提示：**从销售语言艺术角度进行分析，顾客的心理需求无外乎以下三种，第一种，要面子；第二种，占便宜；第三种，求保障。）

实战二　“倾听”技能测试

【实战内容】“倾听”技能测试。

【实战目标】参照销售人员倾听的技巧，明确自己的优缺点，培养学生的倾听能力。

【实战要求与步骤】

1. 收集有关测试资料；
2. 学生在课堂上集体进行测试；
3. 联系职业要求在班级讨论：“一个优秀的销售人员应该具备哪些倾听技巧？”

测试题目：以下是20个测试题目，每题都有“几乎都是—5”“常常—4”“偶尔—3”“很少—2”“几乎从不—1”五种答案。请您在每题后面写上答案。

态　度

1. 你喜欢听别人说话吗？
2. 你会鼓励别人说话吗？
3. 你不喜欢的人在说话时，你也注意听吗？
4. 无论说话人是男是女，年长年幼，你都注意听吗？
5. 朋友、熟人、陌生人说话时，你都注意听吗？

行　为

6. 你是否会目中无人或心不在焉？
7. 你是否注视听话者？
8. 你是否忽略了足以使你分心的事物？
9. 你是否微笑、点头以及使用不同的方法鼓励他人说话？
10. 你是否深入考虑说话者所说的话？
11. 你是否试着指出说话者所说的意思？
12. 你是否试着指出他为何说那些话？
13. 你是否让说话者说完他（她）的话？
14. 当说话者在犹豫时，你是否鼓励他继续下去？
15. 你是否重述他的话，弄清楚后再发问？
16. 在说话者讲完之前，你是否避免批评他？
17. 无论说话者的态度与用词如何，你都注意听吗？
18. 若你预先知道说话者要说什么，你也注意听吗？
19. 你是否询问说话者有关他所用字词的意思？

20. 为了请他更完整地解释他的意见，你是否询问？

说明：将所得分加起来：

90～100 分，你是一个优秀的倾听者；

80～89 分，是一个很好的倾听者；

65～79 分，你是一个勇于改进、尚算良好的倾听者；

50～64 分，在有效倾听方面，你确实需要再训练；

50 分以下，你注意倾听吗？

你需要改进吗？请参考以下原则：

积极倾听——SOFTEN 原则；

S——微笑（Smile），恰当的面部表情；

O——聆听的积极姿态，避免分心（Open Posture）；

F——身体前倾（Forward Lean）；

T——音调（Tone），合适的回应语调；

E——目光交流（Eye Communication）；

N——点头（Nod），赞许性地点头。

项目四　拓展阅读

项目五
5 学会服务用语

案例导入

“耿直”的推销员

李磊和韩梅是一对中年夫妻，一天，他们来到一家品牌服饰商场，想给韩梅购买换季的衣服。一进卖场，推销员就非常热情地接待了两人：

推销员：“先生，您好，请问有什么需要？”

李磊：“我们想买女士的棉服，有什么推荐？”

推销员：“哦，先生，我们这里是比较青春时尚的款式，比较适合年轻人，您二位是给家里的孩子买吗？”

李磊：“不是，我想给我爱人买，有适合她的衣服吗？”

推销员：“哎，先生，您看您爱人身材比较胖，脸色也不是太好，我们这里的衣服都是修身款，而且颜色比较鲜艳，不太适合她。”

推销员话音未落，一直没有讲话的韩梅拉着李磊愤然离去，留下推销员在原地，推销员疑惑地想：“我说的都是事实啊，我怕他们买不到适合的衣服，正要给她推荐旁边的成熟女装呀？”

案例思考：

1. 案例中的销售人员明明礼貌热情，还希望为顾客提供好的建议，为什么最后顾客会愤然离去？

2. 销售人员除了要使用标准服务用语，还应该注意哪些语言上的技巧？

（**提示：**销售人员在销售过程中服务用语的使用应该注意哪些问题？）

项目导学图

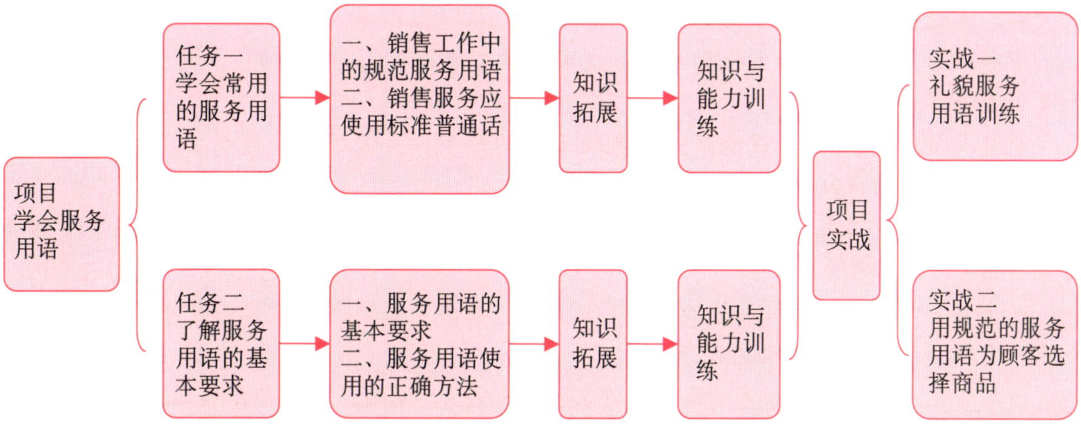

任务一
学会常用的服务用语

任务目标

【知识目标】了解销售活动中常见的服务用语；认识销售活动中，使用规范服务用语和标准普通话的意义

【能力目标】使学生学会在销售活动中使用常用服务用语，提高语言表达能力

【素质目标】引导学生树立为顾客科学服务的意识；通过使用规范的销售语言，传播社会文明，践行社会主义核心价值观，为提高全社会文明程度做出贡献

任务描述

春节临近，某中年妇女想要更换一下家中卧室的窗帘，以增强节日的气氛并使家中变得更温馨，于是她来到某家纺织批发商城准备逛逛，看是否有自己中意的。

走了一家又一家，这位中年妇女看得有些眼花缭乱，正犹豫不知如何是好时，一位30岁左右的销售人员迎上前来，微笑地说：“您好，我能为您做点什么？”

中年妇女说：“没什么，我随便看看。”

销售人员：“哦，那您随便转一下，看看是否有您相中的。我店面料，高中低档全有，质量都不错。您是乔迁之喜吧？”

中年妇女："我是想换一下窗帘。"

销售人员："是啊，要过年了，装饰一下家里，多喜庆，心情也会好呀！需要换客厅的窗帘还是卧室的？我来帮您参谋一下。"然后这位销售人员为这位顾客展示了几款不同面料的产品，并说："您放心，当场加工，保证质量。"

中年妇女："我想为卧室换套窗帘，我家卧室家具的颜色是琥珀黄，那套豆沙色的，不知是否适合？"

销售人员："挺适合，这套不仅颜色适合您的卧室，并且还比较有档次。"于是为顾客进行了面料材质的详细介绍，并进行了效果展示。

中年妇女静下心来，仔细倾听销售人员的介绍，并在价格上进行了协商，最后定了这套卧室窗帘。

一个多小时后，销售人员将加工好的新窗帘，打好包装递到了顾客的手中，说："回家试试，有不合适的地方随时过来。"

最后销售人员还递给顾客一张店面的名片，并说："慢走，有需要再来。"

（资料来源：一分钟情景销售技巧研究中心：《店铺销售》，中华联合出版社 2011 年版。）

该销售人员为什么能够将已经有些眼花缭乱不知如何是好的中年女性顾客，变成了自己的现实顾客？通过学习销售服务工作中应掌握的服务用语，就会帮助我们找到答案。

任务学习

在销售服务工作中，语言是各种重要服务手段中最基本的，也是最重要的方式之一。对销售服务人员而言，语言已成为服务交流的工具之一。登机之时，空中小姐的一句"欢迎乘坐我们的航班，祝您旅途愉快"令人感到亲切、温暖。而当你走出酒店门口，迎宾小姐的一句"谢谢光顾，请您走好"确实令人舒心、愉快。

销售服务人员的语言水平高低，直接反映出服务人员及企业的服务与管理水平。因此，掌握常用的服务规范用语，灵活运用多种语言沟通技巧，对提高销售企业的服务质量有着重要作用。那么，在销售服务中应掌握的常规服务用语主要有哪些呢？

一、销售工作中的规范服务用语

销售工作中的规范服务用语，是指在服务工作中所使用的语言三要素，即语音、词汇、语法的规范化。其中，语音的规范化主要是通过普通话的表达来体现的；而词汇、语法的规范化主要是通过一些常用的基本用语在不同场合的使用而体现出来的。换句话说，销售工作中的规范服务用语，就是对服务用语的语言内容与场景、语调及与身体语言的配合等方面所做出的明确规定。

在不同的销售工作场合，有着不同的规范服务用语。下面主要来了解和掌握当顾客进入商店时，当顾客咨询商品知识或其他问题时，当顾客购买商品或付款结账时，当接待顾客过程中发生过错时，当顾客离开收银台、柜台或商场时，应使用怎样的服务规范用语。

（一）问候服务用语

而在销售服务工作中，销售人员在不同时间段遇到顾客时，也有着规范的问候语。

如：在早上迎接顾客时可以说："早上好"；在下午或晚上迎接顾客时可以说："下午好或晚上好"；通常迎接顾客时还可以说"欢迎光临""您好""请问有什么可以帮助到您的"等。

（二）询问服务用语

在销售服务工作中，销售人员的主要工作目标之一，就是向顾客推销商品。在与顾客进行推销沟通时，为及时了解顾客对商品的需求，以便更好地为顾客介绍其满意的商品，销售人员可以使用一些询问式的规范化服务用语。

如"这是我们最近刚推出的新品，您要试用一下吗？"

"请问您是自己用还是送给家人或朋友呢？"

"请问您是不是要买给老人用呢？"

"您需要体验一下吗？"

"我们的产品都是原装进口的，您随便看。"

通过这些规范化的询问式服务用语，销售人员就可以在轻轻松松中，了解到顾客的需求。

（三）主销服务用语

在销售服务工作中，当销售人员介绍商品时，发现顾客对某商品感到有兴趣，为进一步了解顾客的需求，可以使用以下的规范化服务用语。

如"按照刚才您说的，您主要想要……，是这样吗？"

"请问您需要什么价位的呢？"

"所以，您是想为父母选择一款产品功能简捷、易于操作的产品吗？"

（四）转关服务用语

在销售服务工作中，当销售人员介绍商品时，发现顾客对所介绍的某商品不太感兴趣，这时就可以使用以下转关性的规范化服务用语。

如"那您再看看我们这款产品"或"那您觉得这款产品怎么样呢？"

"这款产品比您刚看到的产品功能更齐全，作用更好。"

"我帮您试用一下，好吗？"

（五）关联服务用语

在销售服务工作中，当顾客接受了销售人员所推销的商品后，还可使用以下规范性的服务用语，向顾客推荐与已拟购商品以外相关联的商品。

如"您再看看这款产品，给父母买特别合适。"

"您还需了解一下这款产品吗？"

"现在购满 1000 元，可换这款产品，您还需要看看吗？"

"您会员卡的积分可以换我们这些产品，您可以看看有没有合适的？"

（六）买单服务用语

在销售服务工作中，当销售人员完成商品推销后，顾客在进行买单前，还可使用以下规范性的服务用语，为顾客顺利买单提供方便服务。

如"请问您是刷卡还是付现呢？"

"您在使用过程中有任何问题可随时咨询我们的客服部。"

（七）致歉服务用语

在销售服务工作中，当对顾客服务不够周到，应使用以下规范性致歉语，向顾客表示歉意。

如不能立即接待顾客时说“请您稍候”“麻烦您等一下”“我马上就来。”

对在等候的顾客说“让您久等了”“对不起，让你们等候多时了”等。

打扰或给顾客带来麻烦时说“对不起”“打扰您了”“给您添麻烦了”等。由于失误表示歉意时说“很抱歉”等。

当顾客向你致谢时说“请别客气”“很高兴为您服务”“这是我应该做的”等。

当顾客向你致歉时说“没有什么”“没关系”“算不了什么”等。

当你听不清楚顾客问话时说“很对不起，我没听清，请重复一遍好吗”等。

当你要打断顾客的谈话时说“对不起，我可以占用一下您的时间吗?”“对不起，耽搁您的时间了”等。

（八）致谢服务用语

在销售服务工作中，当得到顾客的帮助或顾客配合我们完成服务、顾客对我们的服务不周表示理解、顾客对我们的服务工作进行称赞时，应使用道谢服务用语，来向顾客表示谢意。

如“谢谢!”“谢谢您的鼓励（夸奖），这是我们应该做的。”

（九）道别服务用语

在销售服务工作中，顾客结束购买时，应使用以下规范性道别服务用语，来与顾客道别。

如“再见，欢迎您下次再来。”“请慢走，欢迎下次光临”等。

二、销售服务应使用标准普通话

众所周知，我国地域辽阔、民族众多。不同地域、不同民族的人们在沟通交流时所使用的语言，具有很大的差别。为规范语言标准，我国多年来一直在各行业中，特别是服务行业中，大力推广普通话。为此，销售人员必须学好普通话，以彰显优良的服务规范，展示自身的职业素养，更好地为顾客提供服务。

（一）销售人员标准普通话的要求

1. 吐字清晰，发音标准。我国对从事教师、服务窗口单位的工作人员的普通话标准，有着高标准的要求。销售人员要按普通话的发音标准，吐字清晰地使用规范服务用语，至少要达到普通话二级甲等证书水平。

2. 字正腔圆，声音优美。在销售服务工作中，销售人员如果用优美而标准的普通话，为顾客服务，则会提升销售服务质量与服务档次。

（二）销售人员练习普通话应遵循的原则

能有一口标准的普通话，需要在生活和工作中进行不断的练习，特别是方言与口音很重地区的销售人员，更要勤于练习。一般情况下，练习普通话应遵循以下原则：

1. 学好汉语拼音，向主持人和普通话标准的人学习；

2. 大胆开口讲普通话，努力使普通话成为自己生活和工作的语言环境；

3. 持之以恒，善于在交流中不断纠正自己的不正确发音。

任务分析

任务描述中的销售人员为什么能够将已经有些眼花缭乱不知如何是好的中年女性顾客，变成了自己的现实顾客？

通过任务一的学习我们知道，销售人员在与顾客沟通时，使用规范化的服务用语，会令顾客感到愉悦与舒适，从而促进销售工作。

那么我们回顾一下，任务描述中的销售人员，看看她是怎样使用规范化的销售服务语言与顾客沟通的。

当中年女性顾客走进店面时，该销售人员迎上前去，微笑地说："您好，我能为您做点什么？"

当想要进一步了解该顾客的需求时，该销售人员说："哦……看看我店的产品，高中低档全有，质量都不错。您是乔迁之喜吧？""需要客厅的窗帘还是卧室的？我来帮您参谋一下。"让人感到亲切自然。

当得知顾客是想要更换家中客厅的窗帘时，该销售人员对顾客表示了赞许，说："是啊，要过年了，装饰一下家里，多喜庆，心情也会好呀！"

当顾客选购时，需要给予自己的选择方案以信心时，该销售人员又说："挺适合，这套不仅颜色适合您的卧室，并且还比较有档次。"并通过面料材质的详细介绍和使用效果展示，来进一步增强顾客购买决定的形成。

最后，销售人员还不忘向顾客说了句"慢走，有需要再来"的道别语。

通过对以上销售工作具体过程的分析可以看出，该销售人员在销售接待工作的各环节中，均能够基本使用规范性的服务用语，才使她的销售工作变得顺畅，该中年女性顾客，由潜在顾客最终变成了她的现实顾客。

知识拓展

超市员工服务用语标准

超市员工服务用语标准主要是用于指导超市员工正确且规范地服务于顾客。制定超市员工服务用语标准是超市科学化、规范化管理的需要。作为一个合格的超市员工，应了解超市员工服务用语标准。

一、牢记五大规范服务用语

接待顾客要求语调亲切、吐字清晰、音量适度、语速适中，服务过程用语恰当，灵活使用五大规范服务用语，即"您好""欢迎光临！"；"谢谢"；"对不起""没关系"；"请您原谅"；"欢迎您再来"，贯穿服务始终。

二、接待顾客要有"五声"

1. 顾客进入商店，走进柜台要有迎声；
2. 顾客咨询商品知识或其他问题，要有答声；
3. 顾客购买商品或付款结账时，要有谢声；
4. 接待顾客过程中，发生过错要有致歉声；

5. 顾客离开收银台、柜台或商店时要有道别声。

三、出现问题做到“五不计较”

1. 顾客与你打招呼，称呼不当不计较；
2. 顾客购买商品时，举止不文雅不计较；
3. 主动迎客，顾客不理睬时不计较；
4. 遇顾客性情暴躁，语言欠妥时不计较；
5. 人少事多，得不到顾客体谅时不计较。

四、接待顾客严禁使用否定、质问、嘲讽等不文明、不礼貌语言，做到“五不讲”

1. 粗话、脏话、无理的话不讲；
2. 讽刺、挖苦、刺激顾客，激化矛盾的话不讲；
3. 有伤顾客自尊心和有损顾客人格的话不讲；
4. 埋怨、责怪顾客的话不讲；
5. 顶撞、反驳、教训顾客的话不讲。

五、严格执行“四不说、一不让”服务规范

1. 当顾客要买的东西无货时，不说“没有”，而要主动介绍替代商品或说明缺货原因及到货时间；

2. 当顾客询问商品的性能和食用方法时，不说“不知道”，要实事求是、热情地介绍，确实不了解的，要请教其他员工解释；

3. 当顾客提出要退货时，不说“不退不换”；

4. 当顾客无意地将店内物品损坏时，不让顾客赔偿。

六、接待顾客出现差错时

1. 态度要冷静，属于售货员差错，要主动承认，向顾客赔礼道歉，并立即纠正；属于顾客差错，态度要和蔼予以谅解，得礼让人，并说“没关系，谁都难免”。

2. 差错原因自己查不清时，请值班经理协助解决。

（资料来源：http：//mammon. tbshops. com/Html/news/102/50865. html。）

知识与能力训练

知识训练

一、填空题

1. 销售工作中的规范服务用语，是指在销售服务工作中所使用的语言三要素，包括（　　）、（　　）和（　　）的规范。

2. 销售工作中的规范服务用语主要包括（　　）服务用语、（　　）服务用语、（　　）服务用语、（　　）服务用语、（　　）服务用语、（　　）服务用语、（　　）服务用语、（　　）服务用语和（　　）服务用语等。

3. 销售人员要按普通话的发音标准，使用规范服务用语，至少要达到普通话（　　）证书水平。

二、选择题

1. “请问您是自己用？还是送给家人和朋友呢？”是（　　）。

A. 问候服务用语　　B. 询问服务用语

C. 主销服务用语　　D. 相关服务用语

2. “谢谢，这是我们应该做的”是（　　）。

A. 道谢服务用语　　B. 致歉服务用语

C. 道别服务用语　　D. 问候服务用语

三、简答题

1. 简述销售人员练习普通话应遵循的原则。

2. 简答在何种情况下使用主销服务用语、关联服务用语？

能力训练

销售人员如何开场

当顾客初次进店，销售人员笑颜以对，可顾客却毫无反应，一言不发或冷冷地回答：我随便看看。经常有销售人员这样来应对顾客：

A. 销售人员可以说：“没关系，您随便看吧！”

B. 销售人员可以说：“好的，那您随便看看吧！”

C. 销售人员可以说：“那好，您先看看，需要帮助的话叫我。”

讨论：根据所学销售服务规范用语，来讨论以上销售人员的应对方式是否正确？面对顾客的这种情况，你认为销售人员更好的开场方式应怎样？

（提示：以上三种应答方式都是错误的。可以结合具体的商品设计更好的开场方式，如：

1. 销售人员说：“没关系，您现在买不买都无所谓，您可以先了解一下我们的产品。来，我先给您介绍一下我们的产品，我们的产品有……，它们的优点是……。请问，您喜欢什么样的呢？”

2. 销售人员说：“没关系，买东西就应该多走走，多看看。不过，我真的想向您介绍一下我们的这种产品，因为它是我们店里这些天来卖得最好的。您可以先了解一下。来，这边请。”）

（资料来源：http：//wenku. baidu. com/view/3a892d81b9d528ea81c779cd. html。）

任务二
了解服务用语的基本要求

任务目标

【知识目标】了解服务用语的基本要求；懂得服务用语的正确使用方法
【能力目标】提高学生的语言沟通、表达能力；使学生具备未来职业实践能力
【素质目标】增强学生将来从事销售工作的信心，以高标准要求自己，形成敬业乐业的职业道德品质

任务描述

试衣事件

一天下午，一位顾客来到某购物广场服装部。顾客看中了一条连衣裙，要求销售员拿一条大码的给她试穿。

销售员看了该顾客一眼，说，“你穿大码的？中码就够了吧？”

顾客说：“我一直穿大码衣服。”

销售员说：“我们的衣服码数偏大，你先试试手上这件中码的吧！”

顾客只好试中码，费了半天劲才穿上，效果自然不好，顾客再次提出要试大码的。销售员看着顾客穿着中码衣服紧绷绷的样子，慢条斯理地说：“这个衣服嘛，样子还可以，就是布料有点容易皱，看你喜不喜欢。”边说边整理手上的其他衣服，并没有按顾客的要求去找一条大码的裙子给她来试。顾客在镜子前等了半天，不知道是没货，还是销售员懒得为她拿大码衣服，最后顾客只好走了。

（资料来源：http：//news. qq. com/a/20090204/000270. htm。）

为什么这位顾客最终没购买这款裙子？销售人员的服务有哪些不妥？通过学习销售人员应掌握的服务用语来进行分析。

任务学习

一、服务用语的基本要求

在销售服务实践中，销售人员使用的服务用语多种多样，但不管怎样使用，均应符合以下要求：

（一）服务用语要热情、诚恳

热情诚恳是销售服务人员必须具备的良好职业道德品质之一。热情是指服务语言的表达形式，要亲切热情。诚恳是指服务语言的内容，要诚实可信。所以，在销售服务工作中，销

售人员通过热情的态度，实话实说地为顾客服务，这是销售服务工作的根本。

（二）服务用语要规范、准确

规范、准确是真正提高服务质量的必要条件。规范是指各服务企业应制定一整套标准化服务语言。准确是指要用普通话来实现标准化服务用语。所以，在销售服务工作中，销售人员要用普通话而不是方言，为来自各地的顾客服务。

（三）服务用语要文明礼貌

文明礼貌是销售服务人员与顾客和谐沟通的基本要求。服务用语要文明礼貌是指要用和气、文雅、谦逊的语言来为顾客服务，这是对顾客的尊重。

二、服务用语使用的正确方法

（一）注意说话时的仪态

与顾客对话时，首先要面带微笑地倾听，并通过关注的目光进行感情的交流，或通过点头和简短的提高，插话表示你对顾客谈话的注意和兴趣。

（二）要注意选择词语

在表达同一种意思时，由于选择词语的不同，就会有不同的效果，往往会给顾客以不同的感受，产生不同的效果。例如，“请往那边走”使顾客听起来觉得有礼貌，如把“请”字省去了，在语气上就显得生硬。另外，在服务中要注意选择客气的用语，如说“用饭”代替“要饭”，用“几位”代替“几个人”，用“贵姓”代替“您叫什么”，用“不新鲜，有异味”代替“发霉”“发臭”，用“让您破费了”代替“按规定要罚款”等。这样会使人听起来更文雅，免去粗俗感。

案例阅读

如此情景（一）

一天，一位顾客来到一家服装店。

顾客：“你好，我之前在这买了一件衣服，洗过严重缩水，想退一下。”

销售员翻着白眼：“怎么可能，我家的衣服质量都没问题，怎么可能缩水，是在这买的吗？信誉卡拿过来看看。”

顾客虽然不满，但也没有多说，把信誉卡递给了销售员，销售员拿过来一看，直接把信誉卡扔给了顾客。

销售员：“没看见吗？写着特价商品，不退不换吗？”

顾客：“你这是霸王条款，当时你也没说呀？而且你这是产品质量问题。”

销售员：“就是不能退，别影响我做生意。”

顾客：“你……？我要投诉你。”于是，生气地离开。

案例思考：该销售人员在处理顾客售后的过程中犯了哪些错误？

案例解析：销售人员由于选择词语不同，往往会给顾客以不同的感受，产生不同的效果。该销售人员在与顾客对话过程中，面露不屑，语言生硬，态度恶劣，激化了与顾客之间的矛盾。如果该销售员注意以下几点，就会避免顾客的不满。首先，要正确对待顾客的批评。其次，真诚地向顾客道歉。另外，提出可行性解决方案，或与负责人商量。

（三）注意语言要简练、中心要突出

在服务过程中，与顾客谈话的时间不宜过长，这就需要我们用简练的语言去交谈。在交谈中，销售人员如果能简要地重复重要的内容，不仅表示了对话题的专注，也使对话的重要部分得到强调，使意思更明白，并能减少误会，这种做法很好。

案例阅读

如此情景（二）

营业员：“您好，请问办什么业务？”

顾客：“我要寄一份文件。”

营业员：“请交25元。您这是50元钱，应收您25元，找您25元，收据零钱请拿好。欢迎再来。”

用户：“快递几天能到？”

营业员：“3～4天。欢迎再来。”

用户：“这收据还有用吗？”

营业员：“收据要保存好，以备查询。欢迎再来！”

案例思考：请对该服务人员的服务进行点评？

案例解析：在营业过程中，与顾客谈话的时间不宜过长，这就需要我们用简练的语言去交谈。该服务人员与顾客有针对性地沟通交流较符合快递行业对服务用语简洁、中心突出的要求。

（四）注意语音、语调和语速

说话不仅是在交流信息，同时也是在交流感情。许多复杂的情感往往通过不同的语调和语速表现出来。如明快、爽朗的语调会使人感到自然大方和亲切友好；声音尖锐刺耳或说话速度过急，使人感到急躁、不耐烦；有气无力，拖着长长的调子，会给人一种矫揉造作之感。因此，在与顾客谈话时掌握好音调和节奏是十分重要的。

任务分析

通过任务学习我们知道，服务用语的基本要求是：热情、诚恳、规范、准确、讲文明礼貌；使用服务用语的方法是：注意说话时的仪态、要注意选择词语、语言要简练、中心要突出，注意语音、语调和语速；而任务描述中的销售人员应在顾客提出要求试穿大码衣服时，应按顾客的要求去办，并无条件地使用满足顾客要求的服务用语，让她试穿大码衣服。如果确实没有大码衣服，销售人员应该向顾客说明原因，并尽快补货，保证卖场不会脱销。营业员招呼顾客时，不应该同时做其他的事，把顾客晾在一边，这样既不礼貌，又伤害了与顾客的感情，降低了公司在顾客心目中的美誉度。

知识拓展

礼貌用语要八不讲

一不讲：有伤顾客自尊心的话。

二不讲：有损顾客人格的话。

三不讲：埋怨或责怪顾客的话。

四不讲：讽刺挖苦顾客的话。

五不讲：欺瞒哄骗顾客的话。

六不讲：不耐烦地催促顾客的话。

七不讲：低级庸俗的口头话。

八不讲：比喻不当的话。

（资料来源：刘烨：《销售语言与服务礼仪》，高等教育出版社2009年版。）

服务禁语

1. 和顾客打招呼时，禁止说：哎，你买什么？你要什么？

2. 顾客询问时，禁止说：您不会自己看吗？您买吗？不买就别问。

3. 拿递商品顾客未问价格时，禁止说：这是×××元一件（一个）。

4. 顾客询问商品价格时，禁止说：价签上写着呢，自己看。

5. 顾客挑选商品时，禁止说：要不要。有完没完。哎，快点挑。都一样，没什么可挑的。

6. 顾客询问某种商品是否有货时，禁止说：没有。早卖完了。

7. 顾客提出合理要求时，禁止说：我们办不到。我们不负责。你找负责人去。

8. 顾客询问商品知识时，禁止说：不知道或不清楚。我不懂。那儿有说明书，自己看。你问我，我问谁去。

9. 顾客买商品犹豫不决时，禁止说：不买总拿着看什么。买不起就别买。你到底要不要，不要我可收起来了。

10. 顾客看过商品或已开小票后又不想要了，禁止说：讨厌。事多。

11. 收款台或柜台前业务忙时，禁止说：喊什么喊，等一会儿。没看我正忙着呢。我又没闲着。

12. 顾客等候多时，问怎么还不给拿货时，禁止说：你脸上也没写着是先来的。谁能证明你是先来的。真能跟着添乱。

13. 顾客询问某种商品出售地点时，禁止说：那边。不知道。

14. 柜台或收款台没有零款时，禁止说：找不开，自己想办法找地方换去。

15. 顾客交款时，禁止说：交钱，快点。怎么不提前准备好。

16. 顾客退货或换货时，禁止说：才买的，怎么又要退（换）。买时想什么呢？这不是我卖的，谁卖的你，你找谁。愿找谁找谁，愿上哪儿告上哪儿告。不能退。不能换。

17. 顾客提意见时，禁止说：我就这态度，你管得着吗。上有领导，你随便找。

18. 临近下班（或下班铃响）时，禁止说：下班了，快点、快交钱。拿零钱，要么没钱找。款都交了，不收了。

19. 无论接待什么样的顾客，禁止说：有毛病。病人。

（资料来源：http：//wenwen. soso. com/z/q165143746. htm。）

收银员服务标准用语

1. 顾客来到收银台时应说："您好！欢迎光临！"

2. 接到顾客的货款时应说："您拿的是×××钱"/"您拿的钱正好"/"对不起！因为您使用的是信用卡付款，请稍等一会儿。"

3. 找补货款时应说："应找您××钱，请清点一下。"/"谢谢！请收回您的信用卡/票据。"

4. 当顾客指出找补货款有差错时应说："对不起！我立刻核查一下，请稍等。"

5. 确定没有差错时应说："让您久等了，我们经过核查，收您××钱，已找补××钱，没有错，请您再仔细回忆一下好吗？"

6. 确定是自己找补货款出错时应说："实在抱歉，是我的失误，耽误您的时间，请您原谅！"

7. 收银出现繁忙时应说："对不起！请大家依次排队，我尽量把收款速度加快点，谢谢合作！"

8. 收银系统出现问题时应说："请原谅！现在收银系统出现故障，我们立刻派人修理，请大家到××收银台去付款好吗？"

9. 顾客离去时应说："这是找给您的钱和票据（双手托付），欢迎再次光临。"

（资料来源：http：//cq. qq. com/zt/2010/scb315/yy. htm。）

知识与能力训练

知识训练

1. 热情是指直指服务语言的（　　），要亲切热情。诚恳直指服务语言的（　　）方面，要诚实可信。

2. 服务用语要规范、准确，其中规范是指各服务企业应制定一整套（　　）服务语言。准确是指要用（　　）来实现标准化服务用语。

3. （　　）是销售服务人员与顾客和谐沟通的基本要求。

4. 服务用语要文明礼貌是指要用（　　）、（　　）、（　　）的语言来为顾客服务。

5. 使顾客听起来觉得有礼貌的服务用语是（　　）。

A. 请往那边走　　B. 往那边走

C. 稍等会　　D. 不好意思，让您久等了

6. 与顾客对话时，首先要面带微笑地倾听，并通过关注的目光进行感情的交

流，或通过点头和简短的提问、插话表示你对顾客谈话的注意和兴趣直指对服务用语（　　）的要求。

A. 仪态　　B. 语气

C. 语调　　D. 语言内容

7. 服务用语使用时要注意（　　）。

A. 说话时的仪态　　B. 选择词语

C. 语言要简练、中心要突出　　D. 语音、语调和语速

8. 简述对销售人员服务用语的基本要求？

9. 简述销售人员服务用语的正确使用方法有哪些？

10. 为什么销售人员在销售活动中的服务用语要注意语音、语调和语速？

能力训练

巧妙的沟通

小张是一位某食品商场的糖果柜台的销售人员，一天上午，一位大妈来到柜组选购一些糖果，说是给外地的小孙子邮去。小张介绍完商品后，让大妈慢慢选择各式糖果，然后统一结算，就又忙着接待其他顾客了。正忙碌时，大妈要求小张将所选择的糖果统一装在一个大的塑料袋里，道谢后走了。这时小张才想起来大妈还没去款台交钱。小张看大妈还没走远，就大声而又亲切地喊道："大妈！大妈！请等等！"听到喊声，那位大妈停了下来，说："喊我吗？"小张连忙说："大妈对不起！忘给您开票了，我先给您开票，然后我陪您一起到款台交款。"大妈听后连忙说："你看看，我真是老糊涂了，还没交钱就把糖果拿走了，不好意思！不好意思了！"小张又说："哪里，哪里，是我忘记给您开票了。我还不到您这个岁数，就这么健忘。假如我及时提醒您就不会这样了。"

讨论：试从销售语言基本要求谈销售人员小张与大妈的沟通对你有何启示？

（**提示：**可从销售工作中应使用文明礼貌语言的角度出发来谈。）

项目实战

本项目主要学习以下内容：

了解销售活动中常见的服务用语；

认识销售活动中，使用规范服务用语和标准普通话的意义；

了解服务用语的基本要求；

懂得服务用语的正确使用方法。

项目实战是针对本项目中所涉及的理论知识，结合任务所要达到的知识、能力、情感与

价值观的目标设计的综合性的课堂活动。

实战一　礼貌服务用语训练

【实战内容】在学习销售人员服务用语的基本要求基础上，在老师的指导下，在课堂完成顾客进店的招呼语、介绍商品时的招呼语、指导顾客时的介绍语、顾客选购商品时的招呼语等各种礼貌用语。

【实战目标】通过训练使学生能够真正理解文明礼貌用语在销售工作中的重要性，并能在销售工作中正确使用礼貌用语。

【实战要求与步骤】

1. 将学生分成4～6人一组，选出组长；
2. 在所给出的实训材料中（见表5－1），选择其中一项，作为小组活动的内容依据；
3. 小组讨论：

（1）使用所选材料进行销售服务场景设计，并写在表5－2中；

（2）按所设计的销售服务场景，分配角色，并写在表5－2中；

（3）进行再现本组设计的展示；

4. 分组展示：要求3分钟内完成；
5. 教师对各组展示进行点评；
6. 各组将活动反思写在表5－2中，并派代表谈活动的体会。

表5－1

实训材料名称	实训材料内容
【实训材料1】	在销售服务工作中，要求销售人员不能对顾客说“不”这类的服务用语，更不能对顾客置之不理，应注意使用这类礼貌用语： ——“是的。” ——“好的。” ——“很高兴为您服务。” ——“好的，我明白您的意思。” ——“我会尽量按您的要求去做。” ——“听您的。” ——“随时为您效劳。”
【实训材料2】	在销售服务工作中，如果顾客对销售人员的服务表示满意，要求销售人员使用以下类似服务用语来回馈顾客： ——“这是我的荣幸。” ——“不必客气。” ——“不必客气，这是我们应该做的。” ——“请多指教。” ——“您太客气了，这是我们应该做的。”

续表

实训材料名称	实训材料内容
【实训材料 3】	在销售服务工作中，顾客因故向销售人员致歉时，销售人员应及时使用以下表示谅解的服务用语： ——“不要紧的。” ——“没关系。” ——“我不会介意的。”

表 5－2

小组名称：　　　　组长：

小组成员：

项目	内　容
所选实训材料（将材料内容填写在表格中）	
场景设计	
角色分工	
道具	
活动反思	

实战二　用规范的服务用语为顾客选择商品

【实战内容】 根据所给材料，用规范的服务用语为顾客选择商品。

【实战目标】 通过训练使学生学会运用服务用语，提高工作中运用规范服务用语的意识。

【实战要求与步骤】

1. 学生集体认真阅读所给材料。

2. 2 人一组（可同桌），分别扮演销售人员和顾客。

3. 利用所给材料，情景模拟销售人员现场的服装销售工作（2 人要分别互换角色进行练习）。

4. 随意抽查 3 ~ 4 组，进行情景模拟展示。

5. 教师点评各组展示。

【实战材料】

服装店的经营业绩很大程度上取决于员工的素质与工作表现。销售员在成交阶段要耐心帮助顾客挑选商品，帮他确立购买信心，赞许顾客的明智选择，包扎好商品、收款后将商品有礼貌地交给顾客。言语要热情、礼貌。那么，销售员帮助顾客挑选商品时的服务常用语有哪些呢？

“您仔细看，不合适的话我再给您拿。”

“别着急，您慢慢选吧。”

“您想看看这个？需要什么我帮您拿。”

“请您稍等，我马上给您拿。”

“这种商品本地的与外地的都差不多，您随便挑选吧。”

“我帮您选好吗？”

“您买回去若不合适，请保存好，只要不污损，可以拿来退换。”

“小姐，您真会买东西。”

“您很会挑选商品，拿回去您的先生（太太）准满意。”

“请等一下，我帮您包好。”

“您买的这个东西是自己用还是送人的，要不要包装讲究一些？”

“这是您的东西，请拿好。”

（资料来源：http：//wenku. baidu. com/view/e045b98c680203d8ce2f24a2. html。）

项目五　拓展阅读

项目六 6 掌握销售服务中的礼仪

案例导入

一位穿正装的快递员

在公司遇到一位快递员小伙子，20 岁出头，戴着厚厚的眼镜，穿西装打领带，皮鞋也擦得很亮，那是他第一次来，不是送快件，而是送宣传名片。他只是说明自己是哪家公司的，然后认真地用双手放下名片就走了。

后来我们公司在收件和发件中常接触到他，他每次都穿正装，单子填完，要慎重地看好几遍，递东西时谨慎地用双手递过去。转眼到了“五一”劳动节，放假前一天中午，有人敲门，竟然是他，手里提着一袋橘子。他把橘子放到茶几上，说：“我的第一份业务是在这里拿到的。我给大家送点儿水果，谢谢你们照顾我的工作，也祝大家劳动节快乐。”我们都有些不好意思起来，实在谈不上照顾。也许因为他的正装和人情味，以后再有快件时，整个办公室的人都会打电话找他。后来和他慢慢熟悉起来，有的同事跟他开玩笑说：“你老穿西装皮鞋，送快递多累啊。”他认真地说：“我们刚培训时，领导说，去见客户一定要衣衫整洁，这是对对方最起码的尊重。”

两年过去了，有一天，照例给他打电话来取东西，电话是他接的，来的却是另一位年轻男孩儿，说：“经理要我来取东西。”我们愣了一下，转念明白过来，问：“他当经理了？”男孩儿说，“是啊，他被提升为分公司的经理了。提升的理由好几条：他是公司干得最长的快递员，是唯一坚持穿西装的快递员，是唯一建立客户档案的快递员，是唯一没有接到客户投诉的快递员……”

案例思考：想一想，这位快递员如何给大家留下良好的印象？是什么让他很快升职？（**提示：**试从销售礼仪中的仪容、仪表、仪态等职业素养来分析。）

项目导学图

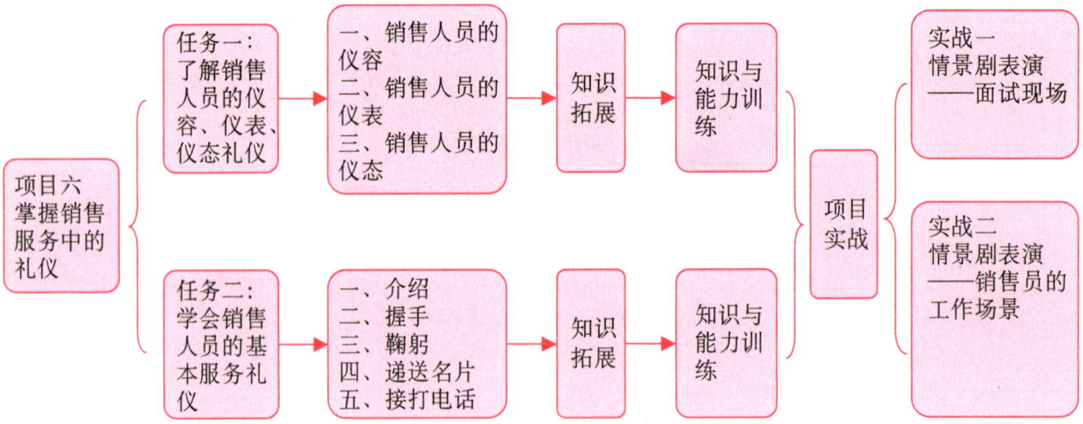

任务一
了解销售人员的仪容、仪表、仪态礼仪

任务目标

【知识目标】了解销售人员上岗时的穿衣打扮，外在形象，站、坐、立、行的要领

【能力目标】使学生能够以干净整洁、得体大方的仪容仪态赢得顾客好感

【素质目标】激发学生对本课程的学习兴趣，增加对销售职业的热爱

任务描述

王芳某高校毕业后就职于一家公司做业务员。为了适应工作需要，上班时，她一身职业套裙，颜色清新又不乏稳重。她毅然放弃了“青春少女妆”，化起了整洁、漂亮、端庄的“白领丽人妆”。不脱色粉底液，修饰自然、与服装色系搭配的偏浅色的眼影，黑色自然型睫毛，再加上自然的唇形和粉艳的唇色，虽化了妆，却好似没有化妆，整个妆容清爽自然，尽显自信、成熟、干练的气质。

但在周末，她又给自己来了一个大变脸，化起了久违的“青春少女妆”，穿上休闲服，鲜亮淡雅，整个身心都倍感轻松。

心情好，自然工作效率就高。一年来，王芳以自己得体的外在形象、勤奋的工作态度和骄人的业绩，赢得了公司同仁和客户的好评。

（资料来源：http：//swly. zjwchc. com/bbs。）

职场女性该不该让自己的外表靓丽优雅，好的仪容、仪表形象能为工作带来什么积极影响？你如何看待王芳对自己妆容的变化？

任务学习

党的二十大报告指出，要提高全社会文明程度，实施公民道德建设工程，弘扬中华传统美德，加强家庭家教家风建设。中国是“礼仪”之邦，传承中华礼仪文化，是每一名中国公民的责任。

生活中，人们的仪表形象非常重要，它反映出一个人的精神状态和礼仪素养，是人们交往的“第一形象”。特别是对于从事销售工作的人员来说，这第一印象直接决定销售业绩。衣着美观、干净整洁、容光焕发、举止大方的销售人员不仅体现出专业的工作态度，更是对顾客的尊重与礼貌。

一、销售人员的仪容

（一）发式

发式美是人仪表美的一部分。头发整洁、发型大方是个人礼仪对发式美的最基本要求，能够给人留下生气勃勃的印象。

1. 头发整洁，不染鲜艳发色。职业人发型要求是整洁、规范，发色正常。作为销售人员常跟顾客接触，更加应该常理发、洗发和梳理头发，以确保头发整洁，清新，没有头屑。头发不要染鲜艳的颜色，防止与顾客接触时，对方被你的发色分散注意力，而影响对商品的了解，另外，黑头发代表稳重，朴素，是中国文化的一种元素，在接待外宾时更容易被接受。

2. 发型大方，得体。销售人员应该给人以干练的印象，发型选择宜简洁大方，不留怪异发型。男性头发长度要适宜，前不覆额、侧不过耳、后不及领，不留长发、大鬓角，不得烫发。女员工不留披肩发，发不遮脸，前刘海儿不过眉毛，头发过肩要扎起，发饰不可太夸张。

（二）妆容

女士化淡妆是对人的尊重，因此，销售人员最好淡妆上岗。作为销售小姐，整体感觉要干净、漂亮、干练，还要注意有亲和力。眼睛是表情达意的重要器官，也是销售过程中传达影响力的重要部分，因此，可以将化妆重点放在眼睛上，但同时要注意不可太夸张。

1. 底妆。化妆时的肌肤要清洁干净，保持良好的光洁度和湿润感。化妆前正确地清洁和保养皮肤，是必要的前提和保障。健康的肤色可以带来积极向上的情绪，而好的情绪可以影响到你顾客。因此，除了基础护肤之外，为自己挑选接近肤色的、清透的粉底液，打上淡淡的一层粉底，突出干净清透的脸庞。

2. 眼妆。眉型宜自然流畅，依自己原有的眉型走向，清理干净周围的杂毛就好，千万不要修得细细而高挑的，即使你的脸型适合也不要，那样的眉型只适合出现在模特的脸上，在日常生活、工作中出现会让人感觉比较尖刻，不好相处，缺乏亲和力。

黑色眼线笔画出睫毛根部的线条，强调眼睛的形状和眼神。眼部运用淡淡的棕色系眼影在双眼内，突出眼神的光彩，做时尚品或奢侈品销售的人还可以加上流行的蓝色眼影，给人以高雅大方的视觉感受。另外，销售人员可以根据自己的服装，产品的颜色和场景的色调等因素来选择眼影的色。需要注意的是，一定要先以珠光米色或白色在眼睑上打底，另外，也要在下眼睑挨近睫毛根部的位置涂颜色，让眼睛用色平衡。最后在眉骨上涂珠光米色或白色的眼影，更加凸显眼神的深邃有神。最后，刷翘睫毛使眼睛更加漂亮，这也是提升眼神光的重要步骤。

3. 腮红和唇妆。腮红和唇色的用色要清淡，注意与整体妆容的统一协调，有淡淡的红晕即可，体现的是自然红肤色。

完美的妆容不仅需要质量较好的化妆品、健康的肌肤，也需要良好的审美眼光。化妆是要反复练习的，对平日化妆不多且没有经过专业训练的人来说，有面试时应急化妆是远远不够的。可以在脸上、纸上反复练习。

好的妆容要用好的化妆工具来完成，你要有一套简便和质量考究的化妆工具，并学会使用和养护。要选购一个精美的化妆包，装上心爱的随身化妆品。化妆品质量对化妆效果有直接影响，尽可能选择品质好的产品，特别是使用频率较高的彩妆品，如口红、粉底、眉笔等。化妆品一定要洁净，被污染或超过了使用期限，化妆效果是不能保证的。

二、销售人员的仪表

（一）服饰

服饰应体现一种礼貌。公司销售人员应按照公司规定着装，或选择符合环境和礼节的服饰。首先，要适合自己的身材，整洁、自然、大方，穿在身上给自己和他人带来如沐春风的感觉。其次，要适合自己的年龄，才能突显这个年龄的魅力。再次，要适合自己的职业和身份，才能相得益彰。除单位有统一服装要求之外，通常情况下，西装是目前世界各地最常见、最标准的销售人员用装。男士应穿深色西服套装、白色衬衫、系领带，女士最好穿职业套裙。

总的着装要求是：西装与衬衫、领带、皮鞋、袜子、腰带等是统一的整体，它们彼此之间的统一协调，能使穿着者显得稳重高雅，自然潇洒。

1. 男士西装。单色、深色西装最好准备两三套。

（1）衬衫：领口和袖口不可沾上污渍，一定要洗得干干净净，熨得笔挺才令人看起来舒服。纯白色的长袖衬衫是职业人的必备单品。

（2）领带：颜色调和就行，蓝色、灰色和红色较易配西装。

（3）腰带：深色西装可配深色腰带，浅色西装腰带没什么限制。但牛仔裤的腰带不可配西装。

（4）鞋子：黑皮鞋能配任何一种深色的西装，但灰色鞋子不宜配深色西装；浅色鞋子只可配浅色西装；漆皮鞋只适宜配礼服。俗话说：“皮鞋是男人的第二张脸。”男士们请留意：鞋子擦得锃亮、光洁，容易给人留下好感，脏兮兮的鞋最不宜登大雅之堂。

（5）袜子：宁长勿短。深色袜子对于深色或浅色西装都能配；浅色袜子虽能配浅色西装，但配深色西装却不适合，白袜子配衣服较难，穿时应三思。

（6）男士西装误区：西装是男士们必备的衣着，它可以让你显得更加自信和整洁，但不少男士在穿着上都不同程度地存在着误区，使整体形象大打折扣。

穿西装配白衬衫不打领带——因为穿西装配白衬衫是最正规的穿法，所以如果不打领带的话，会给人一种很随便、不修边幅的感觉，而且白衬衫没有花纹，较为单调，让人总觉得少点东西。如果你确实不想打领带的话或实在是没有时间，可以有以下三个选择：

①换一件领子较阔的白衬衫，将领子露出来，一个时髦的造型就出来了，不过穿在外面的西装得选深色的；②可穿一件深色的衬衫，有条纹或格子的为首选，这样让人的感觉就不会单调，而且还有瘦身的效果；③一件高脖的套衫是西装最稳妥的配件，颜色比较多，也易搭配（见图6－1）。

图6－1

2. 女士套裙。女性的服装比男性更具个性的特色，合体、合意的服饰将增添女士的自信；销售工作者如果是女士，在正式场合的着装以裙装为佳，套裙是名列首位的选择。著名设计师韦斯特任德说："职业套装更能显露女性高雅气质和独特魅力。"

（1）套裙的选择。面料上乘、平整、润滑、光洁、柔软、挺括，不起皱、不起球、不起毛。色彩宜少：以冷色调为主，不超过两种，体现出典雅、端庄、稳重（黑色、深蓝色、灰褐色、灰色、暗红色）。图案忌花哨：无图案或格子、圆点、条纹、点缀忌多。尺寸合适：上衣不宜过长，下裙不宜过短。款式时尚：领型、纽扣、门襟、袖口、衣袋、裙子等花样翻新、式样变化多端。

（2）衬衫的选择。面料要求轻薄而柔软，可选择真丝、麻纱、纯棉。色彩要求雅致而端庄，且不失女性的妩媚。衬衫色彩与套裙的色彩协调，内深外浅或外浅内深，形成深浅对比，最好无图案。衬衫下摆掖入裙腰里，纽扣一一系好，不可在外人面前脱下上衣，直接以衬衫面对对方，最好不穿透明而且紧身的衬衫。

（3）内衣选择。内衣大小适中：面料以纯棉、真丝为佳；色彩可是常规的白色、肉色，也可是粉色、红色、紫色、棕色、蓝色、黑色；不能过于宽大，也不能过于窄小；不应当使它的轮廓在套裙之外展现出来。

衬裙款式配套：色彩为单色，与套裙的色彩相互协调；无图案；款式与套裙配套，线条简单、穿着合身、大小适度。穿着时注意两点：①衬裙的裙腰不可高于套裙的裙腰；②将衬衣下摆掖入衬裙裙腰与套裙裙腰二者之间。

（4）鞋袜。鞋袜是女性的"脚部时装"和"腿部时装"。鞋以高跟、半高跟黑色牛皮鞋为宜，也可选择与套裙色彩一致的皮鞋，穿裙子应当配长筒袜或连裤袜，颜色以肉色、黑色为宜，袜口不能露在裙摆或裤脚外边。按国际惯例，人们穿的袜子应当和鞋子或裤子的颜色一致，这样会使整个腿部看起来修长和统一，也同时显现出主人是有一定审美能力的人。而当你的鞋、袜、裤颜色出现三种或正好被袜子分成三部分时就产生了"三截腿"的效果。

（5）饰物佩戴。

围巾：正式场合使用的围巾要庄重、大方，颜色要兼顾个人爱好、整体风格和流行时尚，最好无图案，亦可选择典雅、庄重的图案。

提包：女士用的提包不一定是皮包，但必须质地好、款式庄重，并与服装相配。

（6）香水。味道清新淡雅，以淡香型为最佳。喷洒方法，身体主要部位，如：手腕、耳朵、颈项、膝盖内侧等，还可以距身体10～20厘米，喷于空中，走进雾里。

（7）女士正装的禁忌。

首先，切忌搭配不当。礼服、正装与休闲装和运动装穿在一身，质地不同的服装穿在一身，款式不同的服装穿在一身。其次，不准过分鲜艳；不准过分杂乱；不准过分暴露；不准过分透视；不准过分短小；不准过分紧身。

（二）配饰

1. 按佩戴部位分类。

头饰：用在头部及面部的装饰。如帽子、头花、耳坠等。

肩部：丝巾、披肩等。

胸饰：胸部佩戴的装饰。项链、围巾等。

腰饰：皮带。

手饰：手链、手镯、戒指、手表等。

脚饰：脚链、鞋子、袜子等。

佩戴饰：服装上和随身携带的装饰品。包、胸针等。

2. 佩饰的礼仪要求。

饰物：要少而精，全身不超过三种，每种不超过两件。

手表：手腕上只戴一块简洁大方的手表。

女生提包：大小、颜色要和服装相搭配。

男生提包：宜选黑色、棕色长方形公文包。

三、销售人员的仪态

（一）站姿

站立是销售人员最常用的一种最基本的举止，是静态动作。当然，优美而典雅的造型，是优雅举止的基础。男士要求“站如松”，刚毅洒脱；女士则应秀雅优美，亭亭玉立。

1. 站姿的基本要领。

（1）头正，双目平视，嘴唇微闭，下颌微收，面部平和自然。

（2）双肩放松，稍向下沉，身体有向上的感觉，呼吸自然。

（3）躯干挺直，收腹，挺胸，立腰。

（4）双臂放松，自然下垂于体侧，手指自然弯曲。

（5）双腿并拢立直，两脚跟靠紧，脚尖分开呈45°～60°，男子站立时，双脚可分开，但不能超过肩宽。

2. 男士站姿。

（1）跨立式站姿。身体立直，抬头、挺胸、收腹，下颌微收，双目平视，两腿分开，两脚平行，宽不过肩，双手自然下垂贴近腿部或交叉于体前或身后，见图6－2（1）。

（2）男士标准站姿。身体立直，抬头、挺胸、收腹，下颌微收，双目平视，双膝并拢，两腿绷直，脚跟靠紧，脚尖分开呈“V”形，约40°～60°，双手自然垂放于体侧，见图6－2（2）。

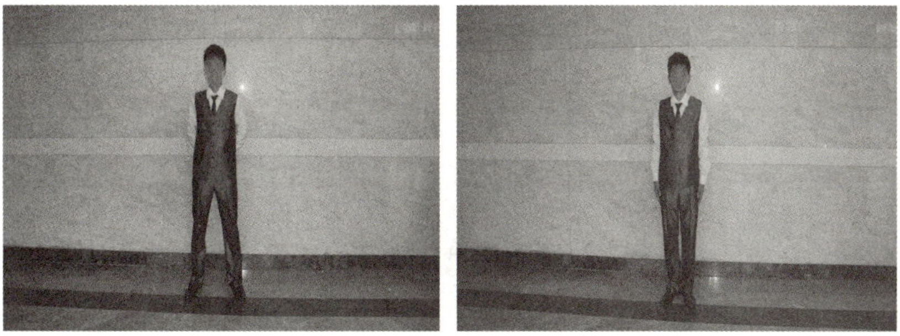

(1)　　(2)

图6－2

3. 女士站姿。

（1）标准式站姿。身体立直，抬头、挺胸、收腹，下颌微收，双目平视，两脚成“V”形，膝和脚后跟尽量靠拢，两脚尖张开距离为40°～60°，双手自然放下或体前交叉，见图6－3。

图6－3

（2）丁字步站姿。身体立直，抬头、挺胸、收腹，下颌微收，双目平视，两脚尖略分开，左脚在前，右脚跟紧贴左脚脚弓处，两手自然垂放或交叉体前。

4. 站姿的七大禁忌。

（1）忌两腿交叉站立，因为它给人以不严肃、不稳重的感觉。

（2）忌双手或单手叉腰，因为它给人以大大咧咧、傲慢无礼的感觉，在异性面前则有挑逗之嫌。

（3）忌双手反背于背后，给人以傲慢的感觉。

（4）忌双手插入衣袋或裤袋中，显得拘谨、小气。

（5）忌弯腰驼背、左摇右晃、撅起臀部等不雅的站姿，给人留下懒惰、轻薄、不健康的印象。

（6）忌身体倚门、靠墙、靠柱，给人以懒散的感受。

（7）忌身体抖动或晃动，会给人留下漫不经心、轻浮或没有教养的印象。

（二）坐姿

坐的姿势，一般称为坐姿。它是指人在就座以后身体所保持的一种姿势。标准坐姿是人们将自己的臀部置于椅子、凳子、沙发或其他物体之上，以支持自己身体重量，双脚则需放在地上。从根本上看，应当算是一种静态的姿势。对广大销售人员而言，不论是工作还是休息，坐姿都是其经常采用的姿势之一。

1. 坐姿要领。

（1）入座时要稳、要轻。就座时要不紧不慢，大大方方地从座椅的左后侧走到座位前，站稳后，右脚后退半步轻稳地坐下。若是裙装，应用手背将裙稍稍拢一下，不要坐下来后再站起来整理衣服。

（2）面带笑容，双目平视，嘴唇微闭，微收下颌。

（3）双肩放松平正，两肩自然弯曲放于椅子或沙发扶手上。

（4）坐在椅子上，要立腰、挺胸，上体自然挺直。

（5）女士双膝自然并拢，男士两膝保持一拳的距离。双腿正放或侧放，双脚平放或交叠。

（6）坐在椅子上，至少要坐满椅子的2/3，跟客户交谈时身体稍向前倾，如果是休息时，脊背轻靠椅背。

坐时不可前倾后仰，或歪歪扭扭；两腿不可过于叉开，也不可长长地伸出去，不可高跷起二郎腿，也不可大腿并拢，小腿分开，或腿不停地抖动。

2. 八种常用坐姿。

（1）正襟危坐式。又称最基本的坐姿，无论男士还是女士最常用的坐姿，入座时走到座位前，转身后把右脚向后撤半步，轻稳坐下，然后把右脚与左脚并齐，坐在椅上。上体自然挺直，头正，表情自然亲切，目光柔和平视，嘴微闭，两肩平正放松，两臂自然弯曲放在膝上，也可以放在椅子或沙发扶手上，掌心向下。两脚平落地面，起立时右脚后收半步然后站起，见图6－4。

一般来说，在正式社交场合，要求男性两腿之间可有一拳的距离，女性两腿并拢无空隙。两腿自然弯曲。两脚平落地面，不宜前伸。在日常交往场合，男性可以跷腿，但不可跷得过高或抖动，女性大腿并拢，小腿交叉，但不宜向前伸直。适用于最正规的场合。要求上身与大腿，大腿与小腿，小腿与地面，都应当成直角。双膝双脚完全并拢，见图6－5。

图6－4

图6－5

（2）垂腿开膝式。多为男性所使用，也较为正规。要求上身与大腿、大腿与小腿皆成直角，小腿垂直地面。双膝分开，但不得超过肩宽，见图6－6。

（3）双腿叠放式。它适合穿短裙子的女士采用（或处于身份地位高时场合），造型极为优雅，有一种大方高贵之感。要求将双腿完全地一上一下交叠在一起，交叠后的两腿之间没有任何缝隙，犹如一条直线。双腿斜放于左右一侧，斜放后的腿部与地面呈45°夹角。叠放在上的脚尖垂向地面，见图6－7。

图6－6

图6－7

（4）双腿斜放式。适用于穿裙子的女性在较低处就座使用。要求双膝先并拢，然后双脚向左或向右斜放，力求使斜放后的腿部与地面呈45°角，见图6－8。

图6－8

（5）双脚交叉式。它适用于各种场合，男女皆可选用。要求双膝先要并拢，然后双脚在踝部交叉。交叉后的双脚可以内收，也可以斜放。但不宜向前方远远直伸出去，见图6－9。

（6）双脚内收式。适合一般场合采用，男女皆宜。要求：两大腿首先并拢，双膝略打开，两条小腿分开后向内侧屈回，见图6－10。

（7）前伸后屈式。女性适用的一种优美的坐姿。要求大腿并紧之后，向前伸出一条腿，并将另一条腿屈后，两脚脚掌着地，双脚前后要保持在同一条直线上，见图6－11。

（8）大腿叠放式。多适用男性在非正式场合采用。要求两条腿在大腿部分叠放在一起，叠放之后位于下方的一条腿垂直于地面，脚掌着地。位于上方的另一条腿的小腿则向内收，同时脚尖向下，见图6－12。

图 6－9

图 6－10

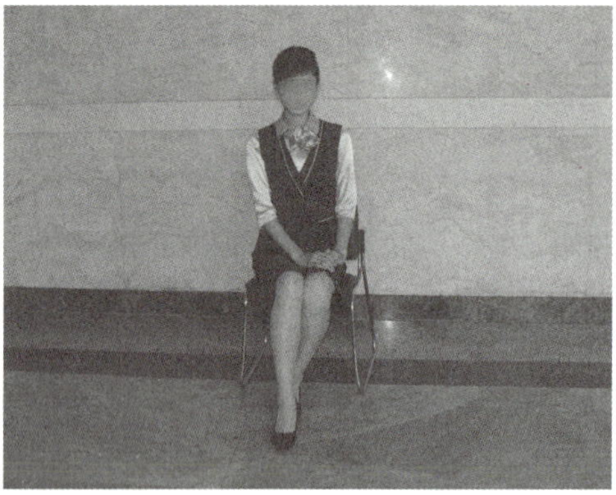

图 6－11

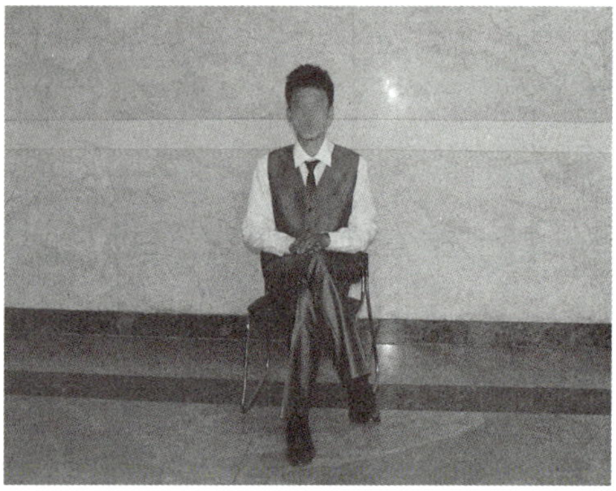

图 6－12

3. 七种错误坐姿。

（1）脚跟触及地面。坐后如果以脚触地，通常不允许仅以脚跟触地，而将脚尖跷起。

（2）随意架腿。坐下之后架起腿来未尝不可，但正确的做法应当是两条大腿相架，并且不留空隙。如果跷起“二郎腿”来，即把一条小腿架在另外一条大腿上，并且大大地留有空隙，就不妥当了。

（3）腿部抖动摇晃。在别人面前就座时，切勿反复抖动或是摇晃自己的腿部，免得令人心烦意乱，或者给人以不够安稳的感觉。

（4）双腿直伸出去。在坐下之后不要把双腿直挺挺地伸向前方。身前有桌子的话，则要防止把双腿伸到其外面来。不然不但损害坐姿的美感，而且还会有碍于人。

（5）腿部高跷蹬踩。为了贪图舒适，将腿部高高跷起，架上、蹬上、踩踏身边的桌椅，或者盘在本人所坐的座椅上，都是不妥的。

（6）脚尖指向他人。坐后一定要使自己的脚尖避免直指别人，跷脚之时，尤其忌讳这一动作。令脚尖垂向地面，或斜向左、右两侧，才是得体的。

（7）双腿过度叉开。面对别人时，双腿过度地叉开，是极不文明的。不管是过度地叉开大腿还是过度地叉开小腿，都是失礼的表现。

（三）行姿

走姿是站姿的延续动作，是在站姿的基础上展示人的动态美。无论是在日常生活中还是在社交场合抑或是见顾客时，正确的走姿往往是最引人注目的身体语言，也最能表现一个人的风度和活力。

常言道“行如风”，是说人行走时，如风行水上，有一种轻快自然的美。行走迈步时，应脚尖向着正前方，脚跟先落地，脚掌紧跟落地。要收腹挺胸，两臂自然摆动，节奏快慢适当，给人一种矫健轻快、从容不迫的动态美。尤其是女性，有着健康而优美的曲线，迷人的体态和风姿，步态轻盈，更是人们欣赏的焦点。

1. 对步态美的要求。协调稳健、轻盈自然，正确的步态是以端正的站姿为基础的。其具体要求是：

（1）上体正直，眼平视，挺胸、收腹、立腰，重心稍向前倾。

（2）双肩平稳，双臂以肩关节为轴前后自然摆动，摆动幅度以 30 ~ 40 厘米为宜；两臂以身体为中心，前后自然摆。前摆约 35°，后摆约 15°，手掌朝向体内。

（3）脚尖略开，脚跟先接触地面，依靠后腿将身体重心送到前脚脚掌，使身体前移。

（4）步位，即脚落在地面时的位置，应是两脚内侧行走的线迹为一条直线，而不是两条平行线。

（5）步幅，即跨步时两脚间的距离，一般应为前脚跟与后脚的脚尖相距为一脚或一脚半长。但因性别和身高不同会有一定差异。着不同服装，步幅也不同。

2. 注意事项。

（1）双臂切忌做左右式的摆动。

（2）切忌左右摇摆或摇头晃肩。

（3）切忌走外八字或内八字。

（4）不要低头后仰，更不要扭动臀部。

（5）多人一起行走时，不要排成横队，勾肩搭背。

（6）在人群之中乱冲乱闯，甚至碰撞到他人的身体，这是极其失礼的。

（7）在道路狭窄之处，悠然自得地缓步而行，甚至走走停停，或者多人并排而行，显然都是不妥的。

（8）在比较静的公共场合不要穿带有金属鞋跟或带有金属鞋掌的鞋子。

（9）步履蹒跚，腿伸不直，脚尖首先着地等不雅步态，要么使行进者显得老态龙钟，有气无力，要么给人以嚣张放肆、矫揉造作之感。

3. 走姿的特例。

（1）陪同引导。在销售工作中，难免遇到接待引领客户的事情，双方并排行走时，陪同引导人员应居于左侧；如果双方单行行走时，要居于左前方约一米左右的位置；当被陪同人员不熟悉行进方向时，应该走在前面、走在外侧；陪同人员行走的速度要考虑到和对方相协调，不可以走得太快或太慢。要处处以对方为中心。每当经过拐角、楼梯或道路坎坷、照明欠佳的地方，都要提醒对方留意。如请对方开始行走时，要面向对方，稍微欠身。在行进中和对方交谈或答复提问时，把头部、上身转向对方。

（2）上下楼梯。走专门指定的楼梯；减少楼梯上的停留；坚持“右上右下”原则；注意礼让别人；上下楼梯时，不要和别人抢行；出于礼貌，可以请对方先走。如果是陪客人上楼，陪同人员应该走在客人的后面；如果是下楼，陪同人员应该走在客人的前面，见图6－13。

图6－13

（3）进出电梯。使用专用电梯。假如本单位有这样的规定，就一定要自觉地遵守。有可能的话，工作人员不要和来访客人混用同一部电梯。如果是无人操作电梯，自己“先进后出”，以方便控制电梯。如果是有人操作的电梯，应当“后进后出”。在乘电梯时碰上了并不相识的来访客人，要以礼相待，请对方先进先出。尊重周围的乘客，进出电梯时，应该侧身而行，免得碰撞别人。进入电梯后，要尽量站在里面。人多的话，最好面向内侧，或别人侧身相向。下电梯前，应该提前换到电梯门口，见图6－14。

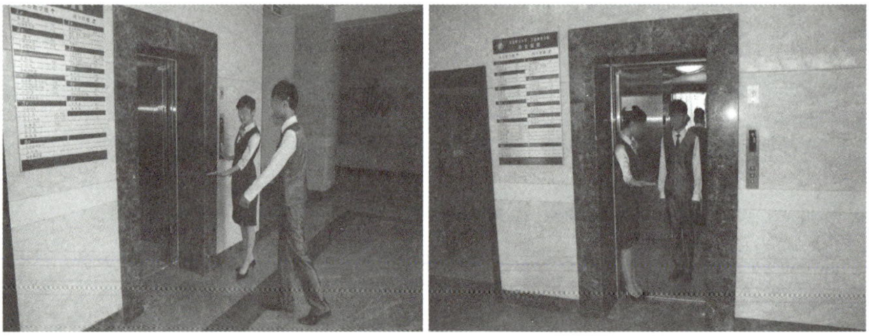

图6－14

（4）出入房门。先通报，轻轻叩门三下、按铃的方式，向房内的人进行通报待对方允许后方可进入。

后入后出，和别人一起先后出入房门时，为了表示自己的礼貌，应当自己后进门、后出门，而请对方先进门、先出门。

出入拉门时，特别是陪同引导别人时，还有义务在出入房门时替对方拉门或是推门。在拉门或推门后要使自己处于门后或门边，以方便别人的进出。

（四）手势

1. 手势含义。销售人员在与客人沟通交流时，适当运用手势时能使宾客感觉到这是一种“感情投入”的热诚服务。

一般认为：掌心向上的手势有一种诚恳、尊重他人的含义；掌心向下的手势意味着不够坦率、缺乏诚意等；攥紧拳头暗示进攻和自卫，也表示愤怒；伸出手指来指点，是要引起他人的注意，含有教训人的意味。如果对方双手自然摊开，表明对方心情轻松，坦诚而无顾忌；如果对方以手支头，表明对方要么对你的话全神贯注，要么十分厌烦；对方用手呈“八”字形托住下颌，是沉思与深算的表现；对方用手挠后脑，抓耳垂，表明对方有些羞涩或不知所措；手无目的地乱动，说明对方很紧张，情绪难控；如果不自觉地摸嘴巴、擦眼睛，对方十有八九没说实话；对方双手相搓，如果不是天冷，就是在表达一种期待；对方与你说话时，双手插于口袋，则显示出没把你放在眼里或不信任。

2. 规范的手势。销售人员在与顾客交流时手势不宜太多，适当配合语言进行交流，不要用单手指指人，规范的手势应当是手掌自然伸直，掌心向内向上，手指并拢，拇指自然稍稍分开，手腕伸直，使手与小臂成一条直线，肘关节自然弯曲，大小臂的弯曲以130°或140°为宜。掌心向斜上方，手掌与地面形成45°。

3. 常用的手势。如果销售人员有引领顾客的需要时，通常使用以下手势：

（1）横摆式。迎接来宾做“请进”、“请”时常用横摆式。

动作要领：右手从腹前抬起向右横摆到身体的右前方。腕关节要低于肘关节。站成右丁字步，或双腿并拢，左手自然下垂或背在后面。头部和上身微向伸出手的一侧倾斜，目视宾客，面带微笑，表现出对宾客的尊重、欢迎，见图6－15。

（2）直臂式。需要给宾客指方向时或做“请往前走”的手势时，采用直臂式。

动作要领：将右手由前抬到与肩同高的位置，前臂伸直，用手指向来宾要去的方向。一般男士使用这个动作较多，注意指引方向，不可用一手指指出，显得不礼貌。

（3）斜臂式（斜摆式）。请来宾入座做“请坐”手势时，手势应摆向座位的地方。身手要先从身体的一侧抬起，到高于腰部后，再向下摆去，使大小臂成一斜线。

动作要领：一只手由前抬起，从上向下摆动到距身体45°处，手臂向下形成一斜线，见图6－16。

图6－15

图6－16

（4）曲臂式。当一只手拿东西，同时又要做出“请”或指示方向时采用。

以右手为例，从身体的右侧前方，由下向上抬起，至上臂离开身体45°的高度时，以肘关节为轴，手臂由体侧向体前的左侧摆动，距离身体20厘米处停住；掌心向上，手指尖指向左方，头部随客人由右转向左方，面带微笑。

（5）双臂横摆式。当举行重大庆典活动，来宾较多，接待较多来宾做“诸位请”或批示方向的手势时采用，表示“请”可以动作大一些。

动作要领：将双手由前抬起到腹部再向两侧摆到身体的侧前方，这是面向来宾。指向前进方向一侧的臂应抬高一些，伸直一些，另一手稍低一些，曲一些。若是站在来宾的侧面，则两手从体前抬起，同时向一侧摆动，两臂之间保持一定距离。

（五）表情

1. 目光礼仪。在销售过程中，特别是第一次见面，你能不能打动对方，往往取决于目光。有的人目光平和、自信、纯真，仿佛会说话，让人第一次见面就能印象深刻。眼睛不仅可以表达瞬间心境的感应和波动，更会传递你的人生阅历和生活态度、价值观、喜好和性情。其实每个人的眼睛只是有大小、形态和亮度等的差异，目光才是最重要的，没有什么比充分地抬起头来看着对方更能传递自信的魅力了。

目光的交流也需要技巧。目光应该坚定坦诚、沟通力强，不能死死地直视对方，更不能傲慢和居高临下；要将目光柔和地照在别人的整个脸部。当双方沉默时，应将目光移开。目光过低，显得缺乏自信；目光过高，容易给人傲慢感；目光游移不定，更让人缺乏信赖感。

如何做到见面打招呼能从你的眼神中读出微笑？可以试用这个方法：打招呼之前，先静静地看对方一秒钟，将对方的面容印入脑中，然后从眼睛开始，让亲切温暖的笑容从眼部表现出来，再慢慢扩散到整个脸上。一秒钟的目光停留，是为了给对方一个尊重的礼遇和专有的笑容，给对方留下深刻的印象。

2. 微笑礼仪。“表情是不花一分钱可以获得的魅力，微笑是老天送给你们的一份特别的礼物”。你从小到大，刻苦学习，希望得到人们的认可、尊敬和喜爱，这样的努力多么艰辛和不易；而一个微笑却会迅速改变你，让人喜欢你。灿烂、真诚的笑容会打动和感染每个人。

寻找最好微笑的方法：对着镜子，先放松面部肌肉，嘴角两端平均地、微微向两边牵动，向上翘起，让嘴唇略呈弧形，或喊“V”，嘴角自然上扬。目光柔和发亮，双眼略为睁大；眉头自然舒展，眉毛微微上扬，不断调整嘴角牵动的幅度，找到自己最得体、最亲切、最自然的笑容。对自己所要从事工作充满热爱，才会发自内心地笑对顾客。

最感人和最动人的微笑，一定是发自内心的、真挚和真实的，微笑还是一种极为有益的自我调节和滋养心灵的方式。比如，在美丽温暖的阳光下，或置身于风景如画的森林中，或是碧波荡漾的海滩上，或是鲜花盛开的花丛里，空气中飘浮着温馨、甜美的气息，你会有全身心的喜悦感和发自心底的幸福感，这时你的脸上自然会带有愉悦的微笑。当你处在紧张的氛围中，或在情绪低落时有意识地启动微笑，会传递带动身体的感应，会让心底产生快乐和喜悦。

此外，你还要善用面部表情，纠正不好的、怪异的表情，比如不停地眨眼、皱眉、翻眼珠等等。微笑离不开面容，更离不开眼睛。眼睛也是会笑的，笑得感人，笑得优雅，是上乘境界。

任务分析

任务描述中为什么王芳在工作时与休息时的仪表妆容不同？

通过任务一的学习我们知道，销售人员工作时的仪表妆容具有引发顾客的好感、赢得顾客的信任，促进销售成功的作用。而销售人员的仪容仪表对自己而言，起到建立自信心，赢得尊重，培养职业素养的作用。

但是，职业人在放假休闲的时候，需要放松心情，穿着宽松的休闲装不仅放松了身体，也给心灵放个假。根据自己的喜好来个“靓丽少女状”能激发其对生活的热爱，只有休息好了才会对工作起到促进作用。

另外，出席其他场合王芳也要对自己的服饰和妆容精雕细琢，例如：宴请、舞台表演等。本案例中王芳对不同场合的仪表妆容把握得很好，相信她是个受顾客欢迎的业务员。

知识拓展

有品位的服饰搭配

服饰搭配是形象设计的灵魂。选对服装仅仅是着装的第一步，搭配得好才有品位。着装有三个层次：一是和谐，二是美感，三是个性。越高的层次和境界越需要借用搭配来完成。搭配通常有三个方面：一是服装与服装间的搭配；二是饰品与服装的搭配；三是服装、饰品与人体的搭配。从以下基本的搭配原则入手，强调整体视觉效果，也就是注意着装的整体外型。要表现权威感，应选择线条感强，挺括、平整的服装；要表现妩媚感，应选择曲线丰富、柔美外型的服装。

平衡和对比效果。平衡的搭配，有和谐、宁静、优雅的效果特点；对比的搭配，有个性、时髦、夸张、动感的效果。上下装采用同面料或同质感的服饰，是平衡性的搭配方法。

善用色彩。是搭配中最重要的元素之一，是整体服饰的灵魂和支柱。色彩搭配的方式有不同色系的搭配，比如红、橙、黄、绿、青、蓝、紫不同色系的搭配；同色系的搭配，是指同一色中不同明度、不同深浅的搭配；邻近色的搭配，如红和橙，黄和绿的搭配；互补色即对比色的搭配，如红与蓝绿的搭配；无彩色与有彩色的搭配等。

服装有三个基本要素：色彩、款式、面料。其中最重要的是色彩。服装的色彩美感有两个方面：一是面料本身的色彩，二是服装搭配的色彩。服装色彩首先要与肤色协调。每个人都有自己的自然色彩，如肤色、发色、眼球色等，这称为“身体色”。身体色与服装颜色分成冷暖两个色调。冷色调的人身体色以蓝为主调，皮肤多呈现粉红、蓝青、暗紫红、灰褐色。暖色调的人身体色以黄为主调，皮肤多呈现象牙色、金黄色、褐色、金褐色。人的身体色的倾向决定了穿衣用色的冷暖色调。有少部分人身体色的冷暖色调区别不明显，属于混合型，可以适合冷暖双色调。

实际上，每一种色都有冷暖。例如，虽然同属于红色，玫瑰红、粉红就属于冷色调，而橙红、铁锈红则属于暖色调。即使是白色，乳白、象牙白是暖色调，而银白、锡白属于冷色调。区别颜色的冷暖，主要看它的主色调，若带黄色倾向，则为暖色；若带蓝色倾向，则为冷色。

知识与能力训练

知识训练

一、填空题

1. 职业人发型要求是（　　）、（　　），（　　）正常。

2. 男士跨立式站姿：（　　），抬头、挺胸、收腹，下颌（　　），双目（　　），两腿（　　），两脚（　　），宽不过（　　），双手自然下垂，贴近腿部或交叉于（　　）。

3. 女士双腿斜放式坐姿，适用于穿（　　）的女性在较（　　）处就座使用。要求（　　），然后（　　）向左或向右斜放，力求使斜放后的腿部与地面呈（　　）度角。

4. 甜美的微笑，要先放松（　　），（　　）两端微微向（　　）牵动，（　　）翘起，让嘴唇略呈（　　）。

二、选择题

1. 饰物佩戴要少而精，全身不超过（　　）种，每种不超过（　　）件。

A. 3，4　　B. 2，3

C. 4，5　　D. 3，2

2. 如果是有人操作的电梯，接待人员应该（　　）。

A. 先进先出　　B. 先进后出

C. 后进后出　　D. 后进先出

3. 销售人员自己说话时，看对方（　　）；对方说话时，看对方（　　）处，目光交流占整个交谈的30%～60%。

A. 鼻子，眼睛　　B. 嘴巴，眼睛

C. 眼睛，口鼻　　D. 眼睛，眉毛

三、简答题

1. 简述站姿的要领？

2. 简述销售人员怎么样练习微笑？

3. 男士穿着西装的要求？

能力训练

愁眉苦脸的营业员

小张是某商场化妆品专柜的营业员，一天休息时，她因为看电视剧入迷，熬夜到凌晨2点，第二天上班状态很差，黑眼圈，精神萎靡，面无表情。一位顾客来买化妆品，她是冲着品牌而来的，在全方位咨询的基础上，准备下个大订单。她在与小张交流的过程中发现小张无精打采，有时还所答非所问，再仔细看看她的面容，脸色黯淡，表情呆板，她心想卖化妆品的服务员怎么妆容气色这么差，加上小张服务上的失礼，让顾客无法信任该品牌了，最后放弃购买。

讨论：小张在销售服务礼仪上有哪些失礼之处？

（**提示：**营业员的仪容仪表，微笑待客，对吸引顾客起到良好的作用。）

任务二 学会销售人员的基本服务礼仪

任务目标

【**知识目标**】了解销售人员工作中关于介绍、握手、鞠躬、递接名片、接打电话的礼仪规范

【**能力目标**】能通过模拟和实践，运用介绍、握手、鞠躬、递接名片、接打电话的礼仪规范

【**素质目标**】增加销售工作中接人待物，举止得体的意识，培养职业自豪感及爱岗敬业的职业观

任务描述

接待细节决定接待质量

王芳，是大连清芳贸易公司的一名员工，她毕业于职业学校，学习市场营销专业，在清芳工作四年了。一天总经理告诉王芳，过两天哈尔滨阳光公司的两位工作人员，乘火车前来学习交流，他们分别是销售组张鹏经理和孙明助理，王芳和张颖负责接待工作的一部分，主要是迎接工作。为了让两位客人在初次见面就能感受到大连人的热情周到、自然亲切，王芳接到任务后就开始着手准备。首先确认了来访客人的火车车次，提前准备好接站牌，预定了接站轿车。当天，王芳提前到火车站等候，见面时王芳亲切热情，先做了介绍：“欢迎你们，我是大连清芳贸易公司的王芳，在办公室工作。这是我的同事，人事部经理，张颖。”一个简单明了的手势指向张颖。这时，哈尔滨阳光公司的张经理自我介绍：“我是张鹏，这是我的同事孙明。”双方做完介绍，互相交换了名片。王芳说：“你们路上辛苦了，我带你们先去酒店休息。”“请往这边走”，用手势将客人引到轿车处。

案例思考：王芳在接待客人的时候，是如何打开双方介绍的大门的？你认为见面介绍礼仪应注重哪些细节？

任务学习

一、介绍

在社会交往中，介绍是人与人之间交流的起点，它最明显的效果就是缩短人与人之间的距离。无论是在商务场合还是生活中，如果能正确地使用介绍，不仅能够扩展个人的外交圈，广交朋友，而且有助于自我展现、自我宣传。同时介绍可以增进彼此的了解，让话题有个切入点，还能让对方感受到彼此的互相尊重，为愉快的谈话或见面打下良好基础。

（一）自我介绍

自我介绍，不可或缺。自我介绍，就是在必要的社交场合，把自己介绍给其他人，以使对方认识自己。恰当的自我介绍，就像一把钥匙，不但能增进他人对自己的了解，还能开启社交之门，创造出意料之外的商机。进行自我介绍，应注意两点：其一，时间简短；其二，内容完整；一般而论，正式的自我介绍中，单位、部门、职务、姓名缺一不可，有必要时，恭敬地递上名片。

1. 礼仪要求。自己面带微笑，笑容会令对方感到温暖和有诚意，接下去说："我是×××，是××公司的××职务。"介绍的重点是要把名字说清楚，如果对方没听清而再三询问，或叫错你的名字，可能会陷入尴尬。自我介绍除了表达清晰外，如果能附带一句"弓长张""木子李"之类的说明，会更加深印象。

2. 自我介绍的形式。

（1）应酬式。适用于某些公共场合和一般社交场合，这种自我介绍最为简洁，往往只包括姓名一项。如："您好，我叫王芳芳。"

（2）礼仪式。适用于讲座、报告、演出、庆典、仪式等一些正规而隆重的场合。介绍内容包括姓名、单位、职务等，同时还应加入一些适当的谦辞、敬辞。如："各位来宾，大家好，我叫张小涵，是哈尔滨××学校的老师，请允许我代表本校向你们的到来表示热烈的欢迎。"

（3）工作式。适用于工作场合，介绍内容包括姓名、供职单位及部门、职务或从事的具体工作等。如："您好，我叫王芳芳，是大商集团的销售员。"

（4）交流式。适用于社交活动中，希望与交往对象进一步交流与沟通。这种介绍方式大体应包括介绍者的姓名、职业、籍贯、学历、兴趣及共同的熟人。

（二）介绍他人

在人际交往活动中，经常需要在他人之间架起人际关系的桥梁。他人介绍，又称第三者介绍，是经第三者为彼此不相识的双方引见、介绍的一种交际方式。他人介绍，通常是双向的，即双方都各自作一番介绍。有时，也可进行单向的他人介绍，即只将被介绍者中的某一方介绍给另一方。

为他人做介绍，需要把握下列要点：

1. 了解介绍的顺序。在为他人作介绍时谁先谁后是一个比较敏感的礼仪规则。根据商务礼仪规范，在处理为他人做介绍的问题时，必须遵守“尊者优先了解情况”规则，先要确定双方地位的尊卑，然后先介绍位卑者，后介绍位尊者。这样，可使尊者先了解位卑者的情况。

根据规则，为他人作介绍时的礼仪顺序大致有以下几种：

（1）介绍上级与下级认识时，先介绍下级，后介绍上级。

（2）介绍长辈与晚辈认识时，应先介绍晚辈，后介绍长辈。

（3）介绍年长者与年幼者认识时，应先介绍年幼者，后介绍年长者。

（4）介绍女士与男士认识时，应先介绍男士，后介绍女士。

（5）介绍已婚者与未婚者认识时，应先介绍未婚者，后介绍已婚者。

（6）介绍同事、朋友与家人认识时，应先介绍家人，后介绍同事、朋友。

（7）介绍来宾和主人认识时，应先介绍主人，后介绍来宾。

（8）介绍与会先到者与后来者认识时，应先介绍后来者，后介绍先到者。

2. 掌握介绍的方式。由于实际需要的不同，为他人作介绍时的方式也不尽相同。

（1）一般式。也称标准式，以介绍双方的姓名、单位、职务等为主，适用于正式场合。如：“请允许我来为两位引见一下。这位是 A 公司营销部主任杨小姐，这位是 B 集团副总江小姐。”

（2）附加式。也可以叫强调式，用于强调其中一位被介绍者与介绍者之间的关系，以期引起另一位被介绍者的重视。如：“大家好！这位是飞跃公司的业务主管洋先生，这是……，请各位多多关照。”

（3）引见式。介绍者所要做的，是将被介绍双方引见到一起即可，适合于普通场合。如：“OK，两位认识一下吧。大家其实都曾经在一个公司共事，只是不是一个部门。接下来的，请自己说吧。”

（4）推荐式。介绍者经过精心准备再将某人举荐给某人，介绍者通常会对前者的优点加以重点介绍。通常，适用于比较正规的场合。如：“这位是孙项彭先生，这位是海天公司的赵小龙董事长。孙先生是销售精英，管理学专家。赵总，我想您一定有兴趣和他聊聊吧。”

（5）礼仪式。是一种最为正规的他人介绍，适用于正式场合。其语气、表达、称呼上都更为规范和谦恭。如：“孙小姐，您好！请允许我把北京远方公司的执行总裁李力先生介绍给你。李先生，这位就是广东润发集团的人力资源经理孙晓小姐。”

（6）简单式。只介绍双方姓名一项，甚至只提到双方姓氏而已，适用于一般的社交场合。如：“我来为大家介绍一下：这位是谢总，这位是徐董。希望大家合作愉快。”

经介绍与他人相识时，不要有意拿腔拿调，或是心不在焉；也不要低三下四、阿谀奉承地去讨好对方。

3. 注意介绍时的细节。在介绍他人时，介绍者与被介绍者都要注意一些细节：

（1）介绍者为被介绍者作介绍之前，要先征求双方被介绍者的意见。

（2）被介绍者在介绍者询问自己是否有意识认识某人时，一般应欣然表示接受。如果实在不愿意，应向介绍者说明缘由，取得谅解。

（3）当介绍者走上前来为被介绍者进行介绍时，被介绍者双方均应起身，面带微笑，大大方方地目视介绍者或者对方，态度要注意。

（4）介绍者介绍完毕，被介绍者双方应依照合乎礼仪的顺序进行握手，并且彼此使用“您好”“很高兴认识您”“久仰大名”“幸会”等语句问候对方。

二、握手

在人际交往过程中，握手礼是人们常用的、基本的见面礼。一般情况下，只要一方伸出手来，另一方都应该礼貌回握。具体地说，在以下场合多用多适合行握手礼：当你被介绍与他人认识时；在社交活动中遇见熟人时；迎送客人时；拜访他人时；感谢他人帮助时；祝贺他人时等。

（一）握手礼仪要求

双方距离 0.5～1 米，对视，微笑，身体前倾，伸出右手相握，四指并拢，拇指张开，握至虎口处，轻摇二至三下，力度适中。

（二）使用握手礼的顺序

使用握手礼的顺序通常是指当双方行握手礼时伸手的先后顺序。正确的顺序是：长辈和晚辈之间，长辈先伸手，晚辈迎握；上下级之间，上级先伸手，下级迎握；男女之间，女方先伸手，男方迎握；主人和客人之间，见面时主人先伸手，客人迎握；告别时，客人先伸手，主人迎握。告朋友或平辈之间谁先伸手可不做计较。

（三）握手的禁忌

我们在行握手礼时应努力做到合乎规范，避免违犯下述失礼的禁忌。

1. 行握手礼时，目光应热情地注视对方，切忌心不在焉，东张西望，左顾右盼。

2. 右手相握时，左手自然下垂，不要在衣袋里或插在腰中。

3. 不要在握手时戴着手套或墨镜，只有女士在社交场合戴着薄纱手套握手，才是被允许的。

4. 不要在握手时面无表情、不置一词或长篇大论、点头哈腰，过分客套。

5. 不要在握手时仅仅握住对方的手指尖，好像有意与对方保持距离。正确的做法，是要握住整个手掌。

6. 不要在握手时把对方的手拉过来、推过去，或者上下左右抖个没完。

7. 不要拒绝和别人握手，即使有手疾或汗湿、弄脏了，也要和对方说一下“对不起，我的手现在不方便”，以免造成不必要的误会，握手后忌用手帕擦手。

三、鞠躬

鞠躬礼是人们在生活中对别人表示恭敬的一种礼节，既适用于庄严肃穆、喜庆欢乐的仪式，也适用于一般的社交场合。在一般的社交场合，晚辈对长辈、学生对老师、下级对上级、表演者对观众等都可行鞠躬礼。领奖人上台领奖时，向授奖者及全体与会者鞠躬行礼；演员谢幕时，对观众的掌声常以鞠躬致谢；演讲者也用鞠躬来表示对听众的敬意。

（一）鞠躬礼的分类

按照上身倾斜角度的不同可以将鞠躬分为以下四种类型：

1. 上身倾斜角度约为 15°左右，表示致意，用于一般性问候。行礼时，身体上部向前倾斜约 15°，随即恢复原态，只做一次，受礼者应随即还礼。一度鞠躬，几乎适用于一切社交场合。如晚辈对长辈、学生对教师、下级对上级或同事之间以及讲演者、表演者对听众、观众等都可以行鞠躬礼。但长辈对晚辈、上级对下级不鞠躬，欠身点头即示还礼。演员对观众致鞠躬礼后，观众或听众以掌声还礼，见图 6－17。

2. 上身倾斜角度约为 30°左右，表示见面时向对方敬礼，意思是很高兴见到您，是对对方的敬意和礼貌，见图 6－18。

图 6－17

图 6－18

3. 上身倾斜角度约为 45°左右，表示告别时对对方的接待表示感谢，对自己的打扰表示歉意，是很真诚的，浓厚的礼节，见图 6－19。

4. 上身倾斜角度约为 90°左右，表示向对方深度敬礼和道歉。三度鞠躬也称最敬礼。鞠躬前应脱帽（摘下围巾），身体立正，目光平视。鞠躬时，身体上部向前下弯约成 90°，然后恢复原状，这样连续三次。

图 6－19

（二）行鞠躬礼的基本要求

施鞠躬礼要在优雅站立姿势的基础上实现。身体挺直，五指并拢自然垂下，身体从头顶到脚是一条线，目视前方，面带微笑。上身伸直，以腰部为轴，上体下倒。以站立的姿势上体下倒，视线随身体自然下移，如果看着对方脸鞠躬，自己的下颌向上，由脖子到背部的线会被破坏。男士五指并拢从侧面向膝头慢慢滑去，达到手指将要相碰的程度为宜；女士还可以选择双手叠放于小腹处。

（三）行鞠躬礼的注意事项

1. 切忌边看着对方边鞠躬，这是十分不雅的；切忌边工作边致礼；切忌一边摇晃着身体一边鞠躬；鞠躬不可速度太快。

2. 记住鞠躬不是单纯的点头，一定要手自然垂下，上半身向前直弯下去。

3. 正确的呼吸决定你能否有正确的鞠躬，随着上半身下弯吸气，倒下后数一、二、三吐气，接着一边吸气一边慢慢抬起上身。

4. 门迎员迎送客人，应主动开门，站在门一侧，内侧手扶门，外侧手以 45°角收于背后，腿伸直，身微鞠躬，面带微笑恭迎（送）客人。

5. 行鞠躬礼必须先摘下帽子，用右手（如右手持物，可用左手）抓住帽子前檐的中间位置，用立正姿势，双目注视对方，身体上部前倾15度左右，而后恢复原来姿势。

6. 鞠躬一次即可，不可连续地、重复施礼，鞠躬时，嘴里不能吃东西或叼着香烟。

7. 若是迎面相遇，则在鞠躬后向右边跨出一步，给对方让路。

四、递送名片

名片的使用已经成为人与人交往的一种重要手段。名片，是一个人的身份、地位的象征、是一个人的尊严、价值的一种彰显方式，也是使用者要求社会认同、获得社会理解与尊重的一种方式。名片上一般印有公司名称、头衔、联络电话、地址等，有的还印有个人照片，通过递送名片可以让对方认识你，与你联系。现在，越来越多的企业等社会组织制作的其成员使用的名片十分考究，尽量使之具有特色和魅力。

（一）递送名片

1. 递送名片的礼仪要求。在外出前将名片放在容易拿取的地方，以便需要时迅速掏出。一般男士可将名片放在西装上衣的口袋里或公文包里，女士可将名片置于手提包内。如果初次见面，相互介绍之后可递上名片；若是比较熟识的朋友，可在告辞时递交。

递送名片时，应面带微笑，正视对方，为表达尊敬之情，应用双手的拇指和食指，握住名片上端两角，将文字正面指向对方，以方便对方观看。递送时可以说一些“我叫×××，这是我的名片，请笑纳”或“请多关照”之类的客气话。

2. 递送名片的顺序。交换名片是建立人际关系的第一步，一般宜在与人初识时自我介绍之后或经他人介绍之后进行。递送名片的先后没有太严格的讲究，一般是地位低的人先向地位高的人递名片，男性先向女性递名片，出于公务和商务活动的需要，女性也可主动向男性递名片。当对方不止一人时，应先将名片递给职务较高或年龄较大的人；如分不清职务高低和年龄大小时，则可依照座次递名片；应给对方在场的人每人一张，以免厚此薄彼。如果自己这一方人较多，则让地位较高者先向对方递送名片。因名片代表一个人的身份，在未弄明对方的来历之前，不要轻易递送名片，否则，不仅有失庄重，而且有可能被冒用，见图6-20。

图6-20

（二）接受名片

接受名片的礼仪要求。递名片者将名片递上，表达了递交者对对方的友好之情；而接受名片者应起身或欠身，面带微笑，恭敬地用双手的拇指和食指接住名片的下方两角，并轻声说“谢谢”“能得到您的名片十分荣幸”。如对方是地位较高或有一定知名度的，则可道一句“久仰大名”之类的赞美之辞。接过名片后，应十分珍惜，并当着对方的面，从上到下，从正到反，认真观看，以表示对赠送名片者的尊重，同时便于加深印象。不懂之处应当即请教。随后当着对方的面郑重其事地将他的名片放入自己携带的名片盒或名片夹之中，千万不要随意乱放，以防污损。如果没带名片夹，可放在西服上衣内口袋里，或放在公文包里，这些条件都不具备就暂放在干净的桌子上，切忌在名片上放其他物品，也不可漫不经心地放置一旁，告别时千万不要忘记带走。接受名片者应通过动作表情来显示对对方人格的尊重。所以就有了接名片时“接、看、问、放”四个步骤的产生。

（三）交换名片

交换名片体现了双方感情的沟通，表达了愿意友好交往下去的意愿。交换名片的礼节，主要体现在交换名片的顺序上。一般是地位低者、晚辈或客人先向地位高者、长辈或主人递上名片，然后再由后者予以回赠。若上级或长辈先递上名片，下级或晚辈也不必谦让，礼貌地用双手接过，道声“谢谢”，再予以回赠。

五、接打电话

在现代社会中，人们每天有许多事情要通过电话来商谈、询问、通知、解决。特别是销售工作中，人们通过电话能大致判断出对方的人品、性格。这种“只闻其声、不见其人”的联络方式看起来容易，其实大有讲究。无论是打电话还是接电话，我们都应做到语调热情、语气自然、音量适中、表达清楚、简明扼要、文明礼貌。

（一）接听电话

1. 接听准备。

（1）准备笔和纸。随时准备就重要的事情做记录，或为暂时不在办公室的领导、同事传达信息做笔记。

（2）专心接听电话。为了表示对对方的尊重，专心接听，不得边工作边接听，或边吃东西边接听，接电话同时与其他人说话都会令对方心生厌恶，影响个人和公司的形象。

（3）左手握稳电话听筒，以方便右手做记录。

（4）情绪饱满，面带微笑接电话。笑容不仅代表自己心情的好与坏，那种情绪的快乐会感染身边的每一个人。及时接电话也是一样的，看不到你的表情，愉悦的笑容使你的声音自然、轻快、悦耳，可以留给对方好印象。

2. 接听电话。

（1）及时接电话。铃响三声之前接听，四声后就应道歉：“对不起，让你久等了。”尽快接听电话会给对方留下好印象，让对方觉得自己被看重。如果既不及时接电话，又不道歉，甚至极不耐烦，就是极不礼貌的行为。

（2）礼貌、优美的问候。“你好，这里是××公司。”

（3）热情询问对方。对方打来电话，一般会自己主动介绍。如果没有介绍或者你没有听清楚，就应该主动问："请问你是哪位？我能为您做什么？您找哪位？"如果对方找的人在旁边，您应说："请稍等。"然后用手掩住话筒，轻声招呼你的同事接电话。如果对方找的人不在，您应该告诉对方，并且问："需要留言吗？我一定转告！"

（4）与听筒保持距离。嘴和话筒保持3厘米左右的距离；耳朵贴近话筒，仔细倾听对方的讲话。

（5）讲究语言艺术。语言礼貌而谦恭，语调平稳而柔和，音量适中，发音标准，吐字准确。

（6）接电话的姿势。上身挺直，面带微笑，左手拿话筒，右手拿笔。

（7）做好电话留言记录。内容为where（地点）、who（人物）、why（原因）、what（事件）、when（时间）。对方讲完之后要重复一遍。

（8）让客人等待时应给予说明并道歉。每过20秒留意一下对方是否愿意等下去。

3. 结束通话。

（1）掌握结束通话的时间。一般由打电话的一方或身份高者先挂断电话。

（2）礼貌地道别。用积极的态度结束通话，同时感谢对方。

（3）轻轻放下话筒。

（二）拨打电话

1. 准备工作。

（1）提前想好谈话的要点。

（2）选择适当的通话时间。避开通话的高峰时间、业务繁忙时间、私人时间、节日、生理厌倦时间。

（3）查清号码。

2. 打电话。

（1）通话语言清楚明了，交代事情礼貌、完整。

（2）做好记录。

（3）掌握时间。一般通话时间控制在三分钟以内。

（4）专心。不要一边打电话一边做其他事。

（5）用语要规范。通话之初，应先做自我介绍，不要让对方"猜一猜"。请受话人找人或代转时，应说"劳驾"或"麻烦您"，不要认为这是理所应当的。

3. 结束通话。

（1）向对方道一声"再见"。

（2）由拨电话者挂断。挂断电话应轻放。

（三）手机礼仪

1. 放置到位。在公共场合手机不使用时，不要放在手里或是挂在上衣口袋外。放手机的常规位置有：一是随身携带的公文包里，这种位置最正规；二是上衣的内袋里；有时候，可以将手机暂放腰带上，也可以放在不起眼的地方，如手边、背后、手袋里，但不要放在桌子上，特别是不要对着面前的客户。

2. 遵守公德。不要在座机电话接听中、餐桌上、剧场里、图书馆、婚礼和葬礼等场合接打手机，如果非得回话，可以暂时回避或采用静音的方式发送短信。在会议中以及与别人洽谈的时候，最好把手机关掉，起码也要调到震动状态。这样既显示出对别人的尊重，又不会打断发话者的思路。而那种在会场上铃声不断，好像业务很忙，使大家的目光都转向你，则显得缺少修养。在公交车上大声地接打电话也是有失礼仪的。

3. 保证畅通。使用手机，主要的目的是保证自己与外界的联络畅通无阻。接到他人打在手机上的电话之后，一般应及时与对方联络。没有极特殊的原因，不要超过 5 分钟。拨打他人的手机之后，亦应保持耐心，一般应当等候对方 10 分钟左右。在此期间，不宜再同其他人联络，以防电话占线。不及时回复他人电话，拨打他人手机后迅速离去，或是转而接打他人的电话，都会被视作恶意的犯规。万一因故暂时不方便使用手机时，可在语音信箱上留言，说明具体原因，告之自己的其他联系方式。有时还可采用转移呼叫的方式与外界保持联系。

4. 注意通话情境。给对方打手机时，尤其当知道对方是身居要职的忙人时，首先要想到，这个时间他方便接听吗？并且要有对方不方便接听的准备。在给对方打手机时，注意从听筒里的回音来鉴别对方所处的环境。如果很静，应想到对方在会议上，有时大的会场能感到一种空阔的回声，当听到噪音时对方就很可能在室外，开车时的隆隆声也是可以听出来的。有了初步的鉴别，对能否顺利通话就有了准备。但不论在什么情况下，是否通话还是由对方来定为好，所以“现在通话方便吗?”通常是拨打手机的第一句问话。其实，在没有事先约定和不熟悉对方的前提下，我们很难知道对方什么时候方便接听电话。所以，在有其他联络方式时，还是尽量不打对方手机好些。

5. 重视私密。通信自由，是受到法律保护的。在通讯自由中，秘密性即通讯属于个人私事和个人秘密，是其重要内容之一。一般而言，手机的号码不宜随便告知于人。因此，不应当随便打探他人的手机号码，更不应当不负责任地将别人的手机号码转告他人。

出于自我保护和防止他人盗机、盗码等多方面的考虑，通常不宜随意将本人的手机借给他人使用，或是前往不正规的维修点进行检修。同样，随意借用别人的手机也是不适当的。

6. 注意安全。使用手机时，对于有关的安全事项不可马虎大意。按照常规，在驾驶车辆时，不宜使用手机通话，极有可能导致交通事故。乘坐飞机时，必须自觉关闭手机，因为它们发出的电子信号，会干扰飞机的导航系统。在加油站或是医院里，也不准开启手机。否则，就有可能酿成火灾，或影响医疗仪器设备的正常使用。此外，在一切标有文字图示禁用手机的地方，均须遵守规定。

（四）短信礼仪

1. 注意时间和场合。在需要保持安静的公共场所，或在与人交流时，将短信接受提示音调至静音或震动状态。不要在别人能注视到你的时候查看短信。一边和别人说话，一边收发手机短信，是对别人的不尊重。上班时间不能不断地发短信。发短信别太晚，否则会打扰对方休息。

2. 记得署名。手机短信其实类同于我们日常的写信，只是载体不同，因此手机短信的开头首先要输入收件人的称呼；短信的结尾要有署名，以便于收件人识别是谁发送的短信。

3. 注意短信的内容。手机短信体现了发信者的文化素养、社会涵养，也体现了双方之间的关系，短信内容要针对发送对象选择合适的措辞，比如对朋友、恋人、领导、长辈等不同关系的人在措辞的亲密程度、尊敬的程度及短信内容等方面是有很大区别的。编发短信用字用语规范准确、表意清晰。不编发有违法规或不健康内容的短信，不随意转发不确定的消息。收到不良短信可建议或告诫发送者停止发送。

4. 回短信要及时。收到领导、老师、长辈的短信一定要在第一时间回复，以示尊重。发短信送祝福是加深双方情感的重要途径，发送此类短信不要群发（特别是你认为重要的人），一定要输入对方名字或称谓，以示对收信方的尊重。对方在短信中看到自己的名字或对自己单独的称呼时，会知道你这条短信是单独给他发送的，会很重视这份祝福。

5. 注意保护隐私。一些不希望别人看到的短信，最好及时删除或者加密。尤其是一些开玩笑的，或者语气比较暧昧、亲昵的短信，或者个人隐私的短信、图片等。

6. 不要轻信陌生的短信。手机短信内容不管是在商业方面还是个人隐私方面都有很大的价值，很多骗子通过群发短信的方式肆无忌惮地进行的诈骗，获取不义之财。因此，当我们接到陌生的短信一定要多问几个为什么，谨防上当受骗。做到：

（1）在任何时间、任何地点、对任何人都不要同时说出自己的身份证号码、银行卡号码、银行卡密码。注意：绝对不能同时公布三种号码。

（2）当不能辨别短信的真假时，要在第一时间先拨打银行的查询电话。注意：不要先拨打短信中所留的电话。

（3）不要用手机回拨电话，最好找固定电话打回去。

（4）对于一些根本无法鉴别的陌生短信，最好的做法是不要管他。

（5）如果已经上当，请立即报案。

（6）不要和陌生短信说话——不相信、不贪婪、不回信，这是对付诈骗短信的绝杀招。

任务分析

任务描述中的大连清芳贸易公司的王芳为什么会接待有礼呢？

任务二的学习，我们了解一位出色的销售经理，不仅要有过硬的业务水平和营销技巧，更主要的是服务礼仪知识，否则，会影响自己的职业素质，有损企业形象。

在正常的人际交往过程中，问候、打招呼，清晰优雅的自我介绍，大方有礼的他人介绍，毕恭毕敬的鞠躬礼，递名片的细节，通电话礼仪等都是有礼仪规范的，这种处世理念和行为规范，除了获得商务价值外，还怡情养性，悦人悦己。

那么大连清芳贸易公司办公室王芳经理，在接待中展现得十分周到、热情、得体。按照约定时间，提前到达，做了自我介绍，为他人作介绍，准备了轿车，预定了酒店，说明她的职业素质、服务意识、礼仪知识都很突出。

知识拓展

一、敬茶礼仪

敬茶是中国传统的待客礼节，不论什么来宾来访，都要先敬上一杯茶水。敬茶必须注意以下几点：

（1）不管交谈多长时间，都应给来宾敬茶，这是起码的待客之道。如果有若干种茶水可供选择的话，就要用封闭式提问的方式，即具体列出都有哪些饮料，询问来宾需要喝哪一种。

（2）用来敬茶的杯子要干净。如果给来宾敬用茶叶冲泡的茶水，则规范的方式是用有盖、有把儿的瓷杯。一次性杯子是退而求其次的选择。用什么茶叶可以事先征求来宾意见（如果有选择余地的话）。

（3）如果是用有盖有把儿的瓷杯，放入适量茶叶后，倒上约 1/3 杯开水，把杯子盖好；从来宾的右边上茶；估计茶叶差不多泡开的时候，再为来宾掺上开水。同时注意掺茶时可以用右手拿着茶杯盖子，如果要放在茶几上，把盖口朝上；倒茶的时候水不要掺得太满，一般约为茶杯的 2/3 左右就行了。而如果是一次性杯子，放入茶叶后一次性倒入约为茶杯 2/3 的水就可以了。取茶叶的时候，不能用手抓，要用茶叶勺取，或者先把适量茶叶倒入茶叶筒的盖中，再从盖中倒入杯中。

（4）敬茶要先客后主。来宾比较多的话，按级别或长幼依次敬上。上茶的具体步骤：先把茶盘放在茶几上，用右手给来宾递上，手指不要搭在茶杯上，也不要让茶杯撞到来宾手上。如果妨碍来宾交谈，要先说一声“对不起”。

招待茶点的时候，最好把茶点装在托盘里，再送到来宾面前或旁边的茶几上或桌子上。茶水饮料最好放在来宾的右前方，如果有点心、糖果之类，则最好放在来宾左前方。

二、接、打电话常用礼貌用语

1. 您好！这里是×××公司×××部（室），请问您找哪位？
2. 我就是，请问您是哪一位？……请讲。
3. 请问您有什么事？（有什么能帮您？）
4. 您放心，我会尽力办好这件事。
5. 不用谢，这是我们应该做的。
6. ×××不在，我可以替您转告吗？（请您稍后再来电话好吗？）
7. 对不起，这类业务请您向×××部（室）咨询，他们的号码是……。（×××同志不是这个电话号码，他（她）的电话号码是……）
8. 您拨错号码了，我是×××公司×××部（室），……没关系。
9. 再见！
10. 您好！请问您是×××单位吗？
11. 我是×××公司×××部（室）×××，请问怎样称呼您？
12. 麻烦您帮我找一下×××好吗？
13. 对不起，我打错电话了。
14. 对不起，这个问题……，请留下您的联系电话，我们会尽快给您答复好吗？

知识与能力训练

知识训练

一、填空题

1. 自我介绍的四种类型：（　　）、（　　）、（　　）、（　　）。

2. 根据规则，为他人作介绍时：当介绍上级与下级认识时，先介绍（　　），后介绍（　　）。介绍长辈与晚辈认识时，应先介绍（　　），后介绍（　　）。介绍年长者与年幼者认识时，应先介绍（　　），后介绍（　　）。介绍女士与男士认识时，应先介绍（　　），后介绍（　　）。

3. 四种不同度数的鞠躬表达意思不同，15°鞠躬表示（　　），30°鞠躬表示（　　），45°鞠躬表示（　　），告别时表示（　　），90°鞠躬表示向对方（　　）。

4. 递送名片时，应面带微笑，正视对方，为表达尊敬之情，应用（　　）手的拇指和食指，握住名片（　　），将（　　）指向对方，以方便对方观看。

二、选择题

1. 铃响（　　）声之前接听，（　　）声后就应道歉："对不起，让你久等了。"尽快接听电话会给对方留下好印象，让对方觉得自己被看重。

A. 3，6　　B. 3，4
C. 2，3　　D. 4，6

2. 握手礼仪要求：双方距离（　　）米左右，对视，微笑，身体前倾，伸出右手相握，四指并拢，拇指张开，握至虎口处，轻摇二至三下，力度（　　）。

A. 1，适中　　B. 1，要轻
C. 0.5，要轻　　D. 0.5，适中

3. 让客人等待时应给予说明并道歉。每过（　　）秒留意一下对方是否愿意等下去。

A. 30　　B. 10
C. 40　　D. 20

三、简答题

1. 简述行鞠躬礼的基本要求。
2. 简述递送名片的顺序是什么？
3. 接听电话之前做哪些准备？

能力训练

以小组为单位，创作情景剧，假如我们就职于某企业，做业务员，你经常与客户见面谈业务，你与老客户见面时如何表现，与新客户见面又该做些什么呢？运用所学的礼仪知识，排练情景剧，在班级里展示，是锻炼同学们能力的平台，是学有所用的体现，更能培养同学们的创造力。最后，同学们互相评价。

（**提示**：试从社交礼仪的角度进行分析。）

项目实战

本项目主要学习以下内容：

职业人发型要求是整洁、规范，发色正常。前不覆额，侧不过耳，后不及领。

服饰礼仪的要求是：公司销售人员应按照公司规定着装，或选择符合环境和礼节的服饰。要适合自己、适合环境。

坐姿要领：入座时要稳、要轻。就座时要不紧不慢，大大方方地从座椅的左后侧走到座位前，站稳后，右脚后退半步轻稳地坐下。若是裙装，应用手背将裙稍稍拢一下，不要坐下来后再站起来整理衣服。面带笑容，双目平视，嘴唇微闭，微收下颌，坐在椅子上，至少要坐满椅子的2/3，跟客户交谈时身体稍向前倾。

规范的手势：销售人员在与顾客交流时手势不宜太多，适当配合语言进行交流，不要用单手指指人，规范的手势应当是手掌自然伸直，掌心向内向上，手指并拢，拇指自然稍稍分开，手腕伸直，使手与小臂成一直线，肘关节自然弯曲，大小臂的弯曲以130°或140°为宜。掌心向斜上方，手掌与地面形成45°。

对步态美的要求是：协调稳健、轻盈自然，正确的步态是以端正的站姿为基础的。其具体要求是：上体正直，眼平视，挺胸、收腹、立腰，重心稍向前倾；双肩平稳，双臂以肩关节为轴前后自然摆动，摆动幅度以30～40厘米为宜；两臂以身体为中心，前后自然摆。前摆约35°，后摆约15°，手掌朝向体内；脚尖略开，脚跟先接触地面，依靠后腿将身体重心送到前脚脚掌，使身体前移。步位，即脚落在地面时的位置，应是两脚内侧行走的轨迹为一条直线，而不是两条平行线。步幅，即跨步时两脚间的距离，一般应为前脚跟与后脚的脚尖相距为一脚或一脚半长。但因性别和身高不同会有一定差异。着不同服装，步幅也不同。

自我介绍礼仪要求：面带微笑，笑容会令对方感到温暖和有诚意，接下去说：“我是×××，是××公司的××（职务）。”介绍的重点是要把名字说清楚，如果对方没听清而再三询问，或叫错你的名字，可能陷入尴尬。自我介绍除了表达清晰外，如果能附带一句“弓长张”“木子李”之类的说明，会更加深印象。

握手礼仪要求：双方距离0.5米左右，对视，微笑，身体前倾，伸出右手相握，四指并拢，拇指张开，握至虎口处，轻摇二至三下，力度适中。

行鞠躬礼的基本要求：施鞠躬礼要在优雅站立的姿势的基础上实现。身体挺直，五指并拢自然垂下，身体从头顶到脚下是一条线，目视前方，面带微笑。上身伸直，由腰部为轴，上体下倒。

交换名片的礼仪要求：体现了双方感情的沟通，表达了愿意友好交往下去的意愿。交换名片的礼节，主要体现在交换名片的顺序上。一般是地位低者、晚辈或客人先向地位高者、长辈或主人递上名片，然后再由后者予以回赠。若上级或长辈先递上名片，下级或晚辈也不必谦让，礼貌地用双手接过，道声“谢谢”，再予以回赠。

电话礼仪：我们都应做到语调热情、语气自然、音量适中、表达清楚、简明扼要、文明礼貌。

项目实战就是针对本项目中所涉及的理论知识，结合任务所要达到的知识、能力、情感与价值观的目标而设计的综合性的课堂活动。

实战一　情景剧表演——面试现场

【实战内容】通过模拟面试现场，把所学礼仪知识进行实战练习，其中包括仪容仪表、站、坐、行、鞠躬、递物、自我介绍、语言沟通等的礼仪知识。

【实战目标】找出自己与真正的职业人存在的差距，在未来的日子，以销售人员的标准要求自己，提高自身的礼仪素养和综合素质。

【实战要求与步骤】

1. 将学生分成4~6人一组，选出组长。
2. 结合所学知识和学生的特点，自编自演面试场景。要求言行举止中体现所学礼仪知识。
3. 小组内部讨论：谁的表现能够赢得领导的信任，最后求职成功？
4. 教师和同学们分别评价。

实战二　情景剧表演——销售员的工作场景

【实战内容】以小组为单位，模拟商场销售人员的工作环境，几位同学扮演顾客，出现多种问题，需要销售者如何解决，其中包含所学的礼仪知识。

【实战目标】参照销售人员的职业要求和本项目所学礼仪知识，在模拟真实场景汇总考查学生学习情况，培养学生的销售应变能力和职业素养。

【实战要求与步骤】

1. 将学生分成4~6人一组，选出组长。
2. 结合所学知识和学生的特点，自编自演商场销售场景。要求体现所学礼仪知识。
3. 小组内部讨论：谁的表现能够赢得顾客的信赖，最后得到好评？
4. 教师和同学们分别评价。

7 项目七 了解商务活动礼仪

案例导入

一次成功的60年校庆活动

大连旭日学校，为庆贺建校60周年，举办庆典活动，办公室吴老师于当日一大早上，就在操场主席台上安排校领导和来宾的座位，每个座位放上桌牌，在桌子右侧放一瓶矿泉水。在入口处摆放一张桌子，桌上有签到簿和笔。

从门口到办公楼安排礼仪小姐迎宾，教学楼悬挂条幅，彩旗飘飘，一片喜气洋洋的场景；办公室吴老师沟通了广播室，调好音响，放点儿轻柔的背景音乐。午饭时间之前，吴老师去餐厅安排领导的饭桌座次，吃饭时的必备物品要求服务员准备好。整个准备工作细致周到，所有环节都滴水不漏。当天活动圆满成功，校领导对本次活动十分满意，吴老师自然很高兴。

案例思考：想一想，为什么吴老师能够细致周到地安排整个校庆活动？

（**提示：**试从“庆典活动礼仪”的角度进行分析。）

项目导学图

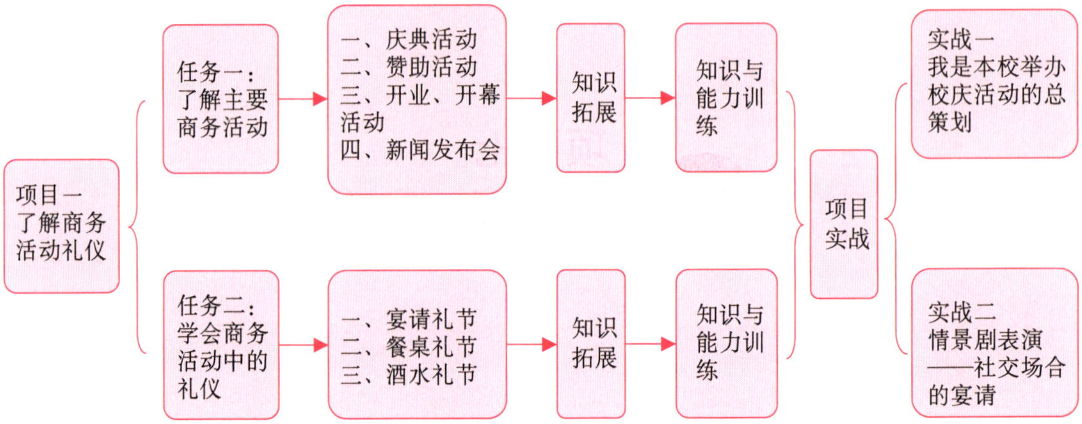

任务一
了解主要商务活动

任务目标

【知识目标】了解庆典、赞助、开业开幕、新闻发布会等商务活动的礼仪知识

【能力目标】通过模拟或实践，能够为这些活动做准备或部分工作

【素质目标】激发学生对本课程的学习兴趣，端正学习态度，养成计划协调的良好习惯

任务描述

家庭健康一把手——阿净嫂周年庆典活动

该产品为冰箱灭菌除臭剂、衣物防蛀、防霉剂等系列家庭用品。此前的品牌为“永鲜”和“××宝”等，品牌特性易被混淆和模仿，当时，此类产品普遍属低档品、关心度低。新接手人将其品牌命名为“阿净嫂”，并塑造了一个温柔、聪慧、能干、热爱家庭的女性形象，人格化的诉求，使之成为中国女性心目中的理想化身；同时也巧妙借用了“阿庆嫂”这一戏剧女主角在广大消费者中的高知名度和美誉度，将产品属性与能干、麻利、活泼、亲切、机智等概念紧密结合在一起。

本周是阿净嫂品牌的周年庆，本公司筹划下周也就是“十一”黄金周搞庆典活动，他们分别在各大商场超市做活动，热闹非凡。这一年时间的品牌形象塑造取得显著的效果，借本次庆典活动，他们又搞活动“阿净嫂诚聘健康大嫂”与下岗女工联系起来，以公众口碑，公关活动为中心，引起传媒关注，短期内使产品知名度大增，大嫂的现场促销更是效果斐然取得良好效果。

（资料来源：http：//wenku. baidu. com/view/6b65c612866fb84ae45c8d10. html。）

案例思考：你认为“阿净嫂”本次庆典的成功之处在于什么？这一品牌的成功源于什么？

案例解析：庆典活动遵循了适时适地的原则，在“十一黄金周”期间举办庆典活动，地点选择在商场超市，客流量大，让更多的人了解该品牌，能有效拓展知识度。本品牌最大的成功在于品牌形象策略的塑造，一个极富亲和力、极具人文情怀的品牌形象，使消费者与产品有良好有效的沟通，成功成为拓展家庭用品市场的金钥匙。

任务学习

在商务活动中，通过商务礼仪体现相互尊重与礼让。商务礼仪的核心是这种行为的准则，用来约束我们日常商务活动的方方面面。庆典活动、赞助活动、开业开幕、新闻发布会等仪式在商务活动中占有重要的位置，安排好这些仪式有助于商务活动的顺利开展，因此，我们了解商务活动和学习商务礼仪就显得更为重要。世界级的交际大师戴尔·卡耐基说：“人与人之间需要沟通、交往和温情。”

一、庆典活动

庆典活动是组织利用自身或社会环境中的有关重大事件、纪念日、节日等所举办的各种仪式、庆祝会和纪念活动的总称，包括节庆活动、纪念活动、典礼仪式和其他活动。通过庆典活动，可以渲染气氛，强化组织的影响力；也可以广交朋友，广结良缘；成功的庆典活动还可能具有较高的新闻价值，从而进一步提高组织的知名度和美誉度。庆典活动包括节庆典礼、庆功典礼、开业典礼、奠基典礼、竣工典礼、通车典礼、通航典礼等类型。

（一）组织策划庆典活动

任何一个活动的圆满完成，都是与前期的策划准备工作密不可分。严谨认真的策划对整个活动起到事半功倍的效果。以下环节是需要注意的：

1. 制定庆典活动方案。每一个庆典活动都有详细的方案作依托。包括：典礼的名称、规格规模、邀请范围、时间地点、典礼形式、基本程序、主持人、筹备工作等。庆典活动要执行国家有关规定，重大庆典活动一般要上报上一级机关审批，如：区级重大庆典活动，要报市委、市政府审批并报省委、省政府办公厅备案。

2. 确定参加活动的对象。庆典活动要邀请有关领导、知名人士、行业及新闻记者参加。应邀人员一般是各界代表、与活动主题相关的有关人士。一旦确定人员，应当及早发出邀请，并准确掌握来宾能否及时参加。

3. 现场布置和物质准备。庆典现场的布置，根据庆典内容确定。一般包括音响、音响设备，会场、舞台或现场的横幅、彩旗、鲜花、气球等。

4. 安排接待工作。安排专门的礼宾接待人员。重要来宾的接待，要由有关负责人亲自完成。要安排专门的接待室，以便正式开始前让来宾休息、交谈。要有专人引导入场、签到、留言等。

5. 做好后勤保障和安全保卫工作。要做好庆典活动的后勤保障工作，包括现场秩序维护、安保工作、防火防盗、车辆停放等。

（二）安排庆典活动的程序

1. 邀请嘉宾讲话。通常情况下，出席庆典活动的上级主要领导、协作单位均应有代表讲话或致贺词。不过应该提前打招呼，不要当场推来推去。

2. 本单位主要负责人致辞。其主要内容是：对来宾表示感谢，介绍此次庆典的缘由，等等，其重点应是报捷或“可庆”之处。

3. 公布贺电贺信。主持人对外来的贺电贺信等不必一一宣读，但对其署名单位或个人应当公布。

4. 安排文艺演出。这项程序根据需要可有可无，如果有所准备，应当慎选内容，注意要与庆典格调相搭配。

5. 邀请来宾进行参观。在庆典开始前或后，可安排来宾参观本单位，此程序可有可无。

（三）策划组织庆典注意事项

1. 时机。选择好时机，可以为典礼增色不少，增强活动的效果。如企业礼仪庆典活动通常要把企业时机、市场时机结合起来考虑，使礼仪庆典活动与市场时机相契合。有些典礼的时间是固定的，如节日、纪念日，这些庆典一般只能提前，不能推后。有些庆典则要选择时机，如开业、竣工等典礼，除了要筹备好以外，还要考虑有关领导能否出席、气候及前后节庆情况等因素。

2. 适度。庆典活动是一种礼仪性活动。我国有关方面专门做出规定，要严格控制，认真执行申报制度。同时要有精品意识，典礼过多、过滥，会影响庆典活动的质量和效果。典礼的规模、形式还要和单位、项目情况大体相符，工程不大，却弄一个特大规模的庆典，只会成为笑柄。

3. 隆重。典礼是一种热烈庄重的仪式，需要一定的隆重程度。这样既可以鼓舞人心，又可以扩大影响。在现场布置、形式选择、程序安排等环节下工夫，努力营造隆重热烈的气氛。同时还要力求有创意，一般化的庆典活动，无法给人留下深刻印象，不可能取得效果。

4. 节俭。庆典活动既要隆重热烈，又要简朴务实。从规模、规格上要严格控制，邀请人员的级别、数目要适当，不能一味追求“高、大、全”。在项目、程序上尽量从简，可以省去的一些环节，就应当坚决省去。典礼也要奉行“少花钱，多办事”的原则，不能摆排场讲阔气，铺张浪费。

二、赞助活动

党的二十大报告要求，维护人民根本利益，增进民生福祉，不断实现发展为了人民、发展依靠人民、发展成果由人民共享，让现代化建设成果更多更公平惠及全体人民。企业要肩负社会责任，坚持尽力而为、量力而行，采取更多惠民生、暖民心举措。

赞助是社会组织以提供资金、产品、设备、设施和免费服务等形式无偿赞助社会事业或社会活动的一种公关专题活动。赞助活动是一种对社会做出贡献的行为，也可以视为一种商业活动，是一种信誉投资和感情投资，是企业改善社会环境和社会关系最有效的方式之一。

（一）赞助类型

1. 赞助体育活动。由于体育比赛活动是新闻媒介热衷报道的对象，而且拥有众多的观众，对公众的吸引力大，因此，社会组织常常赞助体育活动，以增加对公众施加影响的广度和深度。赞助体育运动常见的形式有：赞助体育训练经费或物品、赞助体育竞赛活动、设立体育竞赛奖励项目等。

2. 赞助社会慈善和福利事业。为各种需要社会救助的人如孤寡老人、残疾病人、福利院儿童等提供物质、经费帮助，开展服务活动，以及济贫、捐助灾民，既是社会组织向社会表明履行社会义务的重要手段之一，又是社会组织改善与社区公众关系、政府公众关系的重要途径之一。

3. 赞助教育事业。教育是立国之本，发展教育事业是一个国家的基本战略方针。社会组织自觉地赞助教育事业，如捐资建立图书馆与实验室，设立某项奖学金制度、资助贫困学生、捐资希望工程等，既可以促进学校教育事业的发展，又可以为社会组织树立一种关心教育事业的良好形象。

4. 赞助文化生活。文化生活是公众社会生活的主要内容之一。社会组织积极赞助文化生活，不仅可以增进社会组织与公众的深厚感情，而且可以提高社会组织的文化品位和知名度。赞助文化生活的方式主要有：赞助拍摄与社会组织有关的影视片、资助文艺演出队伍、赞助文化演出活动等。

（二）赞助活动的组织策划

赞助活动是一项技术性很强的公共关系专题活动，一次完整的、成功的赞助活动，需要做好以下工作：

1. 做好赞助研究。组织要开展赞助活动，进行赞助研究是非常重要的一步。组织应从经营活动政策入手，分析组织公共关系目标，确定赞助目的，并据此考核需要赞助的项目是否对社会、对公众有益，是否能对本组织产生有利影响。在此基础上，研究赞助项目的必要性、可行性、有效性，保证社会和组织都能获益。

2. 制订赞助计划。组织要在赞助研究的基础上制订赞助计划。赞助计划是赞助研究的具体化，因此赞助计划的内容应该具体、翔实。对赞助的目的、对象、形式、费用预算、具体实施方案等都应有所计划，并控制范围，防止赞助规模超过组织的承受能力。

3. 评估与审核赞助项目。这一步主要是针对具体赞助项目进行的，对每一项具体的赞助项目，赞助工作机构都应进行分析研究。首先对赞助项目进行总体评估，检查是否符合赞助方向，对赞助效果进行质和量的评估。审核则是结合计划进行，组织每进行一次具体赞助活动，都应有组织的高层领导或赞助委员会对其提案和计划进行逐项审核评定，确定其可行性、具体赞助方式、款额和时机。

4. 实施赞助方案。组织要派出专门的公共关系人员，去实施赞助方案。在实施过程中，公关人员要充分利用有效的公共关系技巧，尽可能扩大赞助活动的社会影响；同时，应采用广告和新闻传播等手段，辅助赞助活动，使赞助活动的效益达到最佳峰值，争取赞助的成功。

5. 测定赞助效果。赞助活动结束后，组织应该对照计划，测定实际效果。赞助活动的效果应由组织自身和专家共同评测，尽可能做到符合客观实际。检测过程包括检查、收集各个方面对此次赞助的看法、评论，看是否达到预定目的，还有哪些差距，对活动不理想的应该找出原因，并把这些写成总结报告，归档储存，为以后的赞助活动提供参考。

（三）赞助活动注意事项

社会组织的赞助活动中，作为一种投资行为和宣传方式，具有较强的政策性与技巧性，在实际操作中必须注意以下具体事项：

1. 开展赞助活动必须着眼于社会效益，以获得公众的普遍好感。一般地说，社会组织要优先赞助社会慈善事业、福利事业、公共市政建设以及文化教育活动。

2. 开展赞助活动必须符合法律规范。主要有两方面含义：第一，赞助的对象要合法，要认真研究和确认被赞助的组织、个人或社会活动本身是否具有良好的社会声誉，是否有积极广泛的社会影响，以保证赞助活动取得良好的社会效益。否则，就会给公众以“助纣为虐”之感，不仅不利于实现赞助活动的目的，反而会损害组织形象。第二，赞助的方式要合法，即严格遵守政策法规。违背政策法规，利用赞助搞不正之风，会破坏社会组织的形象。

3. 开展赞助活动应当量力而行，不能凭一时冲动，感情用事。赞助经费的数额，比如在社会组织能够承受的范围之内。每年列出赞助总额预算，在预算范围内予以赞助。

4. 目前，社会拉赞助者众多，鱼目混珠，企业应加以仔细品鉴；对各种明显不能满足其要求的征募者，应当坦率而诚恳地解释组织的有关政策，不应为威胁利诱所屈服。必要时可以诉诸社会舆论和法律，以保障组织的合法权益。

5. 要注意留存一部分机动款项，作为遇到临时、重大活动时的备用款。

三、开业、开幕活动

开业典礼是指商业企业在正式营业时举行的热烈的庆祝仪式。“热烈、隆重”是开业典礼仪式的基本要求；扩大企业知名度、树立企业形象是开业典礼的目的。开业典礼是企业在社会公众面前第一次亮相，这“第一印象”体现着企业领导人的组织能力、社交水平以及企业的文化素质，往往也会成为社会公众对其进行取舍和亲疏的重要标准。因此，企业领导一定要按照礼仪要求，精心安排好这“第一次”活动，为企业面向观众亮好相。

（一）开业典礼准备工作

开业典礼应当本着热烈、隆重、欢快和节约的原则进行，力戒铺张浪费和盲目攀比。从以下方面做好准备工作：

1. 拟出邀请宾客的名单，提前发送请柬。这些人中包括：政府有关部门领导、业界精英、社团代表、新闻记者、员工代表、公众代表等，并将请柬在 12 小时前送达出席人手中。

2. 拟定典礼程序和接待事项，负责签到、留言、题词、接待、剪彩、鸣炮、奏乐、摄影、录像等有关服务工作的人员，应及时到达指定岗位，按照典礼程序有条不紊地展开工作。

3. 确定剪彩人员。参加剪彩的人员除了主办方领导外，还应在宾客中邀请地位较高、有一定声望的知名人士同时进行剪彩。

4. 拟写贺词或答词，事先确定好致贺词的宾客名单，并为本单位负责人拟写贺词。贺词、答词都要言简意赅，达到沟通感情、增进友谊的目的。

5. 安排一些必要的庆祝节目，以创造热烈欢快的气氛。庆祝节目，最好由本企业员工担任，这样可以培养员工当家作主的精神和职工的自豪感。本企业没有相关才艺的员工，也可以邀请外单位的人前来助兴。

（二）现场布置

进行仪式的现场通常选在企业门口或宽阔的场地。现场布置要突出喜庆感，渲染热烈氛围。一般要悬挂“开业典礼”的条幅。准备好音响、照明设备，排列好花篮，使场地气氛显得隆重、热烈。会场两边可布置来宾赠送的花篮、牌匾、纪念物品，会场四周可挂彩带、宫灯等。选择场地时要注意地势空阔，以便容纳观众。如果对交通有所影响，要事先取得有关管理部门的同意。

（三）开业典礼结束

典礼仪式结束后，主人可引导来宾进厂或进店参观，这期间可以向来宾介绍本企业的主要产品或业务，这也是企业宣传自己的良好机会，可以举行短时间的座谈，广泛征求来宾的意见和建议。也可准备一个留言簿，请来宾在上面留下自己的建议或意见。此外，可以准备一些小礼品送给大家，印上本企业的名称等，扩大宣传，礼节周到。最后，可以合影留念。

如果是商场，开业典礼结束后，会有大批顾客随主要来宾一同进入商场，企业领导人和营业员一起，恭恭敬敬地站在门口或各自的岗位，迎接首批顾客光临。营业员更应注意销售礼仪，同时感谢顾客惠顾，欢迎下次光临。还可以准备一些为开业典礼特别制作的购物袋，上面印有名称、地址、联系方式等。

案例阅读

美容院开业活动策划方案

对于任何一个公司，“拓客”都是最关键的问题。随着互联网的发展，线上线下“拓客”两手都要抓，尤其是线上宣传更是主流，形式很多，网络“拓客”传播速度快，效果显著，但是也随之存在网络礼仪问题。在此前提下，在提升企业形象的基础上，加强、深化服务，以服务维系客户，树立品牌形象，必然会有所发展，以下是纤纤美容院开业活动策划的一部分。

9 月 6 日上午：开业典礼。

缤纷开幕，隆重、欢乐音乐响起；设置升空可爆气球若干，内置心形彩色花瓣（或彩纸）和中奖卡，气球升至一定高度爆炸，彩色花瓣（或彩纸）和中奖卡凌空落下。主持人组织游戏“心心相印”，由两人组成一组，各站一边，被蒙上眼睛（或戴上头罩），先由主持者打乱他们的次序。然后，开始寻找明显标示企业 LOGO 的纪念品。在限定时间内（2 分钟）找到越多的组可获奖励……

另一方面，开业在即，线上把一些收费中等的美容服务套餐，结合营销工具中的拼团活动，19.9 元即可体验，以老客户为中心，带动新客户到店，每一个传播都很精准，到店率很高。对于团到的客户不能享受套餐的，可以办理退费，结合砍价和微信红包返佣活动，宣传力度特别大。

案例思考：本案例纤纤美容院属于什么类型的开业活动？活动策划中的活动是否会赢得顾客的喜欢？

案例解析：属于开幕开业活动。活动会赢得顾客的喜欢，并且通过游戏增加对美容院的了解。线上开业活动，帮助美容院快速宣传，增加客户了解和体验的机会。这次开业策划周密新颖，对纤纤美容院扩大知名度起到良好的作用。

四、新闻发布会

新闻发布会侧重于发布新闻，如企业做出了某项重要的决策、研制生产了某种新产品或推出了某项对社会有重要影响的革新项目。企业若想通过大众媒介把这些信息广泛传播出去，就可以举办新闻发布会。

（一）流程

新闻发布会也是媒体所期待的。在全国性的媒体调查中发现，媒体获得新闻最重要的一个途径就是新闻发布会，几乎 100% 的媒体将其列为最常参加的媒体活动。由于新闻发布会上人物、事件都比较集中，时效性又很强，且参加发布会免去了预约采访对象、采访时间的一些困扰，另外，新闻发布会一般也会为记者提供一定的馈赠品。

1. 标题选择。新闻发布会一般针对企业意义重大、媒体感兴趣的事件举办。每个新闻发布会都有一个名字，这个名字会打在关于新闻发布会的一切表现形式上，包括请柬、会议资料、会场布置、纪念品等。

2. 时间选择。新闻发布的时间通常也是决定新闻何时播出或刊出的时间。因为多数平面媒体刊出新闻的时间是在获得信息的第二天，因此要把发布会的时间尽可能安排在周一、二、三的下午为宜，会议时间保证在 1 小时左右，这样可以相对保证发布会的现场效果和会后见报效果。

发布会应该尽量不选择在上午较早或晚上。部分主办者出于礼貌的考虑，有的希望可以与记者在发布会后共进午餐或晚餐，这并不可取。如果不是历时较长的邀请记者进行体验式的新闻发布会，一般不需要做类似的安排。有一些以晚宴酒会形式举行的重大事件发布，也会邀请记者出席。但应把新闻发布会的内容安排在最初的阶段，至少保证记者的采访工作可以比较早地结束，确保媒体次日发稿。在时间选择上还要避开重要的政治事件和社会事件，媒体对这些事件的大篇幅报道任务，会冲淡企业新闻发布会的传播效果。

3. 地点安排。新闻发布会场地可以选择户外（事件发生的现场，便于摄影记者拍照），也可以选择在室内。根据发布会规模的大小，室内发布会可以直接安排在企业的办公场所或者选择酒店。酒店有不同的星级，从企业形象的角度来说，重要的发布会宜选择五星级或四星级酒店。

4. 席位摆放。摆放方式：发布会一般是主席台加下面的课桌式摆放。注意确定主席台人员，需摆放席卡，以方便记者记录发言人姓名。摆放原则是“职位高者靠前靠中，自己人靠边靠后”。

现在很多会议采用主席台只有主持人位和发言席，贵宾坐于下面的第一排的方式。一些非正式、讨论性质的会议是圆桌摆放式。摆放回字形会议桌的发布会现在也出现较多，发言人坐在中间，两侧及对面拜访新闻记者坐席，这样便于沟通。同时也有利于摄影记者拍照。注意席位的预留，一般在后面会准备一些无桌子的坐席。

5. 其他道具安排。最主要的道具是麦克风和音响设备。一些需要做电脑展示的内容还包括投影仪、笔记本电脑、联线、上网连接设备、投影幕布等，相关设备在发布会前要反复调试，保证不出故障。新闻发布会现场的背景布置和外围布置需要提前安排。一般在大堂、电梯口、转弯处有引导指示欢迎牌，一般酒店有这项服务，事先可请好礼仪小姐迎宾。如果是在企业内部安排发布会，也要酌情安排人员做记者引导工作。

6. 资料准备。提供给媒体的资料，一般以广告手提袋或文件袋的形式，整理妥当，按顺序摆放，再在新闻发布会前发放给新闻媒体。顺序依次应为：(1) 会议议程；(2) 新闻通稿；(3) 演讲发言稿；(4) 发言人的背景资料介绍（应包括头衔、主要经历、取得成就等）；(5) 公司宣传册；(6) 产品说明资料（如果是关于新产品的新闻发布的话）；(7) 有关图片；(8) 纪念品（或纪念品领用券）；(9) 企业新闻负责人名片（新闻发布后进一步采访、新闻发表后寄达联络）；(10) 空白信笺、笔（方便记者记录）。

7. 发布会发言人。新闻发布会也是公司要员同媒介打交道的一次很好的机会，值得珍惜。代表公司形象的新闻发言人对公众认知会产生重大影响。如其表现不佳，公司形象无疑也会令人不悦。

（二）办新闻发布会的误区

1. 没有新闻的新闻发布会。有些企业似乎有开发布会的嗜好，很多时候，企业并没有重大的新闻，但为了保持一定的影响力，证明自己的存在，也要时不时地开个发布会。造成的后果是，企业虽然花了不少的精力，但几乎没有收成。新闻性的缺乏使得组织者往往在发布会的形式上挖空心思、绞尽脑汁，热闹倒是热闹了，效果却未见得理想，如果过于喧宾夺主，参会者记住了热闹的形式，却忘记了组织者想要表达的内容。

2. 新闻发布的主题不清。从企业的立场出发，主办者恨不得把它的祖宗八代的光荣史一股脑端上去，告诉人家什么时候得了金奖，什么时候得到了认证，什么时候得了第一，什么时候捐资助学。但是偏离了主题的东西在媒体眼中形同废纸。

3. 尺度把握不当。有的企业在传播过程中，生怕暴露商业机密，凡涉及具体数据时总是含含糊糊，一谈到敏感话题就“环顾左右而言他”，不是无可奉告就是正在调查。这样一来，媒体想知道的，企业没办法提供；媒体不想搭理的，企业又不厌其烦。

任务分析

任务描述中你认为“阿净嫂”庆典的成功之处是什么？

通过任务一的学习我们知道，在商务活动中，通过商务礼仪体现相互尊重与礼让。商务礼仪的核心是这种行为的准则，用来约束我们日常商务活动的方方面面。庆典活动、赞助活动、开业开幕、新闻发布会等仪式在商务活动中占有重要的位置，安排好这些仪式有助于商务活动的顺利开展。

本次“阿净嫂”庆典活动的主题和下岗女工联系在一起，是关注女性，尊重生命的体现，建立了良好的品牌形象。

由此可以看出，在商务庆典活动中不仅要讲究礼宾顺序、活动流程，更多的是在活动思想和灵魂方面打动人心，做到真正地尊重他人。

知识拓展

展会礼仪

在一般情况下，展会主要涉及展会的分类、展会的组织与展会的参加三个方面的大问题。现针对第三项内容做一些介绍：

第一，要努力维护整体形象。在参与展览时，参展单位的整体形象直接映入观众的眼里，对参展的成败影响极大。参展单位的整体形象，主要由展示之物的形象与工作人员的形象两个部分所构成。对于二者要给予同等的重视，不可偏废其一。

展示之物的形象，主要由展品的外观、展品的质量、展品的陈列、展位的布置、发放的资料等构成。用以进行展览的展品，外观上要力求完美无缺，质量上要优中选优，陈列上要既整齐美观又讲究主次，布置上要兼顾主题的突出与观众的注意力。而用以在展览会上向观众直接散发的有关资料，则要印刷精美、图文并茂、资讯丰富，并且注有参展单位的主要联络方法，如公关部门与销售部门的电话、电报、电传、传真以及电子邮箱的号码，等等。

工作人员的形象，则主要是指在展览会上直接代表参展单位露面的人员的穿着打扮问题。在一般情况下，要求在展位上工作的人员应当统一着装。最佳的选择，是身穿本单位的制服，或者是穿深色的西装、套裙。在大型的展览会上，参展单位若安排专人迎送宾客时，则最好请其身穿色彩鲜艳的单色旗袍，并胸披写有参展单位或其主打展品名称的大红色绶带。为了说明各自的身份，全体工作人员皆应在左胸佩戴标明本人单位、职务、姓名的胸卡，唯有礼仪小姐可以例外。礼仪培训讲师建议按照惯例，工作人员不应佩戴首饰，但男士应当剃须，女士则最好化淡妆。

第二，要时时注意待人礼貌。在展览会上，不管它是宣传型展览会还是销售型展览会，参展单位的工作人员都必须真正地意识到观众是自己的上帝，为其热情而竭诚地服务则是自己的天职。为此，全体工作人员都要将礼貌待人放在心坎上，并且落实在行动上。

展览一旦正式开始，全体参展单位的工作人员即应各就各位，站立迎宾。不允许迟到、早退、无故脱岗、东游西逛，更不允许在观众到来之时坐、卧不起，怠慢对方。

当观众走近自己的展位时，不管对方是否向自己打招呼，工作人员都要面带微笑，主动地向对方说：“你好！欢迎光临！”随后，还应面向对方，稍许欠身，伸出右手，掌心向上，指尖直接展台，并告知对方：“请您参观”。

当观众在本单位的展位上进行参观时，工作人员可随行于其后，以备对方向自己进行咨询；也可以请其自便，不加干扰。假如观众较多，尤其是在接待组团而来的观众时，工作人员亦可在左前方引导对方进行参观。对于观众所提出的问题，工作人员要认真做出回答。不允许置之不理，或以不礼貌的言行对待对方。当观众离去时，工作人员应当真诚地向对方欠身施礼，并道以“谢谢光临”，或是“再见！”

在任何情况下，工作人员均不得对观众恶语相加，或讥讽嘲弄。对于极个别不守展览会规则而乱摸乱动、乱拿展品的观众，仍须以礼相劝，必要时可请保安人员协助，但不许可对对方擅自动粗，进行打骂、扣留或者非法搜身。

第三，要善于运用解说技巧。解说技巧，此处主要是指参展单位的工作人员在向观众介绍或说明展品时所应当掌握的基本方法和技能。具体而论，在宣传性展览会与销售性展览会上，其解说技巧既有共性可循，又有各自的不同之处。

知识与能力训练

知识训练

一、填空题

1. 庆典活动的类型：包括（　　）、（　　）、（　　）、（　　）、（　　）、（　　）、（　　）。

2. 安排庆典活动的程序：（　　）、（　　）、（　　）、安排文艺演出、本单位主要负责人致辞。

二、选择题

1. 开业典礼应当本着热烈、隆重、欢快和（　　）的原则进行，力戒铺张浪费和盲目攀比。

A. 低调　　B. 简单

C. 经典　　D. 节约

2. 新闻发布会流程：（　　）、时间选择、地点安排、席位摆放、发布会言人、资料准备、其他道具安排。

A. 确定人数　　B. 邀请媒体

C. 塑造形象　　D. 标题选择

3. 发布会的时间尽可能安排在周一、二、三的下午为宜，会议时间保证在（　　）小时左右，这样可以相对保证发布会的现场效果和会后见报效果。

A. 0.5　　B. 1

C. 2　　D. 3

三、简答题

1. 策划组织庆典的注意事项是什么？
2. 开业典礼准备工作有哪些？
3. 开业典礼要对现场进行哪些布置？

能力训练

12 月 26 日下午，由南方卫视《霓裳丽影》栏目与知名女装品牌卡路·约翰联合主办的“美丽天使梦想计划”大型电视公益活动颁奖典礼，在广州琶醍艺术园多功能展馆隆重举行。卡路·约翰总经理云健先生以及夫人云太、南方卫视著名制片人周黎先生、南方卫视《霓裳丽影》执行制片人（广州十大时尚评论员）李俏华女士，以及 15 名“美丽天使梦想计划”获奖者、50 家海内外媒体、嘉宾等约500人齐聚现场，共同见证2010“美丽天使梦想计划”颁奖典礼的盛况。

现代女性肩负多重角色，在事业、家庭之间奔波，但其实她们内心都有一个“美丽”的梦想。关注女性内心世界，成为女性梦想实现的推手，南方卫视《霓裳丽影》栏目与卡路·约翰倾情推出“美丽天使梦想计划”大型电视公益活动。本次活动也是品牌迎来15周年的卡路·约翰支持女性公益事业的又一倾力奉献。活动自10月份启动以来，近2个月的时间，通过搜狐网、尚尚网以及卡路·约翰店面共征集到2万多个“美丽梦想”；投票总数达几百万，活动网络流量达千万多人次，掀起了全社会参与热潮。经过一轮激烈的投票，最终评选出15个“美丽梦想”，在本次颁奖典礼上颁发“梦想基金”，见证女性实现梦想的幸福时刻。

（资料来源：http：//biz. ppsj. com. cn/2010－12－31/3095154053. html。）

讨论：假如你是本次典礼的工作人员，你如何对本次活动进行现场布置？

（**提示：**依据庆典活动礼仪来思考。）

任务二 学会商务活动中的礼仪

任务目标

【知识目标】了解商务活动中的宴请、礼宾、酒水、餐桌礼仪相关知识

【能力目标】使学生在商务活动中表现出不卑不亢的心理素质、从容不迫的举止形态

【素质目标】增强学生将来应对商务交往的信心；培养职业道德感及正确的价值观

任务描述

愉快的宴请

李楠是某商务公司的公关部经理，在本周公司的新产品发布会之后，打算安排一次西式宴请，来招待各位商务伙伴以及到场的其他所有来宾。她拟写了一份西餐宴请方案，并及时与相关各个单位以及参加人取得联系，发出邀约。确认无误后，将相关材料存档，宴请现场时始终与酒店保持密切联系，接待前安排好座次，当天做好接待工作，席间交流过程轻松愉快，宴会结束，宴请方为客人准备了公司纪念品，最后负责送客。这个宴会举办得非常成

功，受到领导好评。

王鑫是李楠的商务合作伙伴，她有幸被邀请参加此次活动，及时回复了李楠的邀约，定于本周五傍晚5点准时参加。周五晚，王鑫穿着小礼服，提前十分钟到达宴请现场。在这里，她排队取餐，做到多次少取，勤与别人交流，用自己良好的礼仪形象，给在场的来宾留下了美好的印象，均表示有机会要和她进行商务合作。

案例思考：评价一下，李楠作为宴请人，准备的这次西式宴请会相关工作总体表现如何？王鑫作为赴宴者，相关的赴宴礼仪做得如何？

（**提示：**试从"西式宴请礼仪"来分析。）

案例解析：李楠作为宴请一方，从宴请准备到现场接待，到送别宾客做得周到细致，这个宴会举办得非常成功，受到领导好评。王鑫作为赴宴者，盛装出席，准时到达，举止优雅，进退自如，勤于交流，用自己良好的礼仪形象，做了一位得体大方的赴宴者。

任务学习

商务活动礼仪是人们在社会交往中的艺术，是人们顺利进行商务活动的必要条件，同时也是人们在商务活动中取得成功的重要保证。虽然商务活动涉及范围很广，但总的来说就是人与人之间的交往。有些人认为礼仪是一种道德修养，有些人认为礼仪是一种行为美，还有些人认为礼仪是一种风俗习惯。商务礼仪的操作虽然烦琐，但又很重要。就像宴请、酒桌文化、礼宾礼仪是再平常不过的小事儿，却又是严谨的事儿，不能掉以轻心，在商务活动中要想成功，这些礼仪可谓小细节起到大作用。

一、宴请礼节

（一）宴请的形式

国际上通用的宴请形式有四种：宴会、招待会、茶会、工作进餐。

1. 宴会，是指比较正式、隆重的饮食招待聚会。宴会是正餐，出席者按主人安排的席位入座进餐，由服务员按专门设计的菜单依次上菜。按其规格又有国宴、正式宴会、便宴、家宴之分。

2. 招待会，是指一些不备正餐的宴请形式。一般备有食品和酒水饮料，不排固定席位，宾主活动不拘形式。较常见的有：

（1）冷餐会，此种宴请形式的特点是不排席位，菜肴以冷食为主，也可冷、热兼备，连同餐具一起陈设在餐桌上，供客人自取。客人可多次进食，站立进餐，自由活动，边谈边用。冷餐会的地点可在室内，也可在室外花园里。对年老、体弱者，要准备桌椅，并由服务人员招待。这种形式适宜于招待人数众多的宾客。我国举行大型冷餐招待会，往往用大圆桌，设座椅，主桌安排座位，其余各席并不固定座位。食品和饮料均事先放置于桌上，招待会开始后，自行进餐。

（2）酒会，又称鸡尾酒会，较为活泼，便于广泛交谈接触。招待品以酒水为主，略备小吃，不设座椅，仅置小桌或茶椅，以便客人随意走动。酒会举行的时间亦较灵活，中午、下午、晚上均可。请柬上一般均注明酒会起止时间，客人可在此间任何时候入席、退席，来去自由，不受约束。鸡尾酒是用多种酒配成的混合饮料，酒会上不一定都用鸡尾酒。通常鸡尾酒会备置多种酒品、果料，但不用或少用烈性酒。饮料和食品由服务员托盘端送，亦有部分放置桌上。近年来国际上举办大型活动广泛采用酒会形式招待。自1980年起我国国庆招待会也改用酒会这种形式。

3. 茶会，是一种更为简便的招待形式。它一般在上午十时、下午四时左右举行，地点多设在客厅，厅内设茶几、座椅，不排席位。如为贵宾举行的茶会，入座时应有意识地安排主宾与主人坐在一起，其他出席者随意就座。

茶会是请客人品茶，对茶叶、茶具及递茶都有规定和讲究，以体现茶文化。茶具一般用陶瓷器皿，不用玻璃杯，也不用热水瓶代替茶壶。外国人一般用红茶，略备点心、小吃，也有不用茶而用咖啡的，其组织安排与茶会相同。

4. 工作进餐，这是又一种非正式宴请形式。按用餐时间分为工作早餐、工作午餐、工作晚餐，主客双方可利用进餐时间，边吃边谈问题。我国现在也开始广泛使用这种形式于外事工作中。它的用餐多以快餐分食的形式，既简便、快速，又符合卫生。此类活动一般不请配偶，因它多与工作有关。双边工作进餐往往以长桌安排席位，其座位与会谈桌座位排列相仿，便于主宾双方交谈、磋商。

（二）中餐礼仪

中餐礼仪，实际上就是中华饮食文化的重要组成部分之一。它所指的主要是以中餐待客，或是品尝中餐时，应当自觉遵守的习惯做法和传统习俗。

1. 就餐方式。分餐式、布菜式、公筷式、混餐式。

2. 餐具使用。通常，用中餐时要使用的主餐具有筷、匙、碗、盘等。

（1）筷，又称筷子。它是用中餐时必不可少的最主要的餐具。筷子的主要功能是用餐时用来夹取食物或菜肴。使用筷子的正确方法是：以右手持筷，以其拇指、食指、中指三指前部，共同捏住筷子的上部约 1/3 处。通常筷子必须成双使用，而不可只用单根。

（2）辅餐具。中餐的辅餐具，指的是进餐时可有可无、时有时无的餐具。它们主要在用餐时发挥辅助作用。最常见的中餐辅助餐具有：水杯、湿毛巾、水盂、牙签等等。

3. 用餐表现。（1）不违习俗；（2）不坏吃相；（3）不胡布菜；（4）不乱挑菜；（5）不争抢菜；（6）不玩餐具；（7）不吸香烟；（8）不清嗓子；（9）不作修饰；（10）不瞎走动。

（三）西餐礼仪

1. 正餐的菜序。（1）开胃菜；（2）面包；（3）汤；（4）主菜；（5）点心；（6）甜品；（7）果品；（8）热饮。

2. 便餐的菜序。（1）开胃菜；（2）汤；（3）主菜；（4）甜品；（5）咖啡。

3. 餐具的使用。

（1）刀叉。在正规的西餐宴会上，通常左叉右刀，讲究吃一道菜换一副刀叉。也就是说吃每道菜，都要使用专门的刀叉，既不能乱拿乱用，也不能从头到尾只用一副刀叉。吃西餐正餐时，摆在每位用餐者面前的刀叉主要有：吃黄油的餐刀，吃鱼用的刀叉，吃肉用的刀叉，吃甜品、水果用的刀叉等。各种刀叉形状各异，摆放的位置也不一样。吃黄油用的餐刀，一般应横放在就餐者左手的正前方，距主食面包不远处。

吃鱼和肉用的刀叉，应当餐刀在右，餐叉在左，分别纵向放在就餐者面前的餐盘两侧。由于刀叉的数目同上菜的道数是相同的，有时餐盘两侧分别摆放的刀叉会有三副之多。取用刀叉的基本原则是，每上一道菜依次从两边由外侧到内侧取用刀叉。如果没有经验、把握不准，不妨比别人慢半拍，看一下别人怎样使用。吃甜品用的刀叉，应最后使用。它们一般被横放在就餐者餐盘的正前方。

使用刀叉时应注意：第一，在切割食物时，不可以弄出声响。第二，在切割食物时，要切记双肘下沉，而切勿左右开弓。第三，被切割好食物，应刚好适合一口吃下，不要叉起来再一口一口咬着吃。第四，要注意刀叉的朝向。将餐刀临时放下时，不可刀口向外。双手同时使用刀叉时，叉齿应当朝下；右手持叉进食时，则应叉齿向上。第五，掉落到地上的刀叉不可捡起来再用，可请侍者另换一副。

刀叉的暗示：如果就餐过程中，需暂时离开一下，或与人攀谈，应放下手中的刀叉，刀右、叉左，刀口向内、叉齿向下，呈“八”字形摆放在餐盘上。它表示：此菜尚未用完。如果吃完了，或者不想吃了，可以刀口向内，叉齿向上，刀右、叉左并排放在餐盘上。它表示：不再吃了，可以连刀叉带餐盘一起收走。

（2）餐匙。餐匙除可以饮汤、吃甜品外，绝对不可直接取食其他食物。已经使用的餐匙不可再放回原处，也不可将其插入菜肴、主食，或是令其“直立”于餐具中。使用餐匙要尽量保持其周身的干净清洁。不要用餐匙在汤、甜品中搅来搅去。用餐匙取食，不要过满，一旦入口，就要一次将其用完。不要一匙东西，反复品尝几次。餐匙入口时，要以其前端入口，不要将其全部塞入嘴中。

（3）餐巾。餐巾应该平铺于自己并拢的大腿上。使用正方形餐巾时，应将它折成等腰三角形，直角朝向膝盖方向；如果是长方形，应将其对折，然后折口向外平铺在腿上。餐巾的打开、折放应在桌下悄然进行，不要影响他人。

餐巾的暗示作用：西餐以女主人为第一主人。当女主人铺开餐巾时，暗示用餐开始；当女主人把餐巾放到餐桌上，暗示用餐结束；就餐者如果中途离开，一会儿还要回来继续用餐，可将餐巾放在本人所坐的椅面上；如果放在桌面上，则暗示：我不再吃了，可以撤掉。

二、餐桌礼节

餐桌上有许多应注意的礼仪，而这些礼仪常被忽视。

（一）就座和离席

1. 应等长者坐定后，方可入座。
2. 席上如有女士，应等女士坐定后，方可入座。如女士座位在邻座，应招呼女士。
3. 用餐后，须等男、女主人离席后，其他宾客方可离席。
4. 坐姿要端正，与餐桌的距离保持得宜。
5. 在饭店用餐，应由服务生领台入座。
6. 离席时，应帮助隔座长者或女士拖拉座椅。

（二）餐巾的使用

1. 餐巾主要防止弄脏衣服，兼做擦嘴及手上的油渍。
2. 必须等到大家坐定后，才可使用餐巾。
3. 餐巾应摊开后，放在双膝上端的大腿上，切勿系入腰带，或挂在西装领口。
4. 切忌用餐巾擦拭餐具。

（三）餐桌上的一般礼仪

1. 入座后姿势端正，脚踏在本人座位下，不可任意伸直，手肘不得靠桌缘，或将手放在邻座椅背上。

2. 用餐时须温文尔雅，从容安静，不能急躁。

3. 在餐桌上不能只顾自己，也要关心别人，尤其要招呼两侧的女宾。

4. 口内有食物，应避免说话。

5. 自用餐具不可伸入公用餐盘夹取菜肴。

6. 必须小口进食，不要大口地塞，食物未咽下，不能再塞入口。

7. 取菜舀汤，应使用公筷公匙。

8. 吃进口的东西，不能吐出来，如系滚烫的食物，可喝水或果汁冲凉。

9. 送食物入口时，两肘应向内靠，不能向两旁张开，碰及邻座。

10. 自己手上持刀叉，或他人在咀嚼食物时，均应避免跟人说话或敬酒。

11. 好的吃相是食物就口，不可将口就食物。食物带汁，不能匆忙送入口中，否则汤汁滴在桌布上极为不雅。

12. 切忌用手指掏牙，应用牙签，并以手或手帕遮掩。

13. 避免在餐桌上咳嗽、打喷嚏、打嗝。万一不禁，应说声“对不起”。

14. 喝酒宜各随意，敬酒以礼到为止，切忌劝酒、猜拳、吆喝。

15. 如餐具坠地，可请侍者拾起。

16. 遇有意外，如不慎将酒、水、汤汁溅到他人衣服，表示歉意即可，不必恐慌赔罪，反使对方难为情。

17. 如欲取用摆在同桌其他客人面前之调味品，应请邻座客人帮忙传递，不可伸手横越，长驱取物。

18. 如系主人亲自烹调食物，勿忘予主人赞赏。

19. 如吃到不洁或异味，不可吞入，应将入口食物，轻巧地用拇指和食指取出，放入盘中。若发现尚未吃食，仍在盘中的菜肴有昆虫和碎石，不要大惊小怪，宜候侍者走近，轻声告知侍者更换。

20. 食毕，餐具务必摆放整齐，不可凌乱放置。餐巾亦应折好，放在桌上。

21. 主食进行中，不宜抽烟，如需抽烟，必须先征得邻座的同意。

22. 在餐厅进餐，不能抢着付账，推拉争付，至为不雅。倘若作客，不能抢付账。未征得朋友同意，亦不宜代友付账。

23. 进餐的速度，宜与男女主人同步，不宜太快，亦不宜太慢。

24. 餐桌上不能谈悲戚之事，否则会破坏欢愉的气氛。

（四）座位礼仪

1. 席位排列。宴请时席位的排列包括桌次和位次。

（1）桌次排列。两桌组成的小型宴会，餐桌的排列，有时需要横排，有时需要竖排。

两桌横排时，桌次以右为尊，以左为卑。这里所讲的右与左，是由面对正门的位置来确定的。这种做法也叫“面门定位”。

当两桌竖排时，其桌次讲究以远为上，以近为下。这里所讲的远近，是以距离正门的远近而言的，此法也叫“以远为上”。

由三桌或三桌以上的桌数组成的宴会，也叫多桌宴会，其排列方法除了要注意“面门定位”“以右为尊”“以远为上”这三条规则外，还应兼顾其他各桌距离主桌的远近。通常，距离主桌越近，桌次越高；距离主桌越远，桌次越低。这项规则也称“主桌定位”。

（2）位次排列。其一，主人大都应当面对正门而坐，并在主桌就座。其二，是举行多桌宴请时，各桌之上均应有一位主桌主人的代表在座。他亦称各桌主人，其位置一般应与主桌主人同向，有时也可以面向主桌主人。其三，是各桌之上位次的尊卑，应根据其距离该桌主人的远近而定，以近为上，以远为下。其四，是各桌之上距离该桌主人相同的位次，讲究以右为尊，即以该桌主人面向为准，其右为尊，其左为卑。

根据上述四种位次的排列方法，圆桌上位次的具体排列又可分为两种具体情况：第一种情况，每桌一个主位的排列方法。其特点是每桌只有一名主人，主宾在其右侧就座，每桌只有一个谈话中心，见图7－1。第二种情况，每桌两个主位的排列方法。其特点是主人夫妇就座于同一桌，以男主人为第一主人，以女主人为第二主人，主宾和主宾夫人分别在男女主人右侧就座。每桌从客观上形成两个谈话中心，见图7－2。

为便于宾客及时准确地找到自己的位次，除安排服务人员引导外，还要在桌子上事先放置座位卡。举办涉外宴会时，座位卡应以中、英文两种文字书写。我国的惯例是，中文写在上面，英文写在下面。必要时，座位卡的两面均应书写用餐者的姓名。

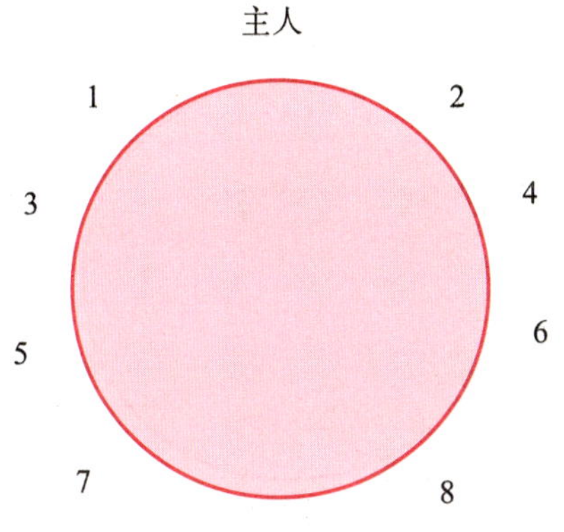

图7－1

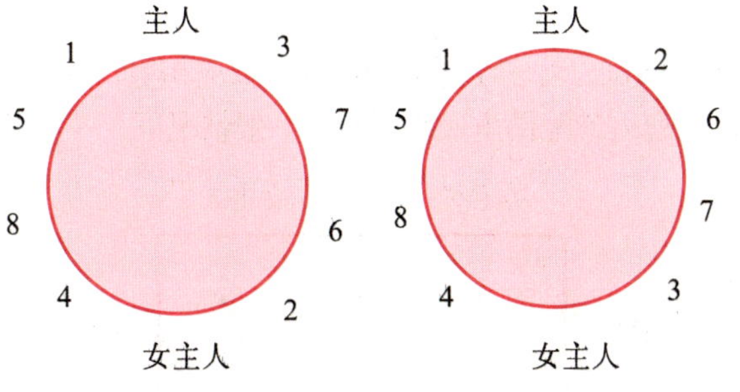

图7－2

2. 便餐时席位的排列。

（1）右高左低；（2）中座为尊；（3）面门为上；（4）观景为佳；（5）临墙为好。

3. 西餐的座次。

（1）座次排列规则。

①女士优先；②以右为尊；③距离定位；④面门为上；⑤交叉排列。

（2）座次排列的具体情况。

①长桌。一是男女主人在长桌的中央相对而坐，餐桌的两端可以坐人，也可以不坐人。二是男女主人分别坐在长桌的两端，见图7－3。三是用餐人数较多时，可以把长桌拼成其他图案，以使大家能一道用餐。

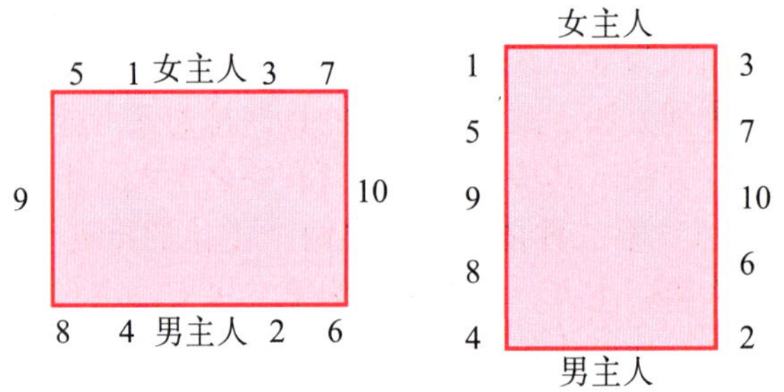

图7－3

②圆桌。在西餐中，使用圆桌的情况并不多见。在隆重而正式的宴会里，则尤为罕见。其具体排法，见图7－4。

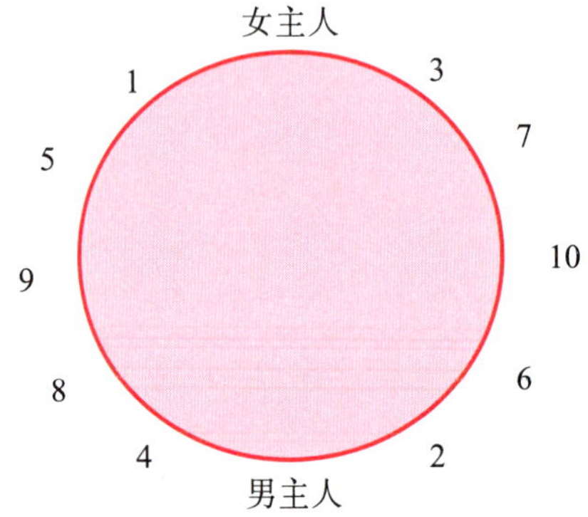

图7－4

③方桌。在方桌上排列席位，就座于餐桌四面的人数应相等，并使男女主人与男女主宾相对而坐，所有人各自与自己的恋人或配偶坐成斜对角。一般情况下，一桌共坐8人，见图7－5。

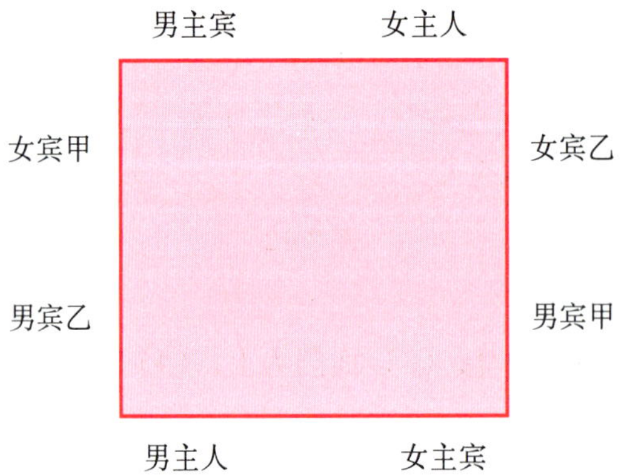

图7－5

案例阅读

细节决定成败

李亮是海天集团的业务员，工作一年时间，最近终于接触到一个大客户A企业，他很渴望能通过谈判让这个客户和他们合作，听说A公司的业务经理刘云是海归，李亮就宴请他到西餐厅吃饭，双方各带了一人，共四人。李亮选了靠窗边的位置坐下，这家西餐厅环境优雅，琴声悠扬，是刘云喜欢的环境。四人就座时，海天集团两人选择了靠窗边的位置，客人自然就坐到了旁边，这顿饭花费了李亮很多精力和金钱，他原以为对合作有促动，但恰恰相反，回去就接到A公司的通知，不予合作。原来，刘云说基本的礼仪都不懂，与他们合作又怎么能放心？

案例思考：为什么李亮的宴请让A公司不满意？

案例解析：因为宴请讲究位次安排，像这样的西餐宴请，应遵循靠窗边、视野好的地方为尊，优先安排客人就座。

三、酒水礼节

（一）酒水

俗话说："无酒不成欢，无酒不成宴。"酒成为人们日常商务活动中必备之物，酒之礼节更为丰富。

1. 选酒。吃中国菜时可以喝白酒、黄酒、药酒、啤酒。西餐时，可以选用葡萄酒或啤酒，而啤酒只有在吃便餐时才选用。

西餐用酒分饭前、进餐和饭后三类。

一是饭前酒或称开胃酒，是在入席前请客人喝的酒类，常用的有：鸡尾酒、威士忌、麦亨登、浮毛斯、马丁尼以及啤酒等。另外还应准备果汁、汽水及可乐等饮料。开胃酒的目的是刺激食欲，喝得太多反而没有食欲，所以，不要多喝。

二是进餐酒，是上菜时配合菜肴用的葡萄酒，常用的有：雪醴、白酒、红酒、香槟等，以及我国的黄酒、绍兴酒等。宴会中，如果是喝中国酒类，主人仅供应一种酒，客人无需选择。正式西餐，每上一道菜，侍者就会奉上一次酒，酒随菜的不同而不同。

三是饭后酒或称助消化酒，常用的有白兰地、雪醴及薄荷酒等。

2. 酒的饮用。在西方，正确的斟酒方法是只倒半满的酒在杯子里；而吃中餐时，我们习惯于给客人斟满酒杯，表示对客人的敬意。不管在家里还是在饭店，如果你以你的酒为荣，可以让客人看看酒签。如果不是名酒，最好放在一个漂亮的玻璃盛酒瓶里。红酒应该保存在温度低的房间，好的红酒要在餐前先打开瓶盖，让它呼吸一个小时的空气，口味会更好。如果在很冷的季节为客人上红酒，应该建议客人把酒杯握在手里几分钟，这样可以使酒快速升温。餐前，至少应该把白葡萄酒在冰箱里放两个钟头。如果你有冰酒器，在有冰块的水里放20分钟。要多准备一些酒杯，因为在用过的杯里倒另外一种酒，会使酒的味道改变。

3. 斟酒。服务员来斟酒，你不必拿起酒杯，但不要忘了向服务员致谢。如果是主人亲自斟酒时，必须端起酒杯致谢，甚至是起身站立或欠身点头致谢，也可以使用“叩指礼”，也就是用右手拇指、食指、中指捏在一起，指尖向下，轻叩几下桌面表示谢意。主人亲自斟酒，要注意：面面俱到，一视同仁；斟酒适量，白酒和啤酒都可以斟满，其他酒不用斟满。在正式场合，除主人和服务员外，其他宾客一般不要自行给别人斟酒。

（二）茶文化

中国是茶的故乡，中国人日常饮料，茶是老大中的老大，你不管可口可乐怎么时尚，你也不管喝矿泉水多么时髦，但是对日常的中国人来讲，茶是我们待客之首选，中国人传统礼俗，无非就是两句话待客：“坐、请坐、请上座” 和 “茶、上茶、上好茶”，那么我们在日常交往中招待客人喝饮料，那么有的时候，关于茶的问题，你还是必须注意的。

礼仪有一个基本原则，记得我讲过，交往以对方为中心，尊重对方就是尊重对方的选择，另外我们从接待客人的角度来讲，招待客人的茶具一定要干净、整洁、完整无损。取茶要用茶匙，不要用手抓。

上茶是有讲究的，上茶是从右后侧上比较好，一般人都用右手去端茶杯把，杯的把手朝外，这样客人伸手可拿。上茶顺序是先宾后主，先女后男，先尊后卑，所以礼仪是讲序，排序它是个教养。

（三）咖啡

喝咖啡其实是我们社交场合的一个点缀，是以提神、以点缀为主，不以解渴为主，所以喝咖啡不能连续喝。大多数咖啡都是烫的，之所以烫就是让你慢喝。

1. 器具。在比较重要的场合喝咖啡，要注意喝咖啡的程序。一般全套上来的咖啡，它包括一个碟子，一个杯，一个勺子，勺子放在托上面，千万别让勺子放在杯子上面，或搭放在杯子上面，更不能让它在杯子里面立正，这个在很多国家都是犯忌的。勺子有两个用途：（1）加了牛奶糖块之后略加搅拌；（2）咖啡比较烫，需要搅一搅。

2. 饮用。如果你坐在桌子边上喝咖啡，碟子在桌上别动它，拿起咖啡杯直接喝就行。但是如果你在外面走动，比如你在露天花园里走动，或者你站着跟别人说话，这时候你得注意，标准化做法是：杯子首先在碟子上站着，连杯子带碟子一块儿拿过来，拿过来之后，用手拖住碟子放到齐胸的高度，然后把杯子拿起来喝。万一咖啡它要流出来的话，正好流到碟子上去，不至于洒到身上。

案例阅读

不同的酒文化

杨平是个性格豪爽的北方人，喝酒海量，在和国内客商的合作中，他的这个特长被发挥得淋漓尽致，而且“酒醉事成”。

8 月份，几位外商来考察合作事宜。在欢迎晚宴上他就充分利用自己的“特长”，不停地劝酒，一会儿来一句“感情深一口闷”，一会儿又来一句“饮酒不醉非君子”，几位老外很快就“歇菜”了。

第二天一早，杨平美美地准备好了合同书，就等外商大笔一挥了。但就在第二天上午，外商们竟然直接回国了。

案例思考：为什么杨平热情招待外宾，酒喝得很透，却影响合作呢？

案例解析：杨平忽略了外商的酒文化和我们不同，他们喝酒更多是在品酒，而且认为劝酒、灌酒等行为是失礼的，也是不尊重对方的表现。

任务分析

任务描述中李楠作为宴请人，组织宴请活动效果如何？王鑫作为被宴请者表现如何？通过任务学习我们知道宴请活动分邀请方和赴邀方，所注重的礼仪不同。主人还需要有准备，确定宴请对象和范围，确定宴会时间、形式和地点。当然，客随主便。

那么本案例中，李楠作为主人从宴请准备，到席间接待，送别宾客做得非常周到，因为她拟写了一份西餐宴请方案，并及时与相关各个单位以及参加人取得联系，发出邀约。确认无误后，将相关材料存档，宴请现场始终与酒店保持密切联系，接待前安排好座次，当天做好接待工作，席间交流过程轻松愉快，宴会结束，宴请方为客人准备了公司纪念品，最后负责送客。可谓滴水不漏。

王鑫作为客人，及时回复是否赴约，按时到达，服装得体，举止优雅，用自己良好的礼仪形象，给在场的来宾留下了美好的印象，均表示有机会要和她进行商务合作。

两位用西式宴请礼仪诠释了商务礼仪的魅力。

知识拓展

喝洋酒的礼仪

1. 洋酒要和菜肴搭配，基本规则是“吃红肉，喝红酒；吃白肉，喝白酒”。红、白是指干红和干白。香槟酒是发泡葡萄酒，或者“爆塞酒”。白兰地酒是蒸馏葡萄酒，是洋酒中的“贵族”。威士忌酒是烈性蒸馏酒，物美价廉。西方人餐桌上都是葡萄酒，啤酒在他们眼里是种饮料，不能上桌的。葡萄酒除了红、白，还一种在两者之间，那就是玫瑰红。

2. 喝酒的顺序——先喝白酒，后喝红酒（都是葡萄酒）；先喝浅色的酒，后喝深色的酒；先喝年份近的酒，后喝年份远的酒；先喝味淡的酒，后喝味浓的酒（如白兰地，威士忌）；先喝酸味的酒，后喝甜味的酒。

3. 酒吧里喝酒的规矩——西方人做生意吃工作餐时，一般是不喝酒的；在欢迎宴会、告别宴会上才会喝酒；还有就是社交时去酒吧喝，酒吧一般喜欢喝威士忌和鸡尾酒。英国的威士忌最好，要加点苏打水，加点冰块，此酒比较烈性，含40%的酒精；鸡尾酒是酒和果汁或其他不同的酒搭配在一起的混合性饮料，不同酒的品种适合不同的人喝，是身份的象征，如城市女性白领喝红粉佳人等。

知识与能力训练

知识训练

一、填空题

1. 国际上通用的宴请形式有四种：(　　)、(　　)、(　　)、(　　)。

2. 中餐时要使用的主餐具有（　　）、(　　)、(　　)、(　　）等；中餐辅助餐具有：(　　)、(　　)、(　　)、(　　）等。

3. 如果就餐过程中，需暂时离开一下，或与人攀谈，应放下手中的刀叉，刀右、叉左，(　　)、(　　)，呈（　　）摆放在餐盘上。

4. 当两桌竖排时，其桌次讲究（　　），（　　）。这里所讲的远近，是以距离正门的远近而言的，此法也叫（　　）。

二、选择题

1. 用餐后，须等（　　）离席后，(　　）方可离席。

A. 男、女主人，其他宾客

B. 其他宾客，男、女主人

C. 女客人，主人

D. 年长者，年轻者

2. 西餐用酒分（　　）、(　　）和（　　）三类。

A. 白酒，红酒，啤酒

B. 饭前，进餐，饭后

C. 鸡尾酒，葡萄酒，清酒

D. 吃饭，交往，舞会

3. 待人接物热情友好要注意分寸，过犹不及。比如与人交往的距离有一种是“社交距离“，又称“常规距离”，介于（　　）之间。

A. 1～1.5 米　　B. 1.5～3 米

C. 0.5～1.5 米　　D. 0.5～1 米

三、简答题

1. 简述茶的礼仪。

2. 简述使用刀叉时应注意哪些细节？

3. 西餐的座次排列规则是什么？

能力训练

1. 假如你工作的岗位是办公室文秘工作，负责引领2位客人去招待室见经理谈工作，来访者一位是业务经理，另一位是业务员，如果让你安排座位你会怎样做？

2. 课堂活动：完善情景剧并在班级表演。

严非今天心情特别好，要去参加单位的年会。聚会的餐馆是一家中餐馆，聚餐时，气氛非常热烈，大家吃饭时都很放松。严非发现他的同事小武吃饭时井井有条，他把食物小口地送入口中，吃东西时闭着嘴细嚼慢咽，__________

____

____

____

以小组为单位，续写情景剧，体现小武在中餐宴请场合的相关礼仪，并编排情景剧在班级表演。

（**提示**：试从“中餐的就餐礼仪”来分析。）

项目实战

本项目主要学习以下内容：

庆典活动、赞助活动、开业开幕、新闻发布会等仪式在商务活动中占有重要的位置，安排好这些仪式有助于商务活动的顺利开展。通过商务活动，可以渲染气氛，强化组织的影响力；也可以广交朋友，广结良缘；成功的商务活动还具有较高的新闻价值，从而进一步提高组织的知名度和美誉度。

国际上通用的宴请形式有四种：宴会、招待会、茶会、工作进餐。

中餐礼仪的就餐方式：分餐式、布菜式、公筷式、混餐式，要使用的主餐具有筷、匙、碗、盘等。

在正规的西餐宴会上，通常左叉右刀，讲究吃一道菜换一副刀叉。

宴请时席位的排列包括桌次和位次，中餐便餐席位的排列：（1）右高左低；（2）中座为尊；（3）面门为上；（4）观景为佳；（5）临墙为好。

西餐用酒分饭前、进餐和饭后三类。

上茶是有讲究的，上茶是从右后侧上比较好，一般人都用右手去端茶杯把，杯的把手朝外，这样客人伸手可拿。上茶顺序是先宾后主，先女后男，先尊后卑，所以礼仪是讲序，排序体现人的教养。

喝咖啡它其实是我们社交场合的一个点缀，是以提神、点缀为主，不以解渴为主，所以喝咖啡不能连续喝。

国际礼仪接待通则主要有12条。

实战一　情景剧表演——我是本校举办校庆活动的总策划

【实战内容】以小组为单位，模拟你们是本校校庆策划小组的成员，需要团队分工与合作，圆满完成校庆活动。分工后就你个人负责的那方面工作，展开策划和布置、准备。以口述和表演的方式，看看哪个小组工作滴水不漏、新颖独特，演绎得生动逼真。

【实战目标】找出自己与实际工作要求的差距，是否出现想得不够周全，做得不够细致。旨在培养学生团结协作精神，勇于展示自己的胆量，细心周全的品质。

【实战要求与步骤】

1. 将学生按 6 ~ 10 人一组分成若干小组，选出组长；分别扮演校长、来宾、主持人、工作人员等。
2. 结合所学知识和学生的特点，自编自演面试场景。要求言行举止中体现所学礼仪知识和职业形象与素质。
3. 小组内部讨论："此次校庆成功吗?"
4. 教师和同学们分别评价。

实战二　情景剧表演——社交场合的宴请

【实战内容】以小组为单位，模拟正常社交活动中的宴请，组员分工，扮演不同角色，在情景剧中体现宴请、餐桌、酒水、礼宾礼仪的相关知识，训练学以致用。看看通过宴请能否达到理想的效果和最终的目的。

【实战目标】参照宴请礼仪和本项目所学礼仪知识，找出自己在哪方面礼仪知识上有所欠缺，在不断总结中进步，培养学生礼貌待客的能力，学习反思的能力和求实创新的能力。

【实战要求与步骤】

1. 将学生按 6 ~ 8 人一组分成若干小组，选出组长。
2. 结合所学知识和学生的特点，自编自演宴请场景，要求体现所学礼仪知识。
3. 小组内部讨论："谁的表现最能体现尊重、包容、理解、关怀?"
4. 教师和同学们分别评价。

参考文献

1. 宋立强：《推销口才》，中国城市出版社 2007 年版。
2. 盛乐：《销售与口才》，北京工业大学出版社 2009 年版。
3. 何倩：《每天学点销售沟通学全集》，石油工业出版社 2011 年版。
4. 袁华冰：《不会说话就做不好销售》，中国纺织出版社 2008 年版。
5. 郑承志：《商品推销实务》，东北财经大学出版社 2006 年版。
6. 席波：《推销原理与实务》，东北财经大学出版社 2009 年版。
7. 尹强：《推销就这么做：优秀推销员的 80 个细节》，上海远东出版社 2006 年版。
8. 陈企盛：《推销员常犯的 80 个错误》，中国纺织出版社 2007 年版。
9. 崔利群：《推销实务》，高等教育出版社 2021 年版。
10. 王宝玲：《超级销售口才训练》，中国纺织出版社 2009 年版。
11. 高彩凤：《销售妙语》，机械工业出版社 2006 年版。
12. 李羿锋、钟震玲：《精细化服务营销》，人民邮电出版社 2009 年版。
13. 史迪文：《世界上最会说话的人》，北京邮电大学出版社 2017 年版。
14. 肖建中：《销售人员十项全能训练》，北京大学出版社 2005 年版。
15. 一分钟情景销售技巧研究中心：《店铺销售》，中华工商联合会出版社 2011 年版。
16. 刘烨：《销售语言与服务礼仪》，高等教育出版社 2009 年版。
17. 资国英：《现代礼仪》，机械工业出版社 2011 年版。